基于区块链的数据安全
共享关键技术研究与应用

孙昌霞　著

中国农业出版社

北　京

　　数据是最大规模的资源，也是经济社会数字化转型的动力源头。要充分发挥出数据资产的价值，发挥数据在数字经济社会中的巨大作用，必须推进数据作为生产要素的有序高效流动。数据共享，特别是数据安全共享是需首要解决的问题。目前，数据共享面临的主要障碍包括两个方面：一方面是数据孤岛问题；另一方面是数据滥用问题。造成数据孤岛的主要原因是数据的所有权使用权等权属不明、数据的易复制、数据所有者权益难以保障、数据共享安全隐患大，导致出现数据所有方不愿共享、不敢共享、不能共享的局面。数据滥用问题主要表现在数据应用的过程中，存在违规、违法滥用个人隐私数据的情况，隐私数据难保护、滥用数据难追踪，也成为数据共享的严重壁垒和重大隐患。数据孤岛和数据滥用问题的解决关键在于数据安全存储、数据隐私保护、身份认证、数据访问控制和数据确权。区块链技术，作为一种结合了分布式数据存储、点对点网络、密码学等多项技术的信息技术，具有去中心化、开放性、自治性等特性。在数据共享领域，区块链不仅能够实现数据的公平交换，还能通过其分布式存储和不可篡改的特性，为数据的安全共享提供强有力的保障。数据安全存储、数据隐私保护、身份认证、数据访问控制和数据确权是采用区块链解决数据安全共享的关键技术。

　　从数据存储安全的角度来看，传统的中心化数据库容易遭受单点故障的影响，而区块链的分布式账本技术则能够有效避免这一问题。区块内的数据通过加密和链接的方式存储，每个区块都包含了前一个区块的信息，形成了不可更改且可追溯的数据链。此外，区块链的冗余存储机制也极大提高了数据的安全性，即使部分节点受损，也不会影响整个系统的稳定性和数据完整性。本书指出传统的种质资源数据共享方案存在着共享效率低、数据易泄露、信息易篡改等诸多问题，同时，对于参与种质资源数据共享的用户管理也并不规范，种质资源数据随意传播对种质资源数据拥有者造成损失，对于种质资源数据共享过程中的用户身份应当加强管理。针对这些问题，本书引入区块链技术构建种质资源数据安全共享模型，重点解决种质资源数据安全共享过程中的数据存储问题、安全问题和用户管理问题。

隐私保护和身份认证是数据安全共享的重要方面。区块链技术能够在不暴露用户身份的情况下进行交易和数据共享，有效保护用户的隐私。通过采用诸如 RSA 加密、椭圆曲线加密、零知识证明、同态加密等先进的密码学技术，即便在数据被共享的情况下，也能确保数据内容不被第三方知晓，隐私保护机制对于营造开放而安全的数据共享环境至关重要，在数据访问和共享安全方面，区块链技术通过智能合约和加密算法确保只有授权用户才能访问和修改数据。每一次数据的访问和修改都会被记录在区块链上，形成可追踪和不可篡改的操作记录，从而保证数据的真实性和完整性。此外，利用区块链技术可以实现跨组织的数据共享，打破信息孤岛，促进数据资源的有效整合和利用。本书提出了一种基于区块链和人脸识别技术的身份认证机制，在 Fabric 联盟链的架构上，采用 FaceNet 人脸识别模型，通过区块链的共识机制和智能合约的交互设计，有效解决了传统身份认证中面临的安全性问题，打造了安全可靠的身份认证系统，更好地促进了种质资源数据的安全共享。

数据确权是指明晰数据的所有权，是解决数据滥用的关键，是进行数据共享和交易的前提和基础。数据的权属关系不清晰，会造成数据开发利用中的权属纠纷，使数据安全、数据权益和个人隐私难以得到保障。区块链具有的集体共识、多中心存储、不可篡改、可追溯等特性，恰好为解决上述数据安全共享中的瓶颈问题提供了有效解决思路和途径。本书针对农业知识产权长期存在的农业科技成果确权耗时长、成本高、侵权举证困难、证据固定耗时久等问题，设计了一种基于区块链的农业知识产权确权模型，提出了一种基于行末标识符的水印算法的改进方案，用于确保农业知识产权的确权和存证，实现了农业知识产权的授权与确权、产权交易以及基于可信时间戳存证的维权功能，为农业知识产权的确权和保护提供了一种新的思路和方法，对于农业科技成果的推广和应用具有重要意义。

另外，随着不同区块链网络的涌现，数据共享和互操作性问题变得愈发复杂。不同区块链网络的协议、结构和安全标准差异巨大，在实现数据共享和跨链互操作时面临许多挑战。本书为了解决不同区块链网络间安全高效的数据共享与协作，从跨区块链数据互操作与跨链数据安全访问控制两个层面出发，展开对基于区块链的数据安全协同共享的研究，分别提出了基于中继节点的安全跨链交互模型与基于门限 Paillier 密码体制的跨链访问控制模型，面向智能交通场景，设计了智能交通系统（Intelligent Transportation System，ITS）中数据安全跨链安全共享与协同方案，为 ITS 中车辆、路测设备、计算节点以及交通机构间安全、高效的数据协同共享提供技术支撑。本方案具有可追溯、跨组织协作、细粒度、动态可更新的访问控制等优势，可应用于智能交通场景，以实现跨组织、企业，以及不同数据源之间的数据安全交互和协作，保证数据安全与共享。

总的来说，基于区块链的数据安全共享关键技术研究与应用主要体现在数据存储安全、隐私保护、身份认证、数据确权、跨链的通信与数据访问控制等方面。基于区块链的数据安全共享关键技术不仅关乎技术层面的创新，还涉及构建新的数据治理模式。在这一过程中，既要充分发挥区块链在数据共享安全中的优势，也需要不断完善相关法规和技术标准，以应对日益复杂的数据安全挑战。

孙昌霞

2024 年 10 月 10 日

目 录
CONTENTS

1 绪 论 ///

1.1 研究背景与意义

1.1.1 基于区块链技术的农作物种质资源数据安全共享

农作物种质资源是现代农业发展的重要物质基础，是关乎国家粮食安全的战略性资源，也是地球生物多样性的重要组成部分。作为有着五千年文明历史的古国，我国农耕文明源远流长，深厚的特色生产文化结合着我国辽阔土地上复杂的生物多样性演变出种类丰富、数量繁多的农作物种质资源，对这些种质资源的研究、保护、管理、利用等工作亟须大力推进。2015 年，农业部、国家发展改革委联合科技部印发的《全国农作物种质资源保护与利用中长期发展规划（2015—2030 年）》中指出要贯彻落实《国务院关于加快推进现代农作物种业发展的意见》和《国务院办公厅关于深化种业体制改革提高创新能力的意见》精神，旨在加强我国农作物种质资源的保护共享利用和权益保障规章制度建设，强化农作物种质资源对现代种业发展的支撑作用。由此可见，国家对农作物种质资源的相关工作给予高度重视和大力支持。

新中国成立以来，科技发展日新月异，在国家的大力支持下我国已建成相对完善的国家作物种质资源保护体系。截至 2021 年 7 月，在中国农业科学院的带领下，国内已建成 1 座长期种质库、1 座复份种质库、10 座中期种质库、43 个种质圃、205 个原生境保护点以及种质资源信息中心，农业农村部成立了作物种质资源保护与利用中心，保存种质资源总量突破 520 000 份，位居世界第二位，农作物种质资源得到有效保护利用。

河南处于亚热带向暖温带过渡地带，适合多种动植物生长繁衍，种质资源丰富，保护体系不断完善。目前，全省建有中短期种质资源库 14 个、种质资源圃 12 个、畜禽水产保种场（区）21 个，保存各类农作物种质资源 4.66 万份、食用菌种质资源种类 68 个、畜禽品种资源 75 个、水产种质资源约 1 000 个。2020 年 7 月 9 日启动的河南省第三次全国农作物种质资源普查与收集行动，截至 2020 年底，已完成 128 个县市农作物种质资源普查工作，同时收集各类作物种质资源 1 861 份。

由于还未建立起有效的农作物种质信息服务体系，用户很难方便地获取所需要的种质资源数据，影响了种质资源数据的高效利用。针对河南省作物种质资源数据保存分散，数据标准不同和共享困难等问题，为了充分发挥农作物种质资源数据的作用，提高农作物种质资源数据服务的质量，本文构建了河南省作物种质资源信息服务平台，主要具有农作物种质资源信息数据管理、数据查询、元数据规范、用户管理及种质资源数据分析与可视化展示等功能。

尽管国家政策推动着种质资源数据保护利用工作的大力发展，相关工作也取得很大成效，但目前针对种质资源数据的共享应用仍然存在"数据孤岛"现象，传统的种质资源数据信息平台多采用中心化的数据管理模式，即种质数据交由政府机构或科研部门集中管理，将所有种质资源数据存储发布在中心化平台或服务器上，当数据需求方提交需求时通过数据检索再向平台申请数据访问。传统的数据共享模式使大量数据掌握在少数管理者手中，数据共享程度偏低，遏制种质资源数据信息价值的发挥。另外，在数据共享利用过程中，始终缺乏一个公开、透明、可信度高的共享环境，使得种质资源数据无法确保被有效保护，存在着易泄露、易篡改的风险。随着社会进步和科技的发展，区块链技术的出现为上述问题带来了新的解决思路。区块链技术是基于密码学的可靠性构建，且允许任何达成一致的双方直接进行交易，不需要可信第三方的介入，可以实现一个所有节点同步的分布式账本，该账本记录着所有交易，具有高透明性、不可篡改、可追溯等特点，有效地提高了信息交易的安全性。

在目前提倡种质资源信息互通共享的大环境下，由于不同国家的需求不同，而且各国的种质资源管理条例也存在差异性。所以，我国在建立丰富的种质资源数据开放共享平台时，也应根据种质资源信息的知识产权属性划分公开等级。一方面，促进了种质资源数据的共享；另一方面，对我国珍贵种质资源信息进行了保护。考虑区块链在数据安全、信息共享方面的优势，结合当下种质资源数据管理应用的发展趋势，本书第三、四章利用区块链中的以太坊、联盟链、IPFS（星际文件系统）、智能合约等技术研究基于区块链的种质资源安全共享系统模型，设计链上链下协同存储的种质资源数据安全共享模型、身份认证模型，给出相应的设计过程，并开发数据安全共享系统，能够有效解决数据安全共享、安全传输、隐私保障、身份认证、数据确权等实际场景问题，实现多方信息共享和价值传递，确保数据完整可信，不可篡改，完成数据确权并实现公开透明的审计和监管，促进农作物种质资源数据共享和安全交换。

1.1.2 基于区块链技术的农业知识产权安全共享

随着知识经济和全球化的发展，农业生产方式和技术不断更新升级，新技术的出现给农业生产带来了巨大的经济效益，也让农业知识产权的价值逐渐凸显。另外，随着人们生活水平的提高和环保意识的增强，消费者对农产品的安全、质量、环保等方面的要求越来越高。这就要求农业生产必须采用更为科学的技术和方法，通过科技创新提高生产效率和产品质量。然而这些技术和方法往往涉及知识产权，如发明专利、实用新型专利、外观设计专利、植物新品种等。若这些知识产权无法得到充分保护，可能会导致技术被滥用、盗用和仿冒，对农产品的质量和安全带来潜在的威胁。因此，建立农业知识产权保护机制，确保农业知识产权的权利得到充分保护已经变得非常紧迫。

我国政府已经出台了一系列政策来提升知识产权创造、运用、保护、管理和服务水平。2019 年 11 月印发《关于强化知识产权保护的意见》，提出牢固树立保护知识产权就是保护创新的理念，不断改革完善知识产权保护体系，遏制侵权易发多发现象，改观权利人维权"举证难、周期长、成本高、赔偿低"的局面，有效发挥知识产权制度激励创新的基本保障作用。2021 年 10 月，国务院印发的《"十四五"国家知识产权保护和运用规划》更是提出要全面加强知识产权保护，激发全社会创新活力；提高知识产权转移转化成效，支撑实体经济创新发展；深入推进知识产权国际合作，促进经济社会的高质量发展。司法方面我国也采取了积极措施，国家成立了最高人民法院知识产权法庭，主要审理专利等专业技术性较强的知识产权上诉案件。此外，在北京、南京、西安等几十个城市设立了知识产权法院或专门的知识产权审判机构，实现了跨区域管辖知识产权案件的审判。这一系列措施构建了"知识产权上诉法庭＋知识产权专门法院"的知识产权司法审判体系，为维护知识产权提供了有效的司法保障。

传统的农业知识产权保护机制存在着多方面的问题。以专利数据为例，专利权的认证和保护需要向政府申请，通过公告等渠道发布，但是信息发布和获取的渠道不对称，使得保护农业知识产权的难度增大；还有维权成本高的问题，传统的农业知识产权维权需要通过司法途径解决，需要花费大量的时间和金钱容易被人钻空子出现侵权、抄袭等问题，严重影响农业创新发展；此外，在农业生产中，不仅需要保护农业知识产权，还需要让这些知识产权得到充分利用，为农业生产带来更多的价值。综上所述，需要建立一个便捷、安全、高效的农业知识产权确权和交易平台，更好地保护知识产权所有者权益。

区块链作为一种去中心化的分布式账本技术，具有去中心化、可追溯、不可篡改等特点，为农业知识产权确权、交易和维权提供一种新的技术保障。具体来说，区块链技术可以实现数据上链即确权，保护农业知识产权的信息在区块链上存证和共享，保证信息公开透明，解决信息不对称的问题；区块链上数据不可篡改的特性还可以保障数据的真实性和可信度，避免数据伪造和泄漏，在侵权行为发生时减少维权成本和时间，保障知识产权的合法性和权益，有效避免侵权和抄袭等问题的发生。

自 2016 年我国将区块链纳入"十三五"规划以来，国家也出台了一系列支持区块链行业发展的政策，促进其在各行业中的应用。2020 年 4 月，国家发展和改革委员会将区块链正式列为新型基础设施中的信息基础设施。与此同时，地方政府也相继出台了大量配套政策。在 2021 年 3 月公布的《中华人民共和国国民经济和社会发展第十四个五年规划和 2035 年远景目标纲要》中，区块链被列为七大新兴数字产业之一，并明确提出了区块链技术创新、应用发展、监管机制完善的三大重点任务。2021 年 12 月，黑龙江省人民政府印发《黑龙江省"十四五"知识产权保护和运用规划》，提出了推动区块链等新技术在知识产权审判领域的深度运用，以及加强对区块链等新业态、新领域的知识产权保护。政府对区块链技术的重视，为技术的应用落地提供了良好的发展环境，为区块链在知识产权保护中的应用带来了前所未有的契机和发展前景。

本书第五章针对上述农业知识产权保护存在的问题，基于区块链技术，开展农业知识产权确权研究，设计了基于区块链的农业知识产权确权模型，研发了基于区块链的知识产权确权系统，实现了产权确权、存证、交易以及维权申诉功能，数据的确权过程可以记录在区块链上，确保了数据安全性和可信度，提高了知识产权交易的安全性和透明度，降低了产权交易成本，提高了交易效率，为农业知识产权的监管和追溯提供了便利工具，保护了农业知识产权的管理与交易。

1.1.3 基于区块链技术的智能交通数据安全共享

在当今数字化时代，数据共享已成为推动创新、促进合作和实现更高效业务流程的关键要素。然而，随着信息技术的迅速发展，数据规模不断增长，数据来源越来越多样化，致使数据总量呈现爆炸式增长的趋势。由于数据分布在不同的地方，给数据共享带来了诸多挑战。试想一种场景，在日常管理过程中，无论政府部门或企业，由于业务需求，通常需要与一个或多个组织交换共享数据，如何协调各方的数据共享和合作，是一个具有挑战性的问题。此外，数据协同共享还涉及数据安全和隐私保护等方面的问题。常见的解决方案是将数据交由云服务器进行处理，由集中式的云服务提供商采用加密、认证、授权控制等方法进行用户身份验证与数据安全维护。然而，这种方法存在一定的风险，因为第三方服务器可能面临数据被内部管理器篡改、隐私数据泄露以及外部入侵攻击等威胁，最终导致严重的商业或社会问题。因此，数据安全传输与共享已经成为学术研究与工业领域广泛关注的焦点。

区块链作为一种去中心化、不可篡改的分布式账本技术，有助于解决数据共享过程中过度依赖可信第三方的问题，为数据的共享交换和协作提供了一种新的解决方案，可实现数据的安全传输。区块链本质就是一种不可篡改且可追踪溯源的哈希链，具备了分布式记账、P2P 传输和共识机制等特征。区块链独特的数据结构使得数据记录具有不可篡改的特点，一旦数据被记录在区块链上，就很难被篡改和伪造，为数据的可信性提供了保障。此外，区块链技术通过应用共识机制和密码学，消除了传统中心化信任机构的需求。数据存储在网络的各个节点上，不像单一的中心服务器那样易受攻击。数据的验证和确认不再依赖于中心服务器，而是通过网络中各个节点的共同验证来实现，这种去中心化的特性提高了数据的可信度和安全性，能够解决传统数据共享中存在的隐私、安全和信任问题。如今，区块链已应用于物联网、医疗、农业、智慧城市以及智能交通等领域。利用区块链构建的分布式自信任系统，相比于依赖中间机构的信任机制，可以简化流程、提高效率、提升安全性。

随着区块链技术的发展，出现了众多适用于不同场景的独立区块链网络，例如以太坊、比特币、Hyperledger Fabric、FISCO BCOS 等不同类型的区块链平台。每个区块链网络都有自己的底层逻辑、规则和协议，这些独立的网络之间没有统一的标准，缺乏通用的交互方案，使得基于不同区块链的应用之间存在互操作性障碍，阻碍了数据的自由流动与跨组织、跨行业的区块链场景的融合和创新。在实际应用中，无论政府部门或企业，由于业务需求，通常需要与一个或多个内、外部的组织交换共享数据，例如跨部门政务服务信息互通、智能交通多主体数据协同等。若这些组织的应用底层采用不同的区块链网络，则会造成不同组织间的数据隔离与互操作障碍。因此，为了拓展区块链的应用领域并促使各方的价值互联，研究安全可靠的数据动态跨链交互机制是非常有必要的。

跨链技术旨在解决区块链间的数字资产交换和互操作性障碍，提高区块链系统的可扩展性。跨链技术允许在不同区块链网络之间建立连接并进行通信，实现数据的传输和交换。跨链技术的研究促进了跨组织、跨行业的数据合作，提高了数据的价值和效用。然而，由于跨链交互的复杂性和区块链生态系统的多样性，区块链跨链技术面临多重挑战和难题。在跨链数据传输过程中可能面临隐私泄露和安全等问题以及不同实际应用场景下，由于跨链通信带来的通信延迟对系统整体性能的影响等。此外，跨链网络组织彼此间并不完全信任，网络中的数据并非都是公开透明，链间数据需要从每个组织链中获取，这些数据通常涵盖了一些敏感信息，例如商业信息、用户隐私信息等敏感内容，并且不同组织间数据共享的权限和范围是有限制的。因此，如何设计出安全高效的跨链技术，以及在此基础上如何在跨链网络中实现数据的访问控制来保证数据与用户隐私安全是需要重点研究的两个内容。

本书第六章结合区块链技术，从跨区块链数据互操作与跨链数据安全访问控制两个层面出发，展开对基于区块链的数据安全协同共享的研究，并分别提出了基于中继节点的安全跨链交互模型与基于门限 Paillier 密码体制的跨链访问控制模型。首先，为了解决不同区块链间的协作与数据交互，提出了一种基于中继节点与身份基加密的安全跨链交互机制，在中继模式基础上，改进了跨链交互模型，并设计了针对多机构链数据交互的跨链通信框架。其次，为了确保跨链操作过程中数据的安全性和隐私性，在上述跨链机制研究的基础上，提出了一种基于门限 Paillier 密码体制的跨链数据访问控制方案，在跨链网络中实现细粒度、安全的访问控制。最后，基于上述的研究工作，面向智能交通场景，设计了智能交通系统（Intelligent Transportation System，ITS）中数据安全跨链安全共享与协同方案，为 ITS 中车辆、路测设备、计算节点、交通机构间安全、高效的数据协同共享提供技术支撑。

1.2 研究现状

本节为对区块链技术应用的整体研究现状以及区块链技术在种质资源数据领域、农业知识产权领域、智能交通领域三个具体研究领域的研究现状分析，为接下来的研究内容提供了理论支持。

1.2.1 区块链技术应用的研究现状

区块链技术起源于 2008 年，中本聪在文章《Bitcoin：A Peer－to－Peer Electronic Cash System》中首次提出了这一概念。它是互联网时代中多技术并用的创新应用模式，主要包括分布式存储技术、点到点传输技术、加密技术、共识算法等计算机技术。区块链技术广泛应用在身份验证、产品溯源、信息存储、数据共享等场景，一定程度上解决了当前众多中心化管理平台所面临的高成本、低效率和数据安全等问题。近年来，随着区块链技术的不断发展，市面上出现了越来越多基于区块链的去中心化应用开发平台，包括基于侧链技术的 ASCH（阿希币）、LISK（应用链）、Fabric（超级账本）以及本文所用到的以太坊等。2014 年，以太坊将智能合约引入区块链，区块链在金融业开始发展，标志着区块链 2.0 技术时代开启。之后，将区块链应用到其他领域并提供去中心化的解决方案，被定义为区块链 3.0 技术。

近年来，基于区块链技术的研究应用取得很大成果，针对数据共享领域，区块链的研究主要应用在数据存储隐私保护、数据协作共享、数据管理等方面。

（1）在数据存储及隐私保护方面。翁晓泳采用"私链＋公链"的双层架构结合公私钥加密算法解决了云平台在共享过程中数据不可控、敏感数据泄露的风险问题。汪菲等人通过智能合约设计可信数据的共享方案，构造数据的存储块结构，将信息可信地存储在链上，并在以太坊平台进行真实模拟，达到了去中心化的目标。成丽娟等人针对医疗数据的隐私安全问题，提出基于区块链的电子健康记录数据安全存储共享方案，使用分布式文件系统存储详细的隐私数据，链上只保存数据哈希，实现数据安全存储，同时提高了数据下载效率。刘炜等人针对传染病预防系统中的数据流通难、共享难等问题提出了一个基于 DPoS 共识算法的数据共享模型——IDDS，采用双链结构结合 IPFS 提高存储容量，解决了数据存储问题，设计疾病防控共识算法实现共享模型的高效运行。Zyskind 针对第三方安全漏洞易造成用户隐私泄露的问题，提出一个分布式个人数据管理系统，设计自动化访控协议，实现对数据存储访问的验证，保证了个人数据的安全。Ahmed 采用基于智能合约的 Hawk 协议解决了公共网络中链上交易隐私易泄露的问题。在该协议中，交易双方的通信隐私被加密，从而保证了信息的绝对安全。Ali 等人针对物联网数据中的安全隐私问题，将区块链轻量化应用于物联网智能家居设备，通过实践结果验证了其安全性和可用性。Linder 采用非对称加密技术设计智能合约，保护公共隐私文件的安全，并提供完整的追踪审查系统。

（2）数据协作共享方面。王鹏等人基于当前政务数据共享中所遇到的问题，针对不动产登记分析区块链信息共享平台建设案例，案例中将不动产电子凭证发放过程上链，与现有业务系统嵌合，贯穿几个不同的政府部门，有力证明区块链技术可以有效解决政务数据共享问题。杨浩等人针对气象数据的协作共享提出一个集用户、数据接口、区块链网络于一体的系统方案，将气象数据交换过程完整记录，确保数据的可追溯性。宋琪杰等人基于物联网终端海量异构数据的分布式特征，结合区块链技术的天然优势，分析了物联网区块链的发展趋势，阐述了共识机制优化的研究进展，并总结了未来物联网区块链技术的发展潜力。Tang等人针对审计行业区块链的应用进行深入探讨，根据现有的理论框架给出未来审计程序应用区块链技术的具体思路。Muneeb提出采用区块链技术建立全球命名存储管理系统，将命名系统分为数据层、路由层和区块链层3级架构，实现完整的数据协同共享流程。赵赫基于区块链技术提出一种微生物采样机器人传感数据的真实性保障方法，使机器人采集数据的过程中不受人为因素干扰，尤其是第三方监管机构恶意篡改行为的干扰。

（3）数据管理方面。Huang针对物联网数据共享管理中的可信问题，提出基于区块链技术的去中心化物联网数据共享架构，设计智能合约集合。Pinno基于物联网数据管理工作构建其访问控制三层架构，为用户提供更加规范化的管理方案。Maesa针对数据管理工作的用户访问环节提出基于区块链的资源访问控制机制，实现了基于规则的可靠权限控制方法。Xu介绍了区块链技术在隐私数据共享、敏感数据保护等数据管理工作中的应用方法。德勤白皮书详细阐述了医疗数据共享过程应用区块链技术的可行性，提出将区块链技术作为未来医疗数据共享交互的新模型。Azaria提出基于区块链技术的医疗数据管理系统，设计智能合约，实现医疗数据的用户访问控制管理。

1.2.2　区块链在种质资源数据领域的研究现状

（1）种质资源管理工作的国内外研究现状。种质资源在长期的自然选择和人工培育中形成，作为人类生存的物质保障，深受劳动人民的重视。自20世纪80年代起，随着互联网计算机、数据库等新型技术的高速发展，农作物种质资源数据的管理工作也逐渐朝着信息化、规范化、程序化的方向进步。其中，美国、俄罗斯等发达国家以及联合国粮农组织（FAO）、国际农业研究磋商组织（CGIAR）等众多农业领域的国际组织建立起农作物种质资源信息系统，有序地开展种质资源数据的保护利用、存储管理等工作。

在国际上，美国国家植物种质资源系统（National Plant Germplasm System，NPGS）是目前全世界最大的种质资源数据管理信息系统。NPGS 的下属机构主要包括国家种质库、地区植物引种站、无性繁殖作物种质圃、其他特定作物种类的种质库（圃）四大类型，截至 2018 年 8 月底，NPGS 累计保存242 个科、543 个属、15 835 个种，超过 59 3000 份种质资源数据，位居世界第一位。与此同时，美国已建成的种质资源信息系统 GRIN（Germplasm Resources Information Network），具备了种质信息管理和数据共享等功能，实现了对每一份种质资源数据从采集到存储再到共享利用整个流程的全面有效管理。此外，美国又推进种质资源数据保存管理工作的全球化进程，与国际农业组织合作开发出 GRIN - Global 系统，该系统是对 GRIN 系统的进一步升级，具备标准统一、系统开源、网络化程度高、操作程序简单、维护成本低等特点，为全球科研人员农业工作者提供高效的数据管理、信息共享等功能。此外，其他国家对于种质资源数据信息化管理的研究也在广泛开展。加拿大依靠 GRIN 技术样本，建立适用于本国的植物遗传信息网络，保存超过 9.8 万份种质信息；日本建立的作物种质资源信息管理系统（EXIS），收录了玉米、小麦、水稻等粮食作物约 9 万份种质的 30 万条数据信息；北欧地区丹麦、挪威、芬兰、瑞典、冰岛五个国家联合创建作物种质资源数据库，实现对种质资源信息的计算机化管理。以上这些数据库系统的建成大大提高了对植物种质资源信息的利用率。

在国内，20 世纪 90 年代中国农业科学院创建了国家农作物种质资源数据库系统（CGRIS），该系统首次使用计算机技术软件化管理数据，是目前世界上存量最多的植物种质资源系统之一。CGRIS 的建立加强了我国种质资源信息系统化、规范化管理，对贯彻国家农业可持续发展战略具有深远意义。到21 世纪初，曹永生等提出创建的中国作物种质资源信息共享网络，经过 20 多年悉心研究和不断完善，实现我国农作物种质资源信息的全面共享，从而提高为国家和部门决策服务的能力，使我国种质资源信息化管理工作所取得的成效位居世界前列。

（2）区块链在种质资源数据安全共享的国内研究现状。农作物种质资源作为国家发展战略的战略性资源，承载着粮食安全和保障民生的重要职责，我国针对农作物种质资源的研究工作经过多年的发展，建立了比较完善的系统性种质资源工作流程。近年来，农业领域对区块链技术的探索逐步展开，基于区块链的种质资源数据管理方向的研究也取得一定成果。刘海洋等人针对当前种质资源数据管理工作中的数据溯源难、数据传输安全风险、品种产权纠纷等问题，提出了一种基于区块链技术的种质资源数据管理应用设想，给出种质数据管理流程、数据存储方式、区块链节点共识方案和数据加密方案的设计结果，从而提高种质资源数据的可靠性和公信力。刘海洋等人提出了基于区块链技术的种业大数据管理的 4 层层级架构，包括数据层、网络层、扩展层和应用层，根据应用场景提出"弱中心化"的工作量证明机制并分析该管理应用中的激励机制和密钥机制，保证数据的安全和信息链的真实可信。秦焕荣根据区块链技术区块化、公开透明、不可篡改性等特性，尝试在作物种子研发生产中应用区块链技术去解决种子信息溯源难的问题，帮助解决目前种业市场监管难、品种的真实可靠性不明等问题。由此可见，随着区块链技术的快速发展，其透明、安全、可追溯、去中心化的特点为种质资源数据信息共享以及管理工作提供了新的研究方向。

1.2.3　区块链在农业知识产权领域的研究现状

（1）国内研究现状。近年来，知识产权服务市场规模保持持续增长。如图 1-1 所示，包括发明专利、实用新型专利和外观设计专利在内，2021 年我国专利授权总量达 702 960 件，同比增长 21.6%。近十年来* 授权专利总量增长将近三倍。2021 年农业领域专利授权量达到 119 787 件，近十年来授权专利总量增长将近六倍。

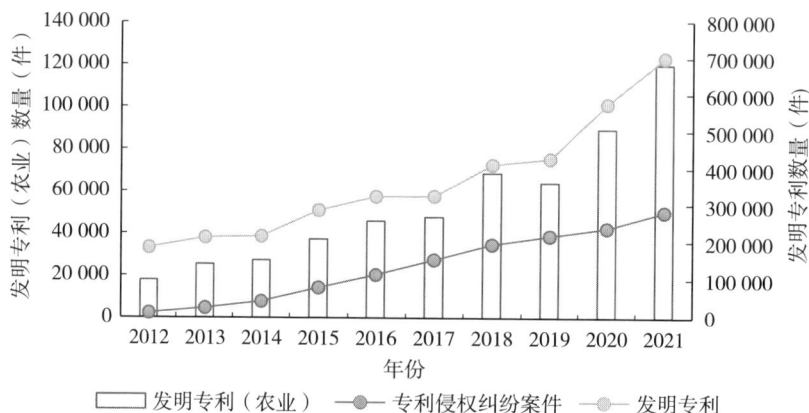

图 1-1　历年发明专利授权量及侵权案件统计

---

* 近十年指 2012—2021 年，余同。

与此同时，在当前互联网生态下，知识产权侵权现象频发，知识产权纠纷案件数量持续递增，2014 年之后，增长幅度明显，2015 年增长率高达 85.2%，2021 年全国专利侵权纠纷案件量 50 009 件，同比增长 17.9%。

目前，传统知识产权保护的系统解决方案普遍采用人工结合中心机构管理的模式。例如可满足企业知识产权保护需求的智慧芽知识产权管理系统、提供专利检索和专利预警与侵权服务的内蒙古农业大学高校国家知识产权服务中心、致力于构建互联互通的全国农业科技成果转化系统的全国农业科技成果转移服务中心、中国农业科学院技术转移中心研发建设的"农业国际合作知识产权服务平台"，以及江苏省知识产权保护中心发布的农业技术知识产权公共服务平台等。然而，这种传统模式容易受到恶意用户的分布式拒绝服务（Distributed Denial of Service，DDoS）攻击和女巫攻击，从而导致数据丢失和系统故障。

同时，知识产权的确权和维权依赖于第三方机构，成本高且耗时长。此外，随着信息技术和现代生物学的发展，农业知识在网络上交易更加容易、隐蔽性更高，且侵权行为的修饰和模仿也更加容易，增加了农业知识产权保护的难度。现有的模式相对于其传播速度和变更速度来说，效率低下且周期长。区块链技术的出现为农业领域的知识产权保护提供了新的机遇。由于区块链具有去中心化、抗篡改性、可追溯性和公开透明等特点，采用基于时间戳和链式结构的电子存证记录方式，可以实现对知识产品的即时确权、公开用权和侵权定位，解决知识产权保护实践中举证难、确权难和维权难三大痛点问题，保护权利人合法权益。

许多学者已经对基于区块链的知识产权保护方案进行了研究。例如，宁梦月等学者构建了基于 Polkadot 的异构多链知识产权保护模型，实现节点地址、权限流转记录、维权信息在区块链内的永久记录。另外，阳真等学者使用高级加密标准（Advanced Encryption Standard，AES）对称密钥加密算法和改进的 CP - ABE 算法对测试任务与代码进行访问控制，实现隐私保护；结合区块链与星际文件系统（Inter Planetary File System，IPFS）进行测试报告与被测代码的可信存证与实时确权。孙嘉豪等学者在改进的拜占庭容错算法基础上，构造了一种区块链知识产权保护模型，设计了包括产权登记和转让智能合约的知识产权管控协议。此外，张海强等学者提出了基于 Hotelling 模型的三阶段博弈模型，分析了新兴的基于区块链的知识产权确权渠道，探索了不同市场环境下平台确权渠道的最优决策问题。

在理论层面，华劼等学者分析了区块链技术和智能合约应用于知识产权确权和交易领域的法律规制问题，黄武双等学者分析了区块链技术对知识产权的确权帮助作用以及侵权证明作用，乔瑜则指出了区块链技术在文化创意产业知识产权保护中的应用困境和保护路径。可见区块链技术在知识产权确权方面具有巨大的潜力，将为知识产权管理带来全新的契机和机遇。

（2）国外研究现状。区块链技术已经成为知识产权领域中的热门话题。国外研究表明，利用区块链技术可以有效保护知识产权。近年来，国外学者在区块链技术应用于知识产权领域的研究中取得了一系列成果。针对包含专利权、著作权、商标权在内的三种类型的知识产权保护问题，Lin 等人提出了基于区块链和物联网的知识产权保护系统的高层架构设计，构建了一种可信、自组织、开放的知识产权保护体系。这个体系有助于加快知识产权获得过程、降低成本，并提高安全性和透明度。同时，Ito K 认为将区块链技术应用于知识产权领域可以实现专利申请内部摩擦减少、商标产品流通全过程追踪以及著作权登记与授权等功能，进一步提升了知识产权保护的效率和准确性。

另外，Nofer 等人研究发现，区块链技术和智能合约的特点可以帮助产权交易双方解决交易中的信任问题，从而推动数字资产认证和追溯的实现。在确权、用权、维权三个环节上，Bc. Rajnec Filip 提出了利用区块链技术的哈希算法和时间戳来提升知识产权的运行效率。这样可以有效地解决产业链冗长繁杂的问题，进一步提升知识产权保护的质量和效率。而 Lone A H 等人总结了现有的基于公共区块链平台开发的数字证据监管系统存在的缺陷，并提出了一种新的共识机制——概念验证（Proof of Concept，POC）共识机制，使得区块链技术在数字管理方面更加安全、高效。除了上述的研究，Mehta R 等人提出了一种基于联盟链的确权系统，该系统采用数字水印（Digital Watermark）和哈希函数相结合的方式，以确保知识产权作品的真实性，并验证其原始创作者。Kwame Opuni‑Boachie Obour Agyekum 等人提出了一种基于 IPFS 系统的数字媒体文件存储和管理方法。他们设计了一种数字指纹来反映数字媒体文件的特征，然后将这些文件以 IPFS 对象的形式存储。最后，所有文件都被记录在 Fabric 区块链上，记录了文件本身和来源。这个方法可以确保数字媒体文件的安全存储和管理，有助于提高知识产权保护的准确性和效率。

可见区块链技术在知识产权保护领域具有广泛的应用前景。它可以提高知识产权的认证和追溯效率，降低成本并增加安全性和透明度。然而尽管有许多研究已经探讨了区块链技术在知识产权保护方面的应用，但是这些研究主要是从理论层面进行探讨，缺乏实际应用场景的验证。此外，现有研究大多集中在知识产权确权方面，但是农业知识产权保护还包括知识产权许可、转让、侵权诉讼等多个方面，因此需要综合考虑这些方面，构建完整的知识产权保护体系。另外，对于基于区块链的知识产权保护方案的实现，现有研究大多停留在技术方案的设计和算法的实现，缺乏对实际应用的验证和商业模式的研究，需要进一步探索可行的商业模式并进行实践。最后，尽管现有研究已经有一定的成果，但是由于区块链技术的快速发展和不断更新，需要不断跟进技术发展，改进和优化方案。

1.2.4　区块链技术在智能交通领域的研究现状

（1）区块链跨链通信技术研究现状。跨链技术旨在解决区块链间的数字资产交换和互操作性问题，提高区块链系统的可扩展性，在保证跨链交易原子性的条件下，为相互独立的区块链应用之间提供安全、可信的交互方案。跨链技术作为连接区块链的桥梁，可以为数据孤岛的互通与区块链互联网络的形成提供可靠的底层技术支撑。

早期的跨链技术研究主要集中在区块链生态系统的初期发展阶段，研究者和开发者开始意识到需要将不同的区块链系统连接起来，以实现更广泛的互操作性和应用场景。2012 年瑞波实验室发布了跨账本互操作协议，通过第三方公证人辅助来实现跨链转账，这是继区块链技术问世以来，首次提出跨链互操作的思想。2013 年，TierNolan 提出了"原子转移"的思想，该思想在实现资产跨链交易的同时，保证了跨链交易的原子性，而其经过不断地改进，最终演变成为哈希时间锁定机制。2014 年 10 月，比特币核心开发者发布的白皮书首次明确提出了侧链的概念及其协议实现方案，该方案可以在不影响主链的情况下，通过增加侧链来辅助主链处理交易以提高主链的性能，通过"双向锚定"机制来实现主链与侧链的价值流通。2015 年，比特币提出了闪电网络的概念，闪电网络的工作方式是让用户能够在主区块链之外进行大量交易，他们最终只会记录为一笔交易，该方案创建了快速交易通道。2016 年，ConsenSys 团队推出的 BTC Relay 采用基于侧链的跨链方案，实现了以太坊对比特币的单向跨链通信，通过部署在以太坊上的智能合约，用户可以验证比特币交易的存在和有效性。同年，Vitalik Buterin 对区块链互操作问题做了全面和深度的分析。表 1-1 对近年来提出的跨链机制进行了对比分析。

表 1-1 跨链机制对比

跨链机制	互操作性	信任模式	优点	缺点	代表项目
原子交换	仅相似技术栈	无须信任去中心化	简单，无须信任	仅支持相似技术栈	比特币、莱特币原子交换
中继链	高	部分信任，依赖中继链安全性	高度互操作性，横向扩展性	对中继链的信任要求高	Polkadot、Cosmos
哈希时间锁	支持智能合约的区块链	部分信任，依赖锁定合约执行	较广泛的互操作性	仅适用于支持智能合约的区块链	Lightning Network
侧链	适用于平行链连接	部分信任，依赖主链安全性	提供灵活性和扩展性	对主链的信任要求高	RSK、Liquid Network
跨链桥	连接不同区块链	部分信任，依赖桥的设计和运营	能够连接不同技术栈的区块链	桥的设计和操作要求较高	Chainlink、Wormhole

此后，跨链技术得到了更深入的研究和发展，涌现了更多复杂先进的跨链解决方案。Liu 等提出了一种安全高效的跨区块链的交互协议，利用原子交换技术和优化的 Vickrey 拍卖方案来设计该协议。该协议不仅具有兼容性，而且在高吞吐量下产生的通信开销也很小。张诗童等提出了基于哈希锁定的多方跨链协议，用于解决多方跨链资产转移的结算问题。Pillai 等提出了 Burn-to-Claim 跨链协议，通过数字签名与时间锁定等加密机制组合，在网络之间实现资产的无缝交换。Hei 等构建了一个跨链交换系统（Practical AgentChain），将代币映射到 Practical AgentChain 上，并进行交易。刘峰等提出了一种基于改进哈希时间锁的跨链资产交互协议，为 Fabric 区块链引入账户体系，融合智能合约技术实现了以太坊和 Fabric 联盟链网络之间的资产交换，该协议无须第三方区块链介入，即可实现高效安全的跨链资产交换，且在交易效率上比 BSN 的跨链方案节省了约 26.8%。

此外，还有一些学者关注跨链通信服务的研究。Wang 等研究了跨链通信技术，提出了区块链路由器，它使区块链能够连接并进行通信。马栋捷设计了面向区块链服务的跨链通信服务框架，在相互未建立信任的区块链服务间构建可信的跨链通信通道；利用哈希时间锁定技术和代理重加密技术，杜绝了中间人作恶的可能性。肖兴堂对异构区块链间的跨链通信进行研究，提出一种支持跨链通信的新型多链架构，将特定区块链信息格式转换为通用交互格式，从而实现区块链间的互联互通，并能够保证跨链交互安全性和多链场景下全局一致性。康博涵等设计了一种智能服务交易的跨链通信服务框架，实现跨链可扩展性；并提出了适用于智能服务交易的三阶段跨链通信机制，保证智能服务交易跨链生态下的原子性和一致性。

显然，上述的跨链研究主要解决不同链间资产转移、资产兑换、通信机制，无法解决复杂网络背景下各机构链间的数据安全跨链交互的需求。随着区块链技术多场景融合应用的发展，许多研究者开始关注不同应用场景的跨链方案设计。Wang 等针对电力应用场景提出了异构区块链跨链交易的验证和交换方法，实现不同应用链之间电力业务数据的安全交易。顾志豪针对物联网区块链间数据难以交换的问题，提出一种许可区块链间的数据跨链交换方法，通过锚定中继链和许可区块链间的连接通信协议实现了多个许可链间的互信连接，并通过在不同链上的对等节点间创建匹配通道，实现了数据跨链交换，保障了跨链交换数据的不可篡改及安全性。Shao 等提出了一种基于身份加密（Identity Based Encryption，IBE）的物联网区块链跨链通信机制，可解决物联网环境下的区块链平台的跨链通信问题。乔蕊等对物联网联盟链间的交互场景进行分析，构建了复杂情况下物联网联盟链间的通信模型，该通信机制能够在不牺牲安全性和吞吐量的情况下，实现低价值交易的实时确认，同时保障跨链交易的安全性。郑建辉等提出了一种基于联盟自治的区块链跨链机制，通过构建一条由多方共治的中继联盟链来管理跨链网络，由 Fabric 作为中继联盟链，跨链网关作为中继联盟链与应用链之间的通信桥梁，该方案可以提供安全高效的跨链服务，并且可以适用于目前大多数跨链场景。

经过深入的研究，许多学者提出了适用于各种不同场景的跨链交易技术，目前也已经有较为成熟的项目运行在公有链、联盟链平台。但跨链通信引入了新的安全风险，在跨链通信中，涉及共享数据的安全性问题，包括数据的存储、传输和访问。确保跨链共享的数据在各链之间得到妥善保护，防范数据泄露和篡改也是一个重要挑战。此外，由于跨链技术涉及多方之间的数据共享，因此隐私保护也成为一个严峻的问题。

（2）基于区块链的访问控制技术研究现状。跨链技术允许在不同区块链网络之间建立连接和通信，实现数据的无缝传输和交换。然而，跨链网络的组织之间存在着相互不完全信任的情况，并非所有网络中的数据都是公开透明的。此外，链间数据的获取需要从各个组织链中提取，这些数据通常包含一些敏感信息，并且不同组织之间数据共享的权限和范围受到一定的限制。因此，在跨链网络中研究数据访问控制机制，以保护数据和用户隐私安全，成为一项全新的挑战。

　　访问控制模型通过规定和管理系统中用户对资源的访问权限的框架或规则，来达到防止未授权用户访问受保护资源的目的。常见的访问控制模型包括：强制访问控制（Mandatory Access Control，MAC）、自主访问控制（Discretionary Access Control，DAC）、基于角色的访问控制（Role - Based Access Control，RBAC）、基于属性的访问控制（Attribute - Based Access Control，ABAC）、基于策略的访问控制（Policy - Based Access Control，PBAC）以及基于信任的访问控制（Trust - Based Access Control，TBAC）等，其相关特点及适用场景对比如表 1 - 2 所示。

表 1 - 2　访问控制模型对比

访问控制模型	特点	安全性	灵活性	适用场景
MAC	系统管理员定义强制性规则，用户无法更改	高	较低	用于高度敏感的环境，如军事和政府系统
DAC	用户自主管理资源权限	较低	中	一般应用环境，用户需要灵活控制资源权限
RBAC	用户被分配到角色，每个角色有特定的权限	中	中	企业、组织内的角色管理
ABAC	访问控制决策基于用户、资源和环境的多个属性	高	高	复杂环境，允许更灵活和细粒度的控制
PBAC	使用预定义的策略来控制访问	取决于策略的定义和实施	高	灵活的访问控制规则要求
TBAC	考虑用户和系统组件之间的信任级别	取决于信任级别的定义	高	适用于建立信任关系的环境

　　一些研究工作探索了基于区块链的访问控制模型研究，以满足不同场景中的访问控制需求。Ouaddah 等引入 FairAccess 框架，利用智能合约与上下文访问控制策略，基于令牌对区块链上的交易进行访问授权。但是，FairAccess 是基于加密货币提供的访问控制，并不能很好地适用于目前复杂的应用场景。Zhang 等提出了一个基于 ABAC 的智能城市访问控制框架，通过智能合约对 ABAC 策略和实体的属性进行添加、删除、更新等管理，并支持多对多的访问控制。然而，尽管原型证明了所提出框架的可行性，但作者仅在以太坊平台测试了该框架的性能，这很难反映该框架在智能制造或医疗保健等大规模物联

网区块链应用中的性能。Wang 等将 ABAC 与区块链结合，提出了一种基于属性的分布式访问控制框架，将物联网中的设备充当以太坊客户端的节点，进行安全的访问控制。然而，该方案将设备的属性与策略的明文信息存储进智能合约中，没有考虑隐私问题。由于物联网设备资源有限，为了减少其计算开销，Qin 等提出了基于属性加密（Attribute Based Encryption，ABE）和区块链的轻量级解密访问控制方案，利用外包服务进行解密，并基于区块链保证外包解密的正确性，但是在实际应用中，由于权限变化等因素，属性可能会被撤销，该方案并不支持属性的动态管理。在 ABE 与区块链结合的访问控制方案中，访问策略的显式存储可能暴露用户的隐私，而且存在计算成本以及效率等问题。为此，Xu 等提出的方案通过部分隐藏访问策略以保护用户隐私，并通过离线机制进行密钥生成与加密，采用外包机制进行解密，提高了认证方案的执行效率。Wang 等基于密文策略属性基加密（Cipher Policy ABE，CP - ABE）模型，提出了具有访问控制的云存储框架，通过区块链中的智能合约存储数据的密文，并通过设立有效访问期限进行访问控制。然而，由于云存储平台是半诚实的，因此并不能保证数据文档不被篡改。Li 等结合区块链和 CP - ABE，在车载自组织网络中提供分布式、细粒度的数据共享服务。但是，该方案在文件大小超过 1 MB 之后，传输速率呈指数型增长，时间成本较高。Jemel 等在 CP - ABE 的基础上为文件共享添加时间维度，将区块链网络中的某一组成部分，作为同步管理器，负责变更同步、访问控制管理以及数据加密。为了应对现有 CP - ABE 方案的沉重的计算成本和存储开销，Li 等提出了一种高效、可追溯、可撤销的访问控制方案：TRAC，用于移动医疗中个人健康记录的安全共享。该方案的密文大小与解密时间恒定，具有良好的性能，且支持身份撤销。

然而，实现跨链访问控制并非易事。不同区块链网络具有独特的数据格式、加密算法和访问控制策略，这增加了跨链访问控制的复杂性。上述研究工作并没有讨论多区块链网络中不同组织跨域或跨链的安全数据共享与访问控制。为了解决跨链通信的隐私和安全问题，Jemel 等构建了一个基于云的集中式跨域数据共享平台，通过安全网关提供隐私控制，使用基于身份的签名进行身份验证，在工业物联网中提供跨域的身份认证和不同域间的数据共享。Hao 等提出了一种轻量级的联盟链架构，提高了物联网设备的访问控制方案的可扩展性。该方案通过设置跨域角色和环境，促进域间的访问控制。此外，它将访问控制策略以交易的形式存储，保证了轻量化的需求。针对数据跨域可信共享难、访问周期长的问题，袁昊男等人设计了基于生物特征密钥与国密算法的加密与认证机制，以患者生物特征导出密钥，实现个性化的隐私保护，并通过边缘计算提升数据处理与计算能力。为了保护多链系统数据共享中敏感数据和用户隐私，Chang 等提出了 SynergyChain 多链框架，通过数据聚合与身份验证，并基于智能合约实现多链数据的分级访问控制。但是，该方案仅仅根据数据级别进行粗粒度权限控制，无法满足复杂的大型组织中动态变化的访问需求。针对边云协同的应用场景，Sun 等研究了该场景的跨域访问控制架构，根据属性权限级别授权访问资源，并支持访问权限的动态更新。Zhao 等为解决患者数据的安全共享问题，提出了一种跨链访问控制的医疗数据共享模型，并设计了一种基于身份和角色的动态访问控制策略。但是，该方案在动态访问控制的基础上，并没有考虑访问控制过程中的数据隐私问题，此外，基于身份和角色的访问控制模型在权限分配和管理方面缺乏灵活性。Ma 等利用全同态加密算法 CKKS 和跨链技术，解决边缘计算中存在的数据隐私保护问题。不可否认，该方案采用的 CKKS 算法在支持浮点数计算方面有较好的优越性，但全同态加密算法也给方案的运行带来了大量的时间和计算资源的消耗。

（3）智能交通领域数据安全共享研究现状。如今，区块链技术展示了良好的发展前景，已被广泛应用于物联网、医疗、农业、智慧城市以及 ITS 等领域。由于技术的先进性和车载应用的快速发展，ITS 产生了大量的数据。在智能交通系统背景下，安全高效的数据传输具有重要意义。智能交通数据信息的共享可以提高驾驶员的安全性，并为系统的其他部分提供更高质量的服务。

在 ITS 领域的研究中，一些研究聚焦于基于区块链建立安全、可信和去中心化的自主 ITS 生态系统。Yuan 等研究了基于区块链的智能交通系统，设计了安全、可信的七层概念模型，并提出了基于区块链的实时乘车共享服务模型。Sharma 等提出了一种基于区块链的智能城市车辆网络架构，构建了全新的分布式车辆传输管理系统。Rathee 等提出了一种使用区块链技术的互联自动驾驶汽车服务框架，有关车辆实体或物联网设备的每项活动都被跟踪并记录在区块链上，确保客户的安全和设备的安全。Deng 与 Gao 依托区块链技术，以公园收费管理系统和电子不停车收费系统（Electronic Toll Collection，ETC）为场景，分别提出了两种基于区块链的电子支付方案，并利用支付平台将真实货币转换为虚拟货币进行停车收费支付。支付交易通过智能合约自动执行，只有路测单元（Road Side Unit，RSU）参与共识机制，车辆可以通过 RSU 获取数据，这保证了区块链中所有实体存储的数据的快速同步，并引入密码学构建模块保护车辆账户的安全和隐私。Balzano 等构建了基于区块链的车载自组织网络中的智能停车系统，利用区块链机制来保证其公平性，任何妄图修改网络状态的操作都需要达成共识；该系统提供了智能、快速的车辆分配，改善了交通和环境污染。Li 等构建了基于区块链的智能交通服务调度管理系统，该系统有效解决了共享公交的核心问题，提高了数据安全和隐私保护，实现了智能调度和路线规划，简化了跨组织协作和结算流程。

此外，许多团队集中于研究如何充分利用区块链来提升 ITS 的安全性与数据传输共享。Zeng 等利用区块链完成智能红绿灯数据采集、处理和传输，并结合边缘智能技术提出了基于智能合约的信息冗余切割技术，降低了通信成本与时间成本。Li 等研究在多个基于区块链的互联车辆网络场景中数据传输的完整性和隐私问题。为了解决 ITS 中一辆车向其他车辆发送信息时的消息可靠性以及系统中车辆身份验证等问题，张晓红等提出了基于联盟链的数据安全共享和存储系统，该方案考虑了三种类型的数据共享：车辆到车辆、车辆到 RSU 和 RSU 到 RSU，并使数据传输效率提高了 83.33%。为了确保基于智能交通管理系统中交通事件的正确性，Yang 等利用事件证明、共识机制提出了基于区块链的交通事件验证模型，以验证事件的有效性，他们引入了区块链上的两阶段交易，以在适当的区域和时间段发送警告消息，该机制能够为可追溯的事件提供信任验证。Chai 等提出了一种基于联盟链的车联网资源共享范例，其中资源共享交互被封装为交易，并由 RSU 记录。此外，为减少计算功耗并激励参与资源共享的车辆，他还提出了轻量级共识机制，该机制利用每辆车的声誉值将资源共享过程和共识结合在一起，其所提出的区块链系统为信任管理提供了一个有效的平台。Shen 等利用区块链技术在多个数据提供商之间构建安全可靠的数据共享平台，物联网数据被加密并记录在分布式账本上，并采用 Paillier 同态密码机制构建了安全的无须可信第三方的 SVM 训练算法，保证了数据提供者的隐私数据以及数据分析师的 SVM 模型参数的机密性。Yeh 等通过智能合约和区块链预言机实现数据的稳定访问，并利用 5G、P2P 与 IPFS 分布式文件系统完成交通数据的共享。Aftab 等介绍了基于物联网的交通系统的安全和动态访问控制模型，用于保护和动态处理数据共享和通信。这些研究凸显了区块链与智能交通结合的优势，为该场景带来了更多的发展机遇。

然而，需要指出的是，尽管区块链在 ITS 中具有潜力，但仍存在一些限制和挑战需要克服，其中包括可扩展性、互操作性、性能和实际实施考虑等。此外，信息资源整合共享是智能交通网络建设的重要环节。但是，由于不同数据提供方之间的底层可能采用不同的区块链平台，交通数据无法交互。因此，在 ITS 领域中研究安全的跨链数据协同共享成为一项非常必要的任务。

1.3 研究内容

目前大部分数据共享采用中心化的数据管理，为解决普遍存在的效率低、数据泄露、易篡改等问题，本研究主要从区块链技术在种质资源数据、农业知识产权、智能交通等 3 个领域的应用方面展开数据安全共享技术研究，主要工作内容包括以下 4 个部分：

（1）设计了基于区块链的种质资源数据安全共享模型，提出"IPFS＋区块链"的链上链下协同存储模型和种质数据安全共享模型，解决区块链上无法承担冗余数据量的数据存储问题；提出固定区块算力的方案，解决以太坊共识机制的应用分叉问题；通过设计智能合约、RSA 加密算法等，利用 web3.js 实现对智能合约的交互，完成基于以太坊的种质资源数据安全共享系统开发，并从外部攻击方面对模型的安全性进行分析，结合区块链优势对系统性能进行分析。

（2）提出了一种基于区块链和人脸识别技术的身份认证机制，在 Fabric 联盟链的架构上，采用改进后的实用型拜占庭容错算法，采用 FaceNet 人脸识别模型，通过区块链的共识机制和智能合约的交互设计，有效解决了传统身份认证中面临的安全性问题，实现了安全可靠的身份认证系统，更好地促进了种质资源数据的安全共享和数据研究。实验结果表明，在进行安全认证的同时，系统在响应时延和并发性能上基本满足认证开发需求。

（3）构建了基于区块链的农业知识产权确权模型，包括数据确权存证、知识产权交易和版权方维权等功能模块；提出了一种基于行末标识符的水印算法的改进方案，用于确保农业知识产权的确权和存证。设计可根据条件触发自动执行的知识产权保护智能合约，包括水印嵌入与提取、水印信息加密、身份识别、权利认证和转移等多个子协议，实现知识产权的授权与确权、产权交易以及基于可信时间戳存证的维权功能。

（4）提出了基于中继节点的数据跨链交互模型，该模型定义了跨链数据通信协议与跨链交易生命周期，实现了应用链间的数据交互。为了解决中继节点间的跨链安全问题，提出了基于身份基加密的中继节点安全接入方案，为中继节点提供可靠的身份认证。在跨链机制研究的基础上，基于属性的访问控制模型与门限 Paillier 密码体制，提出了一个具有策略和属性隐藏的安全多方跨链访问控制方案，该方案采用基于属性的访问控制模型，使得访问控制策略更为灵活，可以根据多种属性来定义访问规则。同时，通过门限 Paillier 密码体制对用户属性和访问策略加密，允许多个参与方在不泄露敏感信息的情况下进行联合计算。在方案的实施中，提出了一种多中继节点联合计算的解密方法，由跨链网络中的中继节点组成多方联合解密组，对同态比较计算后的密文进行联合解密计算，进一步增强了数据隐私和安全性。

1.4　结构安排

第 1 章，绪论。基于区块链技术的种质资源数据安全共享模型的研究背景，该章节主要描述了区块链技术在农作物种质资源数据、农业知识产权及基于区块链技术的智能交通数据安全共享的研究背景，指出了现阶段数据在安全共享方面的问题。详细介绍了当前区块链技术应用的研究现状以及区块链技术在种质资源数据领域、农业知识产权领域、智能交通领域应用的国内外研究现状，说明了区块链技术应用于数据共享方面的优势。

第 2 章，相关技术和理论知识。详细介绍了区块链基本概念、区块链的密码学知识、共识算法、以太坊、IPFS、FaceNet 人脸识别模型、Hyperledger Fabric、文档数字水印算法、基于身份的加密、门限 Paillier 密码体制、跨链通信技术、libP2P 技术、访问控制技术等。

第 3 章，基于区块链的种质资源数据安全共享模型研究。设计了基于区块链的种质资源数据安全共享方案，提出"IPFS＋区块链"的链上链下协同存储模型和种质数据安全共享模型，设计智能合约；提出固定区块算力的方案，解决以太坊共识机制的应用分叉问题。实现了种质资源数据安全共享系统，包括用户模块、数据管理模块等功能。

第 4 章，面向种质资源领域的人脸识别与区块链技术融合的身份认证研究。详细介绍了用户信息注册设计、用户身份信息签名设计、用户身份认证设计和数据存储设计四部分内容。主要完成 Fabric 联盟链网络的构建、智能合约的设计，构建了去中心化的身份认证系统。系统利用 fabric‐sdk‐java、node.js 技术和 ipfs‐api 接口实现用户身份注册、用户身份认证、用户数据查询、种质数据共享和存储等功能。对系统的响应时延和吞吐量进行了相关测试和分析。

第 5 章，基于区块链的农业知识产权确权研究。介绍了农业知识产权确权模型，然后重点阐述了模型功能设计包括数据确权存证、知识产权交易和版权方维权。提出一种基于行末标识符的水印算法的改进方案，将基于 IPFS 的分布式存储方案应用于农业知识产权确权环节。实现了基于区块链的农业知识产权确权系统，包括系统架构设计和智能合约设计，详细介绍了链码的实现，包括链码的编写和测试，并进行了实验性能测试。

第 6 章，基于区块链的跨链通信与访问控制机制研究。提出了一种基于中继节点与身份基加密的跨链交互机制，由中继节点通过 libP2P 互连形成中继节点链，利用中继节点链进行跨链信息的验证与传递，构建了针对该机制底层的标准跨链通信协议与跨链交易生命周期，设计了跨链互操作智能合约与中继节点安全身份认证的算法。针对跨链互操作过程中的链间数据安全访问控制问题，提出了一种基于属性和门限 Paillier 密码体制的安全多方跨链数据访问控制方案，对该模型进行了安全性分析，并通过实验对该模型进行了性能测试与分析。实现了面向智能交通的多方数据安全跨链共享与协同方案，包括跨链管理模块、访问控制模块、资源管理模块以及数据监管模块等功能，系统具有可追溯、跨组织协作、细粒度、动态可更新的访问控制等优势，可应用于智能交通场景。

第 7 章，总结与展望。该章节整理了本书的主要研究内容以及创新点，并指出区块链技术在数据安全共享中存在仍有待继续深入研究的地方，对未来区块链技术在种质资源数据领域、农业知识产权领域、智能交通领域的后续研究方向进行了展望。

2 相关技术和理论知识 //////////////////////

2.1 区块链原理

2008 年中本聪发表的"Bitcoin：A peer‐to‐peer electronic cash system"中首次出现了"区块链"这一概念。区块链由一串使用密码学算法生成的数据块组成，块上包含了许多有效的交易确认信息，其本质是一个去中心化的分布式账本数据库。从技术角度看，区块链由多种技术组成，包括对等网络、密码学、分布式系统、共识机制、智能合约等。区块链具有去中心化、不可篡改、公开透明等特点，在推动 IT 基础设施的分布化、引入新一代数字服务和应用等方面有着重要作用。随着区块链技术的快速发展，区块链已从以"比特币"为代表的 1.0 时代发展到以"共识机制"为代表的 2.0 时代，如今已迈入以"智能合约"为代表的 3.0 时代，政府治理、智慧农业、粮食溯源、健康医疗等诸多项目不断落地，区块链行业蓬勃发展。区块链 4.0 阶段尚未完全展开，但是一些学者认为，区块链 4.0 将是多链协同、跨链交互、共识机制创新、人工智能结合的新的技术方向。

区块链技术具有数据可加密、交易记录可追溯、区块数据不可伪造等技术优势，作为一个去中心化的分布式账本，其本身是由若干个数据块组成的集合，块与块之间通过哈希值相互关联组成链。它是互联网时代分布式存储、点对点数据传输、共识机制、加密算法等一系列网络技术的创新组合应用模式。

（1）区块链数据结构。区块链本身是由多个区块按照时间戳顺序链接而成的不可篡改的链式结构，其链接指针是采用密码学哈希算法对区块头进行处理所产生的区块头哈希值。区块链中单个区块的基本构成是区块头和区块体，区块体中记录了该区块产生的这段时间内在当前区块链网络中所发生的每个交易进行 Hash 运算后的值，每单个 Hash 值两两结合，最终形成了一个树状的 Merkle 根哈希的形式，而区块头中包含的内容主要有区块的版本号、区块生成的时间戳、随机数和上一区块的头部信息经过哈希计算之后的一串代码和当前区块体中以默克尔树（Merkle Tree）形式存在的根哈希值。每个区块中存储着该区块生成过程中所发生的多笔交易信息，那么一整条区块链记录的则是所有在该区块链网络中发生交易的日志记录，作为一个去中心化的分布式账本，每一个节点都拥有完整的账本数据。区块链的基本数据结构如图 2-1 所示，顶层是链接的区块，下面是其中一个区块的 Merkle Tree，它可以快速验证某笔交易是否包含在区块中，同时可以防止篡改交易数据，提高区块链的效率和安全性，Merkle Tree 的最底层是数据块，作为区块链中存储数据的最小单元，每个数据块实际上是一个交易。

作为一种去中心化的分布式账本技术，区块链通过多个节点间的协作和加密算法来保证数据的可靠性和安全性。区块链节点可分为全节点和轻节点两类。全节点保存整个区块内容，包括区块头和区块体，具有完整的区块链副本和完整的交易历史记录，负责验证和广播交易以及新的区块，并在网络中维护区块链的一致性。全节点需要下载并存储整个区块链，需要大量的存储空间和处理能力。轻节点是指只存储区块头和交易的节点，只需保存区块链中的一小部分数据，通常是只保存与自己相关的交易信息，而不需要完整的区块链数据副本。轻节点通常用于在资源有限的设备上运行，例如智能手机和嵌入式设备等，但它们需要依赖于全节点来确保交易和区块的有效性。

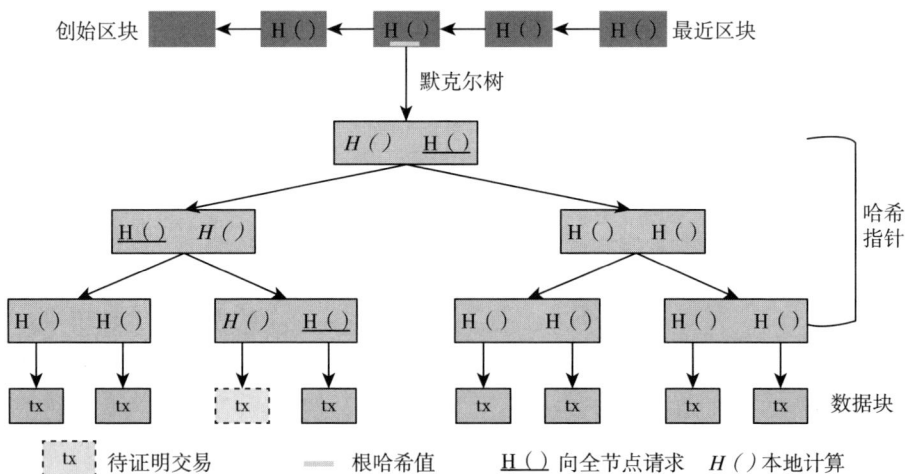

图 2-1 区块链数据结构

假设某个轻节点想要验证一个交易是否存在，首先通过区块链网络获取待验证交易所在区块的区块头信息，包括区块头的哈希值和 Merkle 根哈希值，从中获取待验证交易的哈希值和其在 Merkle Tree 中的位置。然后，轻节点向某个全节点请求 Merkle Proof，全节点会将包含待验证交易的哈希路径信息发送给轻节点。接着，轻节点利用收到的哈希路径信息和交易哈希值重新计算出 Merkle 根哈希值。最后，比较计算出的 Merkle 根哈希值与从区块头中获取到的 Merkle 根哈希值是否一致，如果一致，则说明待验证交易已被确认写入区块链，且内容没有被修改过，验证成功。在这个过程中，轻节点不需要下载整个区块链的数据，只需要获取区块头信息和向全节点请求 Merkle Proof 即可验证交易的合法性。

（2）分布式账本技术。区块链使用分布式账本技术来实现去中心化的数据存储和管理。具体来说，每个节点都有一份完整的数据副本，每当有新的交易发生时，节点将该交易添加到本地副本中，并通过共识机制和网络协议将其广播给其他节点，使得每个节点都能得到同步的账本。通过这种方式，区块链实现了一个可靠、安全、去中心化的数据存储和管理系统。分布式账本技术通常使用 Merkle Tree 来存储交易，如公式 2-1 所示。

$$MerkleRoot = Hash\big[Hash(T_{x_1}) + Hash(T_{x_2}) + \cdots + Hash(T_{x_n})\big]$$

$$(2-1)$$

其中，$Hash$ 函数表示一个哈希算法，T_{x_1} 到 T_{x_n} 表示多个交易，$MerkleRoot$ 表示整个 Merkle Tree 的根节点。Merkle Tree 的主要作用是将多个交易打包成一个区块，通过计算根节点的哈希值，确保该区块的所有交易都是合法且未被篡改的。

（3）区块链分类。按照参与者的权限和管理方式进行分类，区块链可以分为公有链、联盟链和私有链三种类型，如图 2-2 所示。公有链是开放的区块链网络，任何人都可以加入网络，并在网络中执行交易、创建智能合约等，较为著名的公有链平台有比特币、以太坊等。私有链是受限于特定组织或个人的私有区块链网络，权限更为集中，通常用于企业内部的管理和特定的应用场景。联盟链是一种介于公有链和私有链之间的区块链，由若干个组织共同管理，参与的节点受限于特定的组织，这些组织通常已经建立了一定程度的信任关系。联盟链一般用于企业间合作或特定行业的协作场景，典型平台有 Hyperledger Fabric、R3 Corda 等。

①以太坊。以太坊（Ethereum）是一个去中心化应用平台，以太坊支持智能合约的设计而区块链不支持，同时，以太坊还可以发行自己的代币，通过智能合约完成各种服务需求的创建，然后部署到以太坊上，以此为用户提供便

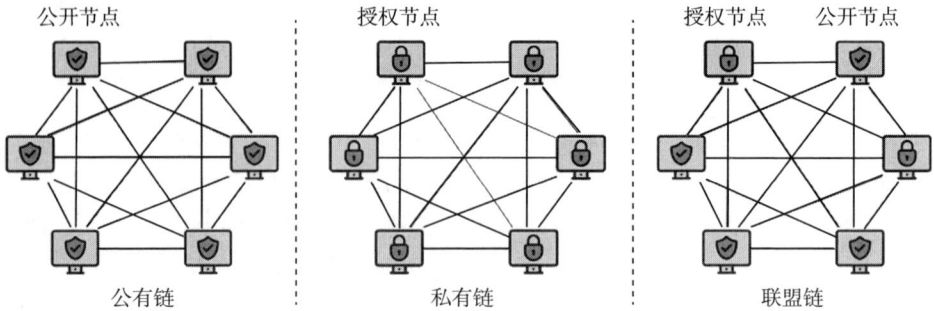

图2-2　区块链分类

利的服务。创立者 Vitalik Buterin 于 2013 年底发表了以太坊白皮书，把以太坊定义为"下一代加密货币与去中心化应用平台"。以太坊提供许多模块方便用户使用，其中提供的 IPFS 文件系统、Ganache 客户端、web3.js 库等极大方便了本系统的构建。依托以太坊，用户可以更加方便地进行去中心化应用的开发。

以太坊总体架构（图2-3）主要由去中心化应用、智能合约、以太坊虚拟机（EVM）、区块链、P2P 网络等构成。EVM 编译运行智能合约，RPC（远程过程调用）提供外部应用调用合约的接口，web3.js 封装了以太坊的JSON-RPC API，方便系统前端与合约交互。

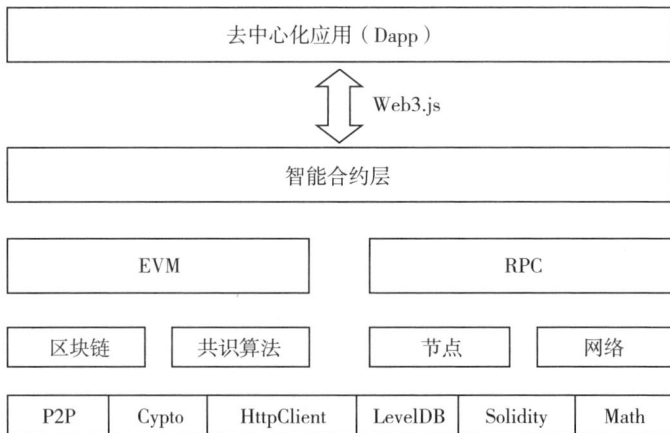

图2-3　以太坊整体架构图

②联盟链。Hyperledger Fabric 是一个由 Linux Foundation 主导的开源联盟链平台，旨在满足企业级区块链应用的需求，其设计目标是强调灵活性和可

扩展性。Hyperledger Fabric 具有去中心化、高吞吐量、低延迟、智能合约和多种共识算法支持等特点。与涉及加密代币的 PoW 共识机制不同，Hyperledger Fabric 使用经典分布式问题中的 PBFT 算法和 RAFT 算法，并通常需要证书授权（Certificate Authority，CA）体系进行准入控制以抵御可能出现的"女巫攻击"。Hyperledger Fabric 平台的核心组件主要包括以下内容。

智能合约：在 Hyperledger Fabric 中，智能合约是由 Golang、Node. js 等语言编写的程序，可以在区块链上自动执行，并能够处理交易请求、查询数据等。

分布式账本：Hyperledger Fabric 的账本是一个分布式数据库，记录了所有交易的历史记录，并通过共识算法确保了账本的一致性和安全性。

节点：Hyperledger Fabric 的节点分为两类，一类是客户端节点，另一类是对账本进行管理和维护的验证节点。验证节点可以分为 Peer 节点和 Orderer 节点，Peer 节点可以读取和修改账本数据，而 Orderer 节点则负责将交易打包成区块，并确保区块链的一致性。

组织和通道：Hyperledger Fabric 中的组织是一组节点和智能合约的集合，通道则是一组组织之间进行交互的逻辑单元。通道中的所有成员都可以看到该通道上的交易和智能合约，而无法看到其他通道的交易和智能合约。

网络拓扑：Hyperledger Fabric 支持多种网络拓扑，可以部署在公共云、私有云或混合云环境中，以满足企业级应用的需求。

Hyperledger Fabric 的权限控制机制可以保护权利人的隐私，同时其高吞吐量和低延迟的特点可以应对知识产权交易的高并发场景。Hyperledger Fabric 的智能合约和多种共识算法支持为确权存证和维权提供了技术保障。通过使用 Hyperledger Fabric 开发平台，开发人员可以更容易地构建可扩展、灵活和安全的区块链应用程序，以满足企业级需求。同时，Hyperledger Fabric 的模块化架构也使得开发人员能够根据实际需求进行自定义和扩展。

Fabric 系统中的账本结构如图 2-4 所示。Fabric 中的区块文件主要包括区块头和区块体两部分。区块头中的元数据主要包含相邻区块的哈希值、随机数和时间戳等信息。区块体主要存储各项交易信息，历史数据库和索引数据库主要记录各区块的索引数据，通过索引信息查找对应的文件，状态数据库在交易执行后，对当前区块的交易结果进行计算并更新该节点的世界状态，同步更新账本内容。

随着 IBM 推出 Hyperledger Fabric，联盟链这一去代币化的区块链模型成为国内"产业区块链"的基础模型，国内大量产生的"产业区块链"绝大多数是以 Fabric 为参考的联盟链应用体系。Fabric 克服了公有链项目交易公开无隐私保护、共识算法低效及吞吐量低等缺点，不仅拥有存证和溯源的基础能力，还具有交易速度快、易扩大规模、成本低等优势，被广泛应用于数据安全共享领域。

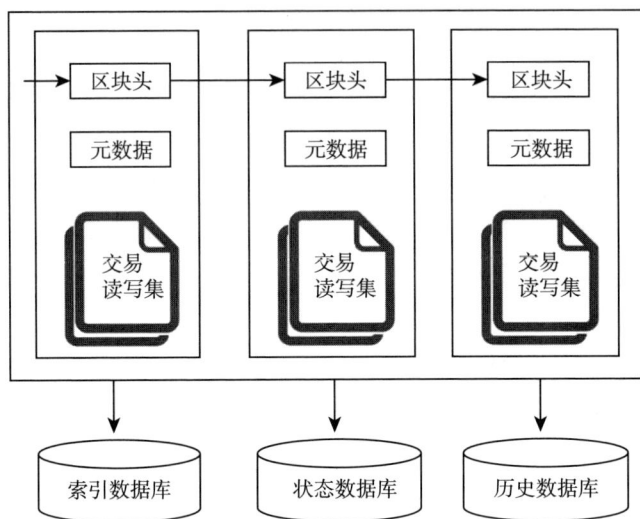

图 2-4　超级账本结构

2.2　区块链技术

2.2.1　智能合约

智能合约的概念最早由 Nick Szabo 于 1994 年提出，它被定义为"执行合约条款的计算机化交易协议"。但由于早期计算能力以及应用场景的限制，智能合约在初期并未受到研究者们的关注。直到 2013 年，Buterin 发布了以太坊区块链平台，提供了图灵完备的编程语言 Solidity 来编写智能合约，首次将智能合约应用到了区块链中。在区块链技术中，智能合约可以被认为是一种特定的软件程序，由分布式账本支持部署和执行。智能合约对于验证和执行没有第三方的交易至关重要，其特点如图 2-5 所示。

智能合约分为确定性合约和非确定性合约两种类型。确定性合约（也称为

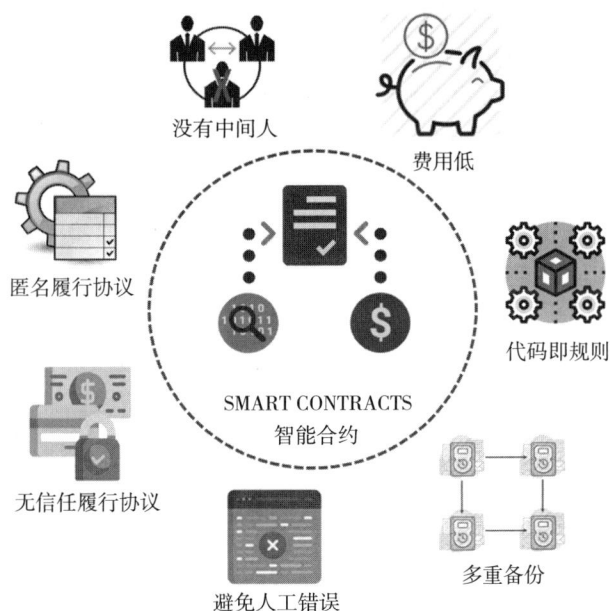

图 2-5　智能合约特点

"oracle"）在运行时不需要来自区块链外部的信息，而非确定性合约则恰恰相反，需要依赖外部的信息。智能合约可以在不同的区块链平台上开发部署，例如，以太坊、比特币以及本文使用的 Hyperledger Fabric 与 FISCO BCOS 等联盟链平台。不同的平台提供了不同功能与编程语言的智能合约。相较于公有链和私有链，选取在联盟链平台上部署的合约可以提供更高的性能和隐私性。

智能合约的内在机制主要包括以下几个方面：

代码逻辑：智能合约是一段被编写好的程序代码，其逻辑结构和执行过程类似于传统的计算机程序。智能合约的代码需要通过编译、部署等过程才能被区块链网络所认可并执行。

存储结构：智能合约需要存储一定的数据信息，这些数据信息可以是一些状态变量、用户信息、合约执行结果等。在区块链上，智能合约的数据存储通常采用键值对的形式，其中键是一个唯一的标识符，而值则是与该键相关的数据。

交易处理：智能合约可以接收和处理来自区块链上的交易请求。当交易请求被发起时，智能合约会根据事先设定好的规则和条件来判断是否执行该交易，以及如何执行该交易。

合约调用：智能合约可以被其他合约或应用程序调用。这些调用请求可以触发智能合约的自动执行，从而实现复杂的业务逻辑处理。

安全性：智能合约的安全性是区块链技术的核心之一。智能合约的执行结果和数据存储是不可篡改的，确保了合约的公正性和可信度。同时，智能合约也可以设置一些权限和限制，保护合约的执行安全。

费用计算：智能合约的执行需要消耗一定的计算资源和存储资源。区块链系统通常会根据合约执行所消耗的资源来计算费用，并将这些费用收取后给到合约的发起人。

智能合约可以用于多种用途，包括数字货币、金融服务、供应链管理、物联网、投票和选举、数字版权管理等。它们可以自动处理各种交易，例如资金转移、授权、协议执行等。它们还可以通过设置条件和规则来执行逻辑，例如自动解决合同纠纷、自动执行保险理赔、自动执行租赁协议等。

智能合约的语言有多种，如 Solidity、Vyper、Hawk、Serpent 等。每种语言都有其独特的优点和适用场景。Solidity 是以太坊上最常用的智能合约语言，具有广泛的开发工具。Vyper 则注重安全性且易于分析，而 Hawk 通过加密原语与区块链进行交互，保护链上交易的隐私。智能合约语言在区块链的运作中至关重要，微小的错误或故障就可能引发安全问题。此外，智能合约涉及的隐私、性能和可扩展性问题也值得重点关注。

2.2.2 共识机制

共识机制是区块链系统中用于实现有关账本状态的分布式协议的程序，通过算法和协议使得节点在去中心化网络中达成一致、信任和安全的决策。共识机制的原理是允许其中的某个节点提出新的区块，该区块需要经过其他节点的验证，确保其符合系统的规则和约定。一旦其他节点验证通过并接受了新的区块，系统则达成一致，并更新本地的账本。为了鼓励节点参与共识过程与防止作恶行为，通常由共识机制决定其采用的奖励或惩罚行为。总而言之，共识机制可以有效地解决分布式系统中的数据一致性问题并防止恶意节点篡改数据的情况发生。

共识机制采用特定的算法来决定哪个节点有权利提出新的区块，其通过选择交易验证方式、权衡能源消耗、优化交易速度以及利用加密货币激励机制来保障分布式应用程序的稳定性和可靠性。根据容错类型的不同，共识算法可以分为两大类：拜占庭容错（Byzantine Fault Tolerance，BFT）类共识算法和崩溃容错（CrashFault Tolerance，CFT）类共识算法。BFT 类算法考虑节点的崩溃以及可能的恶意行为，需要解决由拜占庭将军问题引起的信任问题，确保存在故障或者受到攻击时系统仍能达成一致。CFT 类共识算法关注的是节点的崩溃或故障，该类算法假设节点要么完全按照协议执行，要么完全失败，不考虑节点执行过程中的任何恶意行为。BFT 类共识算法主要包括工作量证明（Proof of Work，PoW）、权益证明（Proof of Stake，PoS）、实用拜占庭容错算法（Practical Byzantine Fault Tolerance，PBFT）等，该类算法更适用于对安全性要求较高的场景。CFT 类共识算法通常适用于对容错性要求较低、可靠性较高的系统，如企业内部的私有链或节点可靠性较高的联盟链，Paxos 算法与 Raft 算法属于 CFT 类算法。

（1）PoW 共识：PoW 是比特币和莱特币等加密货币网络使用的常见共识算法。它要求参与节点证明他们完成和提交的工作使他们有资格获得向区块链添加新交易的权利。在 PoW 中，矿工节点需要通过相互竞争解决一个复杂的数学难题来证明其在网络中的工作量，并获得奖励。

在网络中，每个节点都可以构建一个候选区块，而后，利用算力来寻找一个满足区块哈希的 nonce 值，这个哈希值必须小于一个目标值，即［H（block header）≤target］，当某个节点找到符合要求的 nonce 时，便获得了记账权，从而可以将区块发布到系统中。其他节点收到该区块后，验证其合法性。如果系统中绝大多数节点验证通过，则接收该区块为最新的区块并加入到区块链中。然而，寻找满足区块哈希的 nonce 值需要消耗大量的计算能力，且解题的过程是随机的，这导致了能源的高度消耗。此外，在被大矿池把持算力之后，仍然会导致中心化问题。

（2）PoS 共识：PoS 算法的设计基于参与者在网络中持有一定数量的加密货币。相比于传统的 PoW 算法，PoS 不需要矿工通过解决复杂的数学难题来竞争区块的创建权，而是根据节点持有的数字资产数量来确定其区块的权益。持有更多数字资产的节点有更大的机会被选中来创建新的区块。与 PoW 相比，PoS 不需要强大、昂贵的挖矿设备，减少了资源消耗。并且，在 PoS 共识中，由于 51%攻击的成本极其昂贵，因此也减少了其发生的可能性。

（3）PBFT 共识：PBFT 算法的提出主要是为了解决拜占庭将军问题。简单地说，就是少数服从多数问题，只有忠诚的将军数量占据人数优势的情况下，将军整体才能够得出正确的决策并夺取胜利。在 PBFT 中，网络中的节点被分为一个主节点和其他副本节点。网络内的所有节点都会相互通信，由主

节点负责提出新的区块，副本节点负责验证和同意提出的区块。即使存在一些
节点崩溃或者出现拜占庭错误，最终所有节点仍然能够对新的数据区块达成一
致共识。当主节点出现故障时，系统中所有的合法节点都有资格从副本节点升
级为主节点，并遵循少数服从多数的原则确保诚实节点能达成共识。

根据计算得出，要想让 PBFT 正常运行，网络中恶意节点的数量必须小
于总节点数的 1/3。即若网络中节点数为 n，当恶意节点数 $f \leqslant (n-1)/3$ 时，
就能确保共识的达成。PBFT 将共识过程划分为三个阶段：预准备（pre - pre-
pare）、准备（prepare）和提交（commit），图 2 - 6 展示了最简单的四节点网
络的共识流程。在此示例中，Client 是客户端，假设节点 0 是主节点，节点 3
是恶意或故障节点，它不返回消息。因为该网络中节点总数 $n=4$，所以此网
络所能容忍的故障节点个数 $f=1$。

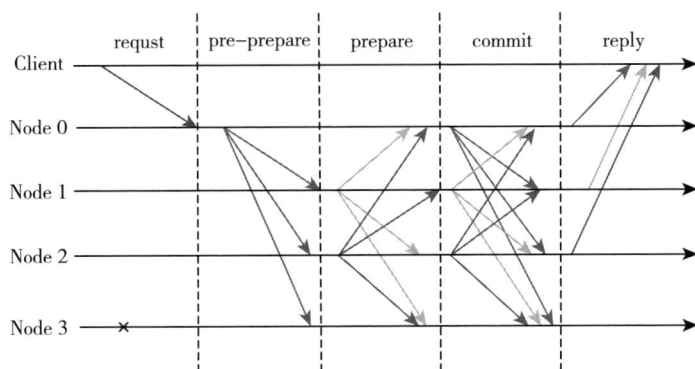

图 2 - 6　PBFT 算法流程

预准备阶段，主节点负责提出新的区块。主节点向其他副本节点广播包含
区块信息的 "pre - prepare" 消息，其中包括视图号、序列号、区块内容等。
副本节点在收到主节点的消息后，验证消息的合法性。如果验证通过，副本节
点将向其他副本节点广播 "prepare" 消息，表示同意该区块。准备阶段，主
节点在收到超过 2/3 的副本节点的 "prepare" 消息后，认为预备阶段已达成
共识。主节点将向其他副本节点广播 "commit" 消息，表示已经达成一致，
可以提交区块到区块链。副本节点在准备阶段向其他副本节点广播 "prepare"
消息，表示同意主节点提出的区块。如果副本节点收到超过 2/3 的 "prepare"
消息，就会认为已经完成准备阶段。提交阶段，主节点在收到超过 2/3 的副本
节点的 "commit" 消息后，就认为已经达成最终共识，可以将区块提交到区
块链。副本节点在收到超过 2/3 的 "commit" 消息后，认为已经完成提交，

可以将区块保存到本地的区块链中。

在 PBFT 算法流程中的每个阶段，节点都需要收到来自超过 2/3 的节点同意才能继续到下一个阶段。这种多数同意的机制确保了系统在存在不超过节点总数三分之一的拜占庭错误时仍能保持一致性。此外，PBFT 采用心跳机制来检测节点是否出现问题。如果节点在一定时间内没有发出心跳回应，其他节点则会认为该节点可能崩溃。当主节点发生崩溃或者出现拜占庭错误时，会试图变更协议来选择新的主节点。

（4）Raft 共识：Raft 算法通过以领导者为中心的方式，实现一系列值的共识和各节点日志的一致。该算法确保在网络中有超过一半的节点正常工作时，节点间能够达成一致性共识。具体而言，在一个总节点数为 n 的系统中，Raft 允许（$n-1$）/2 个节点出现非拜占庭错误，如节点宕机、网络分区或消息延时等。在 Raft 算法中，存在三种类型的节点：领导者（Leader）、追随者（Follower）和候选人（Candidate）。

Raft 将时间分割为一系列的任期。在每个任期内，只能有一个领导者节点，负责处理客户端请求和管理日志的复制，而其他节点则充当追随者，接收领导者的心跳，参与领导者选举，并复制领导者的日志。每个任期开始时，节点之间通过相互发送心跳和选举请求来进行领导者选举。每个任期内，领导者节点会固定时间间隔发送心跳，当追随者节点超过一定时间没有收到心跳，则认为领导者节点出现故障，系统进入选举状态。三种类型节点的状态转换如图 2-7 所示。

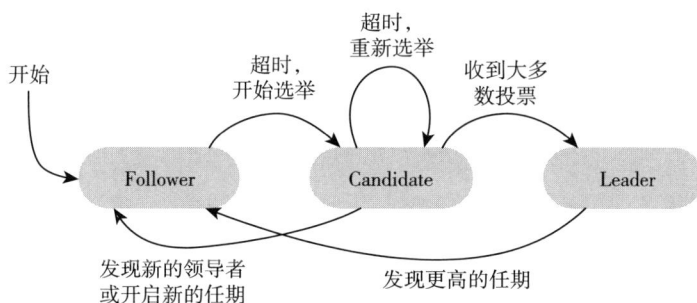

图 2-7　Raft 节点间状态转换流程

Raft 算法通过日志复制来确保所有节点保持相同的状态。领导者负责接收来自客户端的请求，将这些请求附加到自己的日志中，并通过心跳将这些条目发送给其他节点。一旦一条日志条目被大多数节点接受，它就被视为已提交，并在所有节点上复制执行。在任期内，只有领导者有权提出新的日志条目，其他节点只有在接收到领导者的心跳和附加日志请求时，才会追加新的日志条目，保障了系统的安全性和一致性。

2.3 区块链中的密码学

2.3.1 加密体制

加密体制分为对称加密和非对称加密。非对称加密技术是密码学中常用的一种算法，在数据交易过程中起到安全保障作用。在非对称加密机制中，信息接收方和信息发送方采用一对公私钥对，在进行数据加密过程中，使用公钥加密，私钥解密。在数字签名过程中，使用私钥加密，对应的公钥解密。

常见的非对称加密算法有：ECC 算法（Ellipse Curve Cryptography）、DSA 算法（Digital Signature Algorithm）以及 RSA 算法。以上三种算法的详细比较如表 2－1 所示。

表 2－1 不同非对称加密算法的比较

	RSA	DSA	ECC
原理	大数分解	整数有限域离散对数	椭圆曲线离散对数
用途	数据加解密、数字签名	数字签名	数据加解密、数字签名
密钥量	1 024Bit	1 024Bit	160Bit
运算速度	较快	慢	快
安全性	较高	较高	高
破译和攻击难度	亚指数级	指数级	指数级

（1）RSA 算法。为方便调用，本文采用基于大数分解的 RSA 算法，其具体描述如下。

①选定两个不同的大素数 p 和 q，求得两数的乘积 $n=pq$，n 公开，p 和 q 保密。

②计算 n 的欧拉函数 $\phi(n)=(p-1)(q-1)$.，$\phi(n)$ 保密。

③任意选取一个随机数 e，$1<e<\phi(n)$，且 e 与 $\phi(n)$ 互质。满足 $gcd(e,\phi(n))=1$，e 是公开的加密密钥。

④根据 $de=1(mod,\phi(n))$，计算得出 d，d 是保密的解密密钥。

⑤对明文 m 的加密过程为：

$$C = m^e mod n \qquad (2-2)$$

⑥对密文 C 的解密过程为：

$$m = C^d mod n$$

RSA 加密算法所依据的原理：根据数论，将两个大素数的乘积进行因式分解十分困难，因此可以将乘积公开作为加密密钥。e、n 是公开的密钥。将 $\phi(n)$ 作为密钥严加保密。如果 $\phi(n)$ 泄露，则 RSA 非对称加密算法的安全性将受到威胁。此外，RSA 加密算法的安全程度与 p、q 的长度呈正相关，长度越长信息交易的安全性越高。

（2）基于身份的加密。基于身份的加密（IBE）是由 Shamir 于 1984 年提出的，包含基于身份的加密和基于身份的签名两种机制。IBE 机制中不必使用证书，直接将用户的身份作为公钥，进而简化了公钥基础设施（PKI）中基于证书的密钥管理。该思想提出之后一直没有合适工具实现，直到 2001 年，Boneh 等人利用椭圆曲线的双线性对才得到被认为是第一个实用的 IBE 方案。在 IBE 方案中，可信的第三方是密钥的生成中心（PKG），给定用户身份，PKG 验证用户身份的真实性，验证通过后，PKG 基于用户身份和系统主私钥生成用户私钥。加密通信中的其他用户只需利用对方的公钥即可进行加密，无须通过证书获取公钥。

IBE 机制通常由四个算法 Setup、Extract、Encrypt、Decrypt 组成，具体的算法定义如下。设 $ID = \{ID_1, ID_2, \cdots, ID_n\}$ 是用户身份的集合，其中 ID 是用户的身份号，M 是待加密的明文消息，C 为加密后的密文。

①算法 $Set\ up$ 用于系统初始化，输入为一个安全参数 k，输出为对外公开的公共参数 PK 和仅由 PKG 知道的主密钥 MSK：

$$Set\ up(k) \rightarrow (PK, MSK) \qquad (2-3)$$

②算法 $Extract$ 用于从身份信息和主密钥中提取用户私钥，输入为主密钥 MSK 和用户的身份 ID，输出为用户的私钥 SK_{ID}：

$$Extract(MSK, ID) \rightarrow SK_{ID} \qquad (2-4)$$

③算法 $Encrypt$ 用于加密消息，使其只能由特定身份 ID 的用户解密，输入为公共参数 PK、明文消息 M 和目标用户身份 ID，输出为 M 加密后对应的密文 C：

$$Encrypt(PK, M, ID) \rightarrow C \qquad (2-5)$$

④算法 $Decrypt$ 用于解密密文，输入为密文 C、用户的私钥 SK_{ID} 和公共参数 PK，输出为明文消息 M：

$$Decrypt(C, SK_{ID}, PK) \rightarrow M \qquad (2-6)$$

要求 IBE 机制的加解密过程满足一致性约束，即 $\forall M$，$Encrypt$（PK，M，ID）$\rightarrow C$，且 $Decrypt$（C，SK_{ID}，PK）$\rightarrow M$。

（3）门限 Paillier 密码体制。门限密钥共享的解密/签名方案由 Desmedt 和 Frankel 于 1989 年首次提出。在该方案中，将密钥分割成多个部分，并将这些部分分发给 ℓ 个不同的参与方，其中超过 t 个参与方具有重新生成密钥的能力（而小于 t 的则不允许），也就是说在假设不存在数量大于或等于门限 t 的参与方会受到破坏的情况下，门限解密允许达到要求的相关参与方对特定消息进行解密，而在此过程中不会泄露任何关于其他明文或秘密密钥的信息。

基于 Shamir 提出的秘密共享方案（Secret Sharing Scheme，SSS），Shoup 提出了共享 RSA 门限签名的解决方案，相较于 Shamir 方案，该方案完全消除了在拉格朗日插值中取逆的需要。随后，该方案启发了在不同密码系统上的门限共享研究。基于 Paillier 密码系体制门限加密，Fouque 等人为 Paillier 密码系统提出了类似的门限解决方案，即门限 Paillier 密码机制，并将其用于彩票中，由所有参与者共同选择彩票相关的随机数。门限 Paillier 密码机制通过将密钥分割成多个部分，实现多方参与的分布式加解密。该密码体制允许跨链参与方联合加密明文，并且由于其基于 Paillier 密码体制，具有加法同态性质，支持对密文执行有限次的加减操作。这意味着它可以利用跨链网关节点对访问控制的属性与策略的密文进行安全多方计算，进而解决跨链场景中的访问授权问题。特别的，当参与计算的服务器数量为 2 时，Hazay 等人提出了针对两方的 Paillier 门限方案。

门限 Paillier 密码体制的工作原理如下，其中 $\Delta = \ell!$，ℓ 是参与该机制的所有跨链节点服务器的数量：

密钥生成算法：选择一个整数模 $n = pq$，其中 p 与 q 是两个强素数，使得 $p = 2p+1$，$q = 2q+1$，且 $\gcd(n, \varphi(n)) = 1$。设 $m = pq$。设 β 是 $\mathbb{Z}_n^*$ 中随机选择的元素。然后，随机选取 $(a,b) \in \mathbb{Z}_n^* \times \mathbb{Z}_n^*$，并设 $g = (1+n)^a \times b^n \bmod n^2$。密钥 $SK = \beta \times m$ 被划分为 ℓ 个私钥解密份额（可以表示成 sk_1，$sk_2, \cdots, sk_\ell$），并使用 Shamir 方案共享给 ℓ 个参与方，设 $a_0 = m\beta$，在 $\{0, \cdots, n \times m-1\}$ 中随机选取 t 个值 a_i，并设 $f = \sum_{i=0}^{t} a_i \times X^i$。第 i 个跨链节点服务器的私钥解密份额 $sk_i = f(i) \bmod nm$。公钥 $PK = (n, g, \theta)$，其中 $\theta = L(g^{m\beta}) = am\beta \bmod n$。令 $VL = v$ 是 $\mathbb{Z}_{n^2}^*$ 中平方生成的循环平方群的一个元素，

验证密钥 $VK = v^{\Delta s_i} mod n^2$ 。

加密算法：随机选取 $\chi \in Z_n^*$ ，并计算密文 $C = g^M \chi^n mod n^2$ 来加密信息 M。

共享解密算法：第 i 个跨链节点服务器使用它的解密份额 sk_i 来计算部分密文 $C_i = C^{2\Delta sk_i} mod n^2$ ，并计算正确的有效性证明。

合并算法：当少于 t 份解密份额具有有效性证明时，算法失败。否则，设 S 是 $t+1$ 个有效份额的集合，并计算明文 M，其计算公式如（2-7）所示。

$$M = L\left(\prod_{j \in S} C_j^{2\mu_{o,j}^S} mod n^2 \right) \times \frac{1}{4\Delta^2 \theta} mod n \qquad (2-7)$$

其中，$\mu_{o,j}^S = \Delta \times \prod_{j' \in s \setminus \{j\}} \frac{j'}{j'-j} \in \mathbb{Z}$ 。

2.3.2　数字签名

数字签名算法是一种基于公钥密码学的算法，可以用于验证数据的来源和完整性。在区块链中，数字签名算法可以用于验证区块链上交易的合法性，同时也可以用于身份验证和授权管理。它将数据与私钥进行关联，使用私钥对数据进行签名，以保证数据的真实性和完整性，防止数据被篡改或伪造。每个交易在发送到区块链网络之前都需要进行数字签名，以证明它是由合法账户发起的。在交易被添加到区块链后，其他用户可以使用公钥来验证交易的合法性。

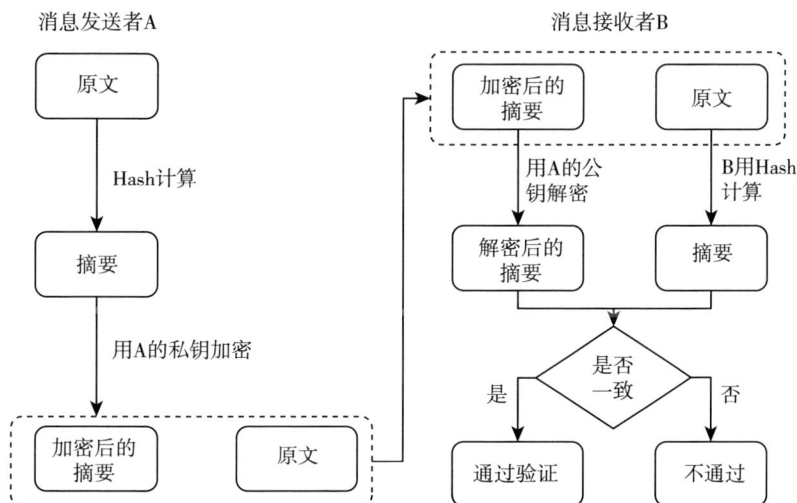

图 2-8　数字签名和验签

数字签名技术通过非对称加密技术和数字摘要技术，使用私钥加密、公钥解密的方式进行数据信息的鉴别。在身份认证领域内，数字签名通过签名和验签两个过程，能够确保发送方的数据不被篡改，并能够对发送方的身份进行准确认证。数字签名主要包括两部分，如图 2-8 所示，分别是数字签名过程和签名验证过程。首先消息发送者 A 对原文信息进行 Hash 计算得到摘要信息，然后使用 A 的私钥对摘要进行加密，将加密后的数字签名和原文数据一并发送给消息接收者 B，B 通过获取到的 A 的公钥进行解密，同时对原文数据进行 Hash 计算，将解密后的摘要与 B 计算得到的摘要进行对比，如果相同，则验证通过；否则，验证失败。

本书采用的 ECDSA 签名技术结合了 ECC 与 DSA 的特点。签名算法采用的是 ECC 算法。由大小各为 20 字节的 R 和 S 组成的值对作为签名结果。签名时使用非对称密钥对，私钥是 160 比特大小随机数，在椭圆曲线上任取的一点 G，公钥 $Q_a = dA \times G$，为创建签名值对，首先生成一个 20 字节的随机数 k，利用点乘法计算 $P = k \times G$，点 P 的 x 坐标即为 R，利用 SHA1 计算信息的哈希值得到 20 字节大小的整数 z，利用方程计算 $S = k^{-1}(z + dA \times R) mod\, p$，得到的 (R, S) 值对即为签名结果。验证签名时需要公钥和导出这个公钥的曲线参数 G，以及 20 字节大小的哈希值 z。使用公式 2-8 来计算点 P。如果点 P 的 X 坐标与 R 相等，则意味着这个签名是有效的，否则是无效的。

$$P = S^{-1} \times z \times G + S^{-1} \times R \times Q_a \qquad (2-8)$$

如上述可知，签名结果需要同时知道随机数和私钥才能够计算出。由于 ECDSA 点乘法当中的单向陷门函数的特性，无法通过 Q_a 和 R 来反向推算出 dA 或者随机数 k，这也保证了 ECDSA 算法的安全性，则在不知道私钥 dA 的情况下无法伪造签名，提高了身份认证的可靠性。

2.3.3 哈希函数

哈希函数是将任意长度的数据映射为固定长度的数据的一种函数。在区块链中，哈希函数常用于对数据进行摘要或指纹计算，用于保证数据的完整性和不可篡改性。密码学中用到的哈希函数被称为"密码学哈希函数"或"密码学散列函数"（Cryptographic Hash Function）。它们与普通哈希函数不同，因为它们必须满足特定的安全性质，包括抗碰撞性（Collision Resistance）、单向性（Hiding）和不可预测性（Puzzle Friendliness）。

抗碰撞性是指在哈希函数的输出值相同的情况下，很难找到两个不同的输入值。即对于任意两个不同的输入 x，y，哈希函数 $H(x) = H(y)$ 的概率非常小。这个性质可以用公式 2-9 表示。

$$Pr\big[H(x) = H(y)\big] \approx 1/2^n \qquad (2-9)$$

对于一个 n 比特的哈希函数，如果 x 和 y 是两个不同的输入，那么它们产生相同哈希值的概率大约是 $1/2^n$。且哈希函数输出的比特数越大，概率越小，因此哈希函数的比特数通常很大，如 SHA-256 输出 256 比特的哈希值。

单向性是给定一个输入 x，很容易计算出其哈希值 $H(x)$，但反过来，对于给定的哈希值 $H(x)$，却无法计算出输入 x。即对于任意的哈希值，不能轻易推导出原始输入数据，这说明哈希值未泄漏有关输入的任何信息。

不可预测性是指在不知道输入值的情况下，很难预测哈希函数的输出值，也就是无法预测给定输入 x 的哈希值 $H(x)$。这个性质在比特币挖矿中非常重要，因为挖矿需要计算符合一定条件的哈希值。如果哈希函数的计算过程是可预测的，那么就很容易作弊。

2.3.4　数字水印

文档数字水印算法是一种将标识信息直接嵌入数字载体中的技术，包括文本、图像、音频和视频等，旨在解决数字版权保护和防伪溯源等问题。在这种算法中，会根据文档的特征选取合适的水印嵌入方式，并通过加密等手段保证水印信息的安全性和隐蔽性。通常情况下，文档数字水印算法采用的是隐藏式水印技术，即将水印信息嵌入文档中，但不影响文档本身的可读性和可用性。

文档数字水印算法可被应用于各种类型的文档，包括 PDF、Word、Excel 等。在应用这种算法时，需要根据文档的特征和需求选取合适的水印嵌入策略，以达到最好的效果。例如，在 PDF 文档中嵌入数字水印，可以选择在文本、图片或背景中进行水印嵌入，同时需要考虑水印信息的加密、解密和验证等操作。通过这种方式，可以有效地保护知识产权数据，防止盗版和侵权行为的发生。

2.4　IPFS

IPFS 旨在创建持久且分布式存储和共享文件的网络传输协议，利用分布式存储和内容寻址技术，将点对点的单点传输变为 P2P 传输，具有数据安全防篡改、无单点故障、访问速度快以及有容灾备份机制等优势。IPFS 存储文件时将文件等大小分块，再构建各块 Hash 值和文件检索表，之后将文件分块存储在分布式服务器上。查找时只需输入存储文件时返回的 HashID，系统根据文件检索表和内部路由表自动查找并合并各文件块组成原始文件。

区块链农业知识产权保护平台应用中，IPFS 可以用来实现链下数据存储。具体来说，可以将涉及的农业专利、技术文件等文档通过 IPFS 分块存储，并将分块后的文件通过 IPFS 对分布式存储系统进行存储和管理。在这个过程中，每个文档都会被分成多个大小相等的块，每个块都有一个独特的 Hash 值，用于它的唯一标识。这些 Hash 值会构成一个文件的 Merkle Tree，并将树的根 Hash 值作为整个文件的唯一标识。这样，文件的内容就可以通过其 Hash 值快速查找和检索，而不需要知道文件的实际存储位置。将这些 Hash 值和其他相关信息存储在区块链上，以便将来查询和验证文件的完整性。当需要检索或使用这些文档时，只需提供文件的 Hash 值，就可以通过 IPFS 系统自动查找和组装文件块，将文件还原为其原始状态。通过这种方式，IPFS 可以提供可靠的链下数据存储解决方案。它可以有效地缓解链上存储压力，提高系统的可靠性和安全性，并提高数据的访问速度。

2.5 区块链跨链通信技术

2.5.1 基于中继的跨链通信技术

由于区块链基础设施的多样性和行业内缺乏统一的架构标准，研究区块链及其互操作性的解决方案变得极具挑战性。近年来，随着对区块链互操作问题的深入研究，跨区块链通信这一概念被学者认为是解决区块链互操作性的必要条件。跨链通信旨在消除链与链之间的障碍，实现价值的流通和信息的传递。在这个过程中，涉及两个区块链：原链和目标链，事务由原链发起，并在目标链上执行。跨链通信协议能够保障在跨链通信过程中各进程间遵循有效性、原子性和时效性。它通过定义通信数据格式、协议规范、共识协议等，从而实现区块链的跨链互操作。

随着区块链技术的发展，跨链技术也在不断演进和创新。从最初的 Buterin 按照技术角度将跨链解决方案分成公证人机制、中继和哈希锁定三类，到如今发展至涵盖多种行业的复杂解决方案，包括单双向中继、基于桥、基于 dApp、区块链路由器和智能合约等多种方式，这些创新方法为不同应用场景提供了灵活而全面的跨链解决方案。

基于中继的跨链通信技术通过在跨链双方之间引入一个"中间件"来协调实现同构或异构链间的价值流通。这个"中间件"充当一个协调者的角色，负责在跨链双方之间收集数据状态并进行验证。当这个"中间件"的角色由一条特定的区块链担当时，称其为中继链。在中继链的作用下，不同区块链系统之间的跨链交互得以顺利进行，实现了更广泛的价值传递和互操作性。

中继跨链模式根据其工作方式和特征可分为单链中继、多链中继、链对链结构、合约中继以及主侧链中继架构等，如图2-9所示。单链中继模式适用于简单的跨链场景，其中中继链负责跨链交易的验证和存证，跨链网关在中继链和应用链之间负责监听、同步和执行跨链交易；多链中继模式允许连接多个链进行跨链操作，中继链在此充当集线器的角色，协调不同链之间的交互。该模式适用于大规模区块链生态系统，支持更复杂的多链互通；链对链的中继结构适用于对安全性要求不高的场景，可不借助中继链进行跨链操作，只需通过跨链双方中间的跨链网关进行跨链交易的路由传输与同步，跨链交易的真实性验证也由跨链网关完成；在合约中继模式中，智能合约负责执行跨链验证和操作，跨链请求由智能合约发起，经中继链验证后触发其他链上的相应操作。合约中继适用于需要智能合约参与和控制跨链交互的场景，例如 DeFi 应用；主侧链中继架构适用于需要整合不同区块链系统的场景，以及存在上下级治理关系的情况。主链负责整个跨链系统的管理，担任中继链的角色，负责验证和传递跨链交易信息，以确保交易的一致性和有效性。主链通常具有更高的安全性和共识机制，通过主链来维护整个系统的稳定性。侧链则负责承载具体的业务功能、共识机制或其他特征，其存在允许主链外部的区块链与主链进行互操作，形成可扩展的侧链群。

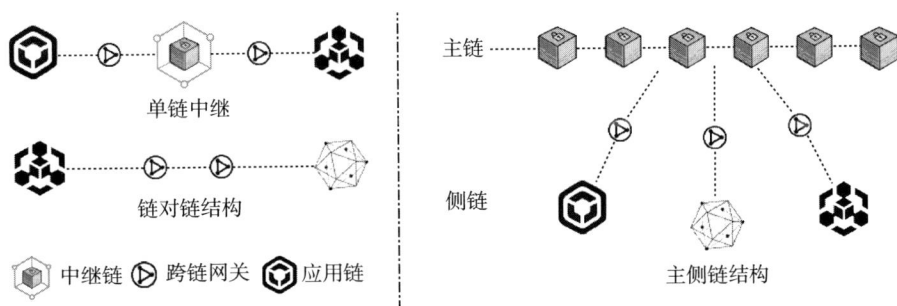

图 2-9　中继模式架构

2.5.2　LibP2P

　　LibP2P 是一个用于构建 P2P 网络的模块化网络堆栈和库。它源自开源项目 IPFS，其模块化的设计使它能够用来构建各种去中心化应用的 P2P 网络层。目前，许多区块链项目，如 Ethereum 2.0、Polkadot、Filecoin、BitX-Hub 等，都选择使用 libP2P 来构建其系统的网络层。LibP2P 具有许多优秀的特性，如对等节点发现（能够发现 P2P 网络中的其他节点）、路由、支持多种数据传输协议、保护传输数据隐私等，并提供了多种加密和身份验证机制。它使用一种称为"multiaddr"的编码方案来统一不同的协议地址格式，并为网络中的节点分配全网唯一的 ID。通过使用节点 ID，可以有效解决中间人攻击问题。由于其灵活性和可扩展性，LibP2P 已被广泛用于分布式文件系统或构建去中心化应用程序。

　　在区块链场景中，LibP2P 在两个对等节点之间连接建立双向和安全的通信信道时，可以指定使用的协议，并实现快速的数据传输。已有实验表明，LibP2P 使 P2P 应用程序的开发非常容易，并且能够解决大多数固有的 P2P 网络问题。BitTorrent 也可用于构建 P2P 网络，其文件共享协议主要用于大规模文件的分发与下载。虽然 LibP2P 和 BitTorrent 都可以用于构建 P2P 网络，但它们的主要应用场景略有不同。LibP2P 更加通用和灵活，适用于构建各种去中心化应用和区块链项目的网络层，而 BitTorrent 则专注于大规模文件的高效共享和下载。需要指出的是，LibP2P 致力于提供互操作性，使不同的节点能够相互通信。这意味着 LibP2P 可被用于构建跨不同区块链平台或分布式应用的网络。因此，本章选用 LibP2P 进行中继节点间的互联通信。

2.6　访问控制技术

2.6.1　传统访问控制模型

　　访问控制模型是计算机安全领域中用于管理和规范用户对系统资源访问的一种框架或方法。它定义了谁可以访问什么资源，以及在何种条件下访问是被允许的。不同的访问控制模型采用不同的策略和规则，以确保系统的安全性和合规性。传统的访问控制模型通常包括自主访问控制（DAC）、强制访问控制（MAC）和基于角色的访问控制（RBAC）。

　　（1）自主访问控制（DAC）。DAC 的核心思想是赋予资源的所有者对其资源进行自主管理和控制的权利。每个资源的属主拥有自己的访问控制列表（ACL）或访问控制矩阵，通过这些包含用户或用户组及其相应权限的列表实现对资源的访问控制。ACL 直观地展示了谁可以访问资源以及以何种方式访问。资源的所有者可以随时修改 ACL，增加或删除用户，修改权限，从而实现对资源权限的精准控制。在 DAC 模型中，某些用户还可以把自己所拥有的对资源的访问权限转移给其他用户。同时，DAC 模型还支持权限的继承，即如果用户 A 有权访问文件 1，而用户 B 是用户 A 的下属或关联用户组的成员，那么用户 B 也可能被授予对文件 1 的访问权限。

然而，DAC 模型存在一些潜在的挑战和安全风险。过度的自主权可能导致资源的所有者错误地分配了权限，或者因为疏忽而未能适时更新 ACL，从而产生潜在的安全隐患。用户也可能滥用其自主权，授予不当的权限，从而导致数据泄露或滥用。

（2）强制访问控制（MAC）。与 DAC 不同，MAC 模型基于系统内部定义的强制性策略规则，强制执行访问控制策略，而不依赖于用户的自主权。该模型的设计旨在提高系统的安全性，确保敏感信息不被未经授权的用户或程序访问。在 MAC 模型中，每个主体（通常是用户或进程）和客体（资源）都被分配了一个安全级别或标签，这些标签通常表示了主体和客体的安全敏感程度。只有主体与客体的级别与标签属性匹配时，申请访问的主体才会被赋予对客体资源的访问权限。MAC 模型不允许主体决定其所拥有资源的安全属性，而是由系统管理员或策略设定者定义，这种中心化的管理确保了对系统整体访问的精确性和可控性。MAC 为系统提供了强大的安全性，适用于需要高度安全性的环境。但与此同时，不断更新资源和标签需要更为复杂的系统设计和管理，对权限的分配和控制更加严格，不仅增加了系统的复杂性，也降低了灵活性。

（3）基于角色的访问控制（RBAC）。RBAC 模型的核心思想是将用户的权限与其在组织内所担任的角色关联起来，通过将用户划分到不同的角色中，然后为每个角色分配相应的权限，从而简化访问控制的管理和维护。RBAC 模型由用户、角色、权限和会话四个部分组成。用户代表系统中的实际用户或实体，每个用户都会被分配至少一个角色，通过角色间接获取相应的权限。角色代表一组相似职责或操作的集合。用户通过被分配到一个或多个角色而获得相应的权限。角色可以根据组织的需求和结构进行定义，例如，系统管理员、普通用户、审计员等。权限是模型中定义的操作或访问动作，例如读、写、执行等。每个角色都与一组权限相关联，用户通过某个角色而获得相应的权限。

通过将权限分配到角色而不是直接分配给用户，RBAC 简化了访问控制的管理。当用户的角色变化时，只需更新角色的权限，而不必逐个更新用户的权限。它在企业、网络系统和数据库管理等领域得到广泛应用，为访问控制提供了一种高效而灵活的管理方式。但当模型中的角色数量越来越多时，RBAC 模型会变得过于复杂从而难以管理。

总体而言，传统的访问控制模型，包括 MAC、DAC 和 RBAC，在权限分配和管理方面缺乏灵活性，存在一定的不足。这些模型的权限通常是静态的，难以灵活地适应动态变化的访问需求。此外，它们的设计适用于单个系统或单个组织内部的访问控制场景。因此，在跨组织或跨域的数据交互场景中，不同区块链网络之间的访问控制需要能够协调和整合多个组织系统的权限规则。这使得传统的访问控制模型在面对如此复杂的场景时显现出较大的局限性。

2.6.2 基于属性的访问控制

基于属性的访问控制（ABAC）模型，通过评估用户的属性与定义的访问策略是否匹配来决定对资源的访问权限。在 ABAC 模型中，有四个主要元素，用户、资源、环境和操作权限，其中用户和资源的属性集合扮演着重要角色，这些属性可能包括用户的角色、位置、时间等信息，以及资源的类型、分类、敏感程度等属性。在 ABAC 模型中，访问控制决策通常由策略规则定义。这些策略规则可以使用条件语句来描述，如"如果用户角色为管理员且时间在工作时间内，则允许访问"。ABAC 的策略可以表示为针对多种不同属性的复杂的布尔运算。在访问请求发生时，系统会根据用户的属性和资源的属性，匹配适用的策略规则，然后根据匹配结果决定是否授予访问权限。

本书基于 ABAC 模型，实现对所有跨链网络中的设备进行动态访问管理。该模型被定义为 $D(SA, OA, PR) = P$，这里，D 是决策函数、SA 是主体属性、OA 表示客体属性、P 是访问权限集合、PR 表示策略规则。具体定义如下：

S、O 分别代表主体和客体。主体是对客体资源请求访问的实体，可以是用户、设备或系统等。每个主体都有与之关联的属性，这些属性决定了主体对客体资源的访问权限，例如用户名、工作角色、所属部门等。主体的属性集合用 SA 表示，即 $SA = \{SA_1, SA_2, \cdots, SA_m\}$。客体是被主体申请访问的资源对象，可以是文件、图片、数据、网络服务等。常见的客体属性有资源属主、安全等级、客体类型等，客体资源的属性集合用 OA 表示，即 $OA =$ $\{OA_1, OA_2, \cdots, OA_n\}$。

P 是主体在一定条件下对客体资源可以实施的操作权限的集合，包括但不限于允许读、允许写入、拒绝等操作，可定义为 $P =$ {Allow_read，Allow_write，Deny}。策略规则 PR 由主体属性规则 S_{PR}、客体属性规则 O_{PR}、条件 Condition 以及操作权限规则 P_{PR} 组成。策略规则可以表示为 PR＝（S_{PR}，O_{PR}，Condition，P_{PR}）。其中，主体属性规则 $S_{PR} \subseteq SA$，客体属性规则 $O_{PR} \subseteq OA$，Condition 是条件语句，基于属性的条件来决定访问权限，访问操作权限规则 $P_{PR} \subseteq P$。

决策函数 D 是以主体属性值、客体属性值以及策略规则为参数的布尔函数。函数基于主体属性和客体属性，使用策略规则 PR 来决定访问权限 P，即根据策略规则中定义的 S_{PR}、O_{PR}、P_{PR} 以及条件，对主体属性值、客体属性值以及权限属性值判定主体所具有的访问权限。

2.7 本章小结

本章主要介绍了本书运用的相关技术概念，围绕区块链技术详细叙述区块链的原理以及区块链中的密码学知识，包括哈希函数、Merkle 树、非对称加密技术、共识算法、以太坊的整体架构、智能合约、去中心化应用、IPFS 文件系统、web3.js 库、基于身份的加密、阈值同态加密、中继跨链类型 libP2P 技术、基于属性的访问控制等技术，为后续研究做充分的技术准备。

3 基于区块链的种质资源数据安全共享模型研究 ///////////////////////////////

3.1 种质数据链上链下协同存储模型研究

3.1.1 存储模型设计

种质资源数据共享方案首先要考虑按照国家种质资源数据标准规范全面且合理地提供种质资源数据信息，其次要结合区块链数据存储结构的具体特征进行存储，然后结合数据访问控制来设置用户身份权限进行数据共享。

将数据信息按照区块链的数据结构存储到区块链上是利用区块链技术构建作物种质资源数据安全共享系统的基础。基于区块链技术构建的农作物种质资源数据安全共享系统中要存储的数据总体上分为两大类，分别为种质信息数据存储和用户信息数据存储。

作物种质资源数据保存于区块链中首先要对种质资源数据进行分析，考虑到作物种质资源数据量庞大，而在区块链中读写数据花费时间较长，并且需要支付 gas（燃料）费用，因此区块链上并不适合存储大量、烦琐的数据。基于此本文采用链上与链下结合存储的方式，将区块链与 IPFS 文件系统结合，在链下（IPFS 文件系统）存储具体的作物种质数据信息，在链上（区块链）存储种质数据的摘要信息，即区块链中存储的是 IPFS 返回的 Hash 值，根据 Hash 值可以快速索引找到链下存储的具体信息，极大提高了种质数据的共享效率。

另外，本系统面向农业工作者、科研人员、政府部门提供种质资源数据信息，为保证数据共享过程的安全性，防止一些重要数据信息被篡改或泄露为他人所用，要对使用该系统的用户进行信息登记并严格保护用户隐私数据信息。由于区块链所有数据均由每个节点备份，链上存储过多的数据量容易降低共识效率、增加节点的存储计算成本，这也是区块链架构的基本弊端。所以，引入 IPFS 文件系统记录过量的数据、具体描述等详细信息和数据交互访问方式。

此外，种质资源数据的区块链迁移过程是一个复杂的数据整理工作，既要保证数据的完整性，也要保证迁移数据与区块链数据管理系统相适应，最终将数据全部存储到区块链中。

基于区块链和分布式文件系统的链上链下协同存储方案如图 3-1 所示，主要分为链上存储与链下存储两部分。种质数据摘要信息及种质数据详情的Hash 值、用户的信息及用户信息在分布式文件系统中对应的 Hash 值存储在链上，而具体的种质数据详细信息及文本数据存储在链下。

其中各种质数据源由各数据提供方负责管理与维护，提供方需要将种质数据的详细描述和共享协议以文件形式存入分布式文件系统网络节点中，并在区块链上发布种质数据的摘要信息，并绑定数据所有权。其余用户需要数据时，从链上根据种质品种或关键字检索到数据的哈希值，通过数据的哈希值定位到分布式文件系统中具体的数据描述信息，进而协同进行数据交互。用户身份信息存储过程与种质数据存储方案类似，但考虑到用户隐私信息的安全以及种质数据的访问权限控制，需要对用户数据进行加密处理，具体的方案在下一节种质数据安全共享模型中提出。

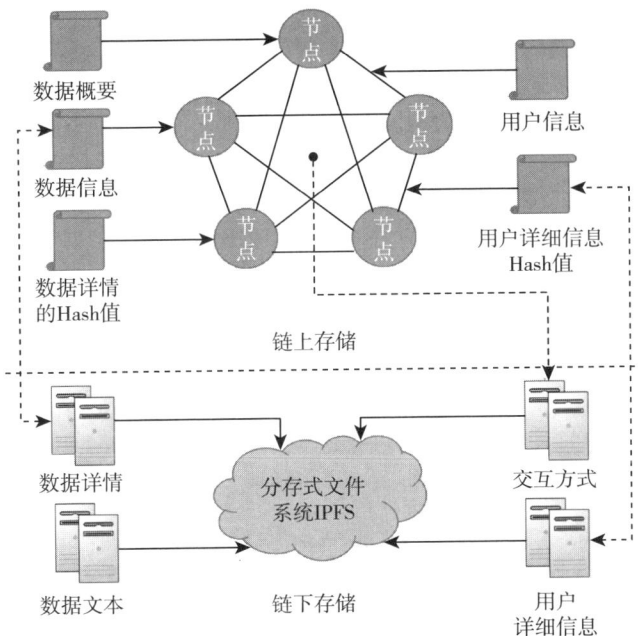

图 3-1　基于区块链和分布式文件系统的存储模型

3.1.2 链上存储合约设计

本书提出的模型在链上只存储数据的摘要信息，以及 IPFS 返回的信息存储的位置（哈希值）。本研究中最重要的一部分就是智能合约的设计，利用智能合约来实现种质数据上链、种质数据的发布、删除、链上链下数据的交互、发布种质数据的组织身份注册、验证等，可以说智能合约是本研究的核心工作。种质数据上链的智能合约用于存储种质数据的摘要信息以及对应的具体种质数据信息的映射关系，并提供发布、修改和删除种质信息的合约方法。

（1）智能合约中的数据结构。种质数据上链智能合约（本书将该智能合约命名为 Germplasm Data Contract）中定义的种质数据的部分数据结构变量如表 3-1 所示。

表 3-1　智能合约中的种质数据结构变量

变量名	数据类型	说明
germplasmDataAddresses	address[]	所有种质数据在链上的地址集合
breedNames	string[]	所有种质名称的集合
germplasmDataStruct	mapping(address=> GermplasmDataStruct)	存储种质数据信息 （GermplasmDataStruct 是自定义数据结构,详细解释见下文）
GermplasmDataListStruct	mapping(string=> GermplasmDataListStruct)	种质名到地址的映射

表 3-1 中设计的数据类型与常见数据类型不大一样，具体解释如表 3-2 所示。

表 3-2　数据类型说明

数据类型	说明
address	以太坊中的地址，长度为 20 字节，以十六进制体现，可以用来表示链上的合约地址或区块链中的用户地址
mapping	mapping 是一种键值对的映射关系存储结构，其中任何一个可能的键都对应着一个值，通常与账户地址相结合

GermplasmDataStruct	GermplasmDataStruct 是该合约中定义的结构体，主要包含了种质数据的属性信息以及由 IPFS 中得到的 Hash 值，具体如下：
	struct GermplasmDataStruct{
	　　address germplasmDataAddress;　//地址
	　　string germplasmDataID;//种质数据的统一编号

（续）

数据类型	说明

GermplasmDataListStruct	string breedName；　　　//种质数据品种名称
	string summary；　　　　//种质数据摘要信息
	string dataIpfsHash；　　//种质数据存储在 IPFS 中的 Hash
	uint index；//index 必须唯一
	　　　}
	种质列表,具体如下：
	struct GermplasmDataListStruct {
	　　　address germplasmDataAddress;
	　　　uint index;
	　　　}

（2）数据上链相关函数。数据上链首先要注册数据信息，根据数据地址、种质数据统一编号、种质名称、种质摘要信息，以及 IPFS 中存储数据的索引值，创建数据信息，并返回最后一个数据的下标，记录数组长度，如表 3-3 所示。

表 3-3　注册函数

注册函数伪代码

function createGermplasmData（address _ germplasmDataAddress, string _ germplasmDataID, string memory_breedName,string_summary,string_dataHIpfhash)public returns(uint index){
　　　require(当前地址是否存在)；//如果地址已存在则不允许再创建,返回；
　　　germplasmDataAddresses[]数组集合 push 新地址；
　　　germplasmDataStruct[]数组填入相关数据信息；
　　　breedNames[]品种名数组 push 新品种名字；
　　　germplasmDataListStruct[]数组填入相关信息
　　　return germplasmDataAddresses. length-1；
　}

数据上链不仅仅需要智能合约，还需要在前端调用 web. js，通过 web3. js 在前端与区块链的智能合约进行数据交互传输。数据在前端利用接口交互的伪代码如表 3-4 所示，其中 GermplasmDataInstance 是指在 js 中定义的经过编译数据后存入区块链上的智能合约"GermplasmDataContract"实例，set-GermplasmDataHash（）是智能合约中的方法，用于把种质数据的 Hash 值存储到智能合约中（也就是链上）。其余种质信息上链的过程也大致类似于表中的函数，在此不再重复赘述。

表 3 - 4　上链交互函数

上链交互函数伪代码

```
GermplasmDataInfo. GermplasmDataInstance. setGermplasmDataHash
        (GermplasmDataInfo. germplasmDataAddress, GermplasmDataInfo. data. germplasm
        DataHash)
    . then(
        result=>{
            上链成功,打印结果 result；
        }
    )
    . catch(
        err=>{
            上链失败,打印错误信息 err；
        }
    )；
```

3.1.3　链下存储设计

本文提出的模型把种质数据相关的属性信息都存储在链下，即分布式文件系统中。首先需要组建 IPFS 文件系统。

（1）IPFS 文件系统构建。参与种质数据发布、维护的所有经过认证的用户共同构建 IPFS 节点，用于存储种质数据的相关信息、注册认证过的用户的隐私信息、数据的控制权限和参与共享的用户组织间的共享协议。文件存储进 IPFS 系统后，会得到 IPFS 返回的一串字符串也就是 Hash 值，作为访问该文件的地址，例如存储一条 [('Ⅱ3D0000'，'00000001'，'白莲青麻'，'BAI LIAN QING MA'，'Malvaceae（棉葵科）'，'Abutilon（芙蓉属）'，'Abutilon avicen-nae Gaertn（青麻）'，'湖北神农架 古水'，'920'，'11027'，'3106'，'辽宁省农科院经作所'，'82'，'圆'，'绿'，'灰黑'，'10.1'，'250'，'1.2'，'12.4'，'湖北'，'地方'，'神农架'] 的数据文件进入 IPFS 系统中，返回的 Hash 值为：QmWFLcVbaN-RFiG8pJGa3BCC8BZ4FsWssM9qpTaJGacaWG3。通过"ipfs get + hash"命令在 IPFS 系统中直接查看上述数据，也可以在系统中利用 ipfa - api 接口把数据展示在前端。

本模型中使用的 IPFS 系统并不对所有人开放，而是经过认证的组织节点或科研机构。所有加入系统中的组织或用户在发布数据前都需要确认自己发布数据的准确性，并且其他组织或用户在共享数据时也可以对别的用户发布的数据进行准确性评价，准确率低的用户以后会限制使用该系统进行数据共享。

要想与 IPFS 进行交互，则需要连接远程 IPFS 节点或者自己在本地创建 IPFS 节点，并加入 IPFS 网络。本文选择在用户本机创建 IPFS 节点，然后加入种质数据的 IPFS 网络中。

在下载 go‐ipfs 的安装包之后，启动 ipfs init 命令，创建本地 IPFS 节点并初始化。之后执行 ipfs daemon 命令，启动 IPFS 服务监听，使节点连接 IPFS 网络，并接受网络中其他节点的内容检索请求，参与节点间的内容交换，具体执行结果如图 3‐2 所示。

在 IPFS 节点搭建之后的配置中，上传数据到 IPFS 节点之前，还要进行跨域资源配置，否则被拒绝访问。到此，IPFS 单节点构建完成，我们可以在自己的项目中使用 ipfs‐api 进行数据的上传与获取。

```
D:\go-ipfs>ipfs daemon
Initializing daemon...
Swarm listening on /ip4/127.0.0.1/tcp/4001
Swarm listening on /ip4/169.254.166.98/tcp/4001
Swarm listening on /ip4/169.254.65.228/tcp/4001
Swarm listening on /ip4/172.27.7.215/tcp/4001
Swarm listening on /ip6/::1/tcp/4001
Swarm listening on /p2p-circuit/ipfs/QmS7P986G71GziZivL1hrvtFjwiW6Czq2hBBuL88Zp8Bwi
Swarm announcing /ip4/127.0.0.1/tcp/4001
Swarm announcing /ip4/169.254.166.98/tcp/4001
Swarm announcing /ip4/169.254.65.228/tcp/4001
Swarm announcing /ip4/172.27.7.215/tcp/4001
Swarm announcing /ip6/::1/tcp/4001
API server listening on /ip4/127.0.0.1/tcp/5001
Gateway (readonly) server listening on /ip4/127.0.0.1/tcp/8080
Daemon is ready
```

图 3‐2 IPFS 节点搭建

（2）种质数据结构设计。由于 IPFS 不同于传统的关系型数据库和非关系型数据库，它是依据内容而产生地址，利用产生的地址来寻址的，它提供了高吞吐量的内容寻址存储模型。所以，采用传统的数据库存储方式来设种质数据结构是不可取的，本文提出的模型结合了种质数据属性多以及 IPFS 存储文件系统较快等特点，将种质数据设置成 JSON 结构的文件，一种作物种质的属性信息设计成一个 JSON 结构的文件，存储进 IPFS 系统中，然后把得到的文件地址（也就是 Hash 值）存储进上链的智能合约中，实现"Hash→内容"的快速寻址，极大简化了数据检索的时间，方便了大规模作物数据的界面化展示。种质数据设计的 JSON 格式如图 3‐3 所示。主要由库编号、统一编号、品种名称、译名、科名、属名等属性构成。

（3）链下存储方式。链下存储有两种实现方式，其中一种是调用 IPFS 提供的接口 API，利用 ipfs‐api，实现数据的存储，因链下存储比较简单，种质数据结构设计才是重点，所以在此不再详细描述实现的伪代码。具体的添加存

```
 1  {
 2    "库编号":"II3D0000",
 3    "统一编号":"00000001",
 4    "品种名称":"白莲青麻",
 5    "译名":"BAI LIAN QING MA",
 6    "科名":"Malvaceae(棉葵科)",
 7    "属名":"Abutilon(芙蓉属)",
 8    "学名":"Abutilon avicennae Gaertn(青麻)",
 9    "品种来源":"湖北神农架 古水",
10    "高程":"920",
11    "东经":"11027",
12    "北纬":"3106",
13    "保存单位":"辽宁省农科院经作所",
14    "生育日数":"82",
15    "叶型":"圆",
16    "茎色":"绿",
17    "种皮色":"灰黑",
18    "千粒重":"10.1",
19    "株高":"250",
20    "茎粗":"1.2",
21    "节间长度":"12.4",
22    "省":"湖北",
23    "样品类型":"地方",
24    "原产":"神农架"
25  }
```

图 3-3　种质数据设计的 JSON 图

储数据的接口方法为"ipfs. add（buffer）"，buffer 是要添加的数据转化的 Buffer 类型的数据（文本的处理方式），需要先把要存入的数据转化成 node. js 中的 Buffer 类型。

除此之外，IPFS 提供了简便的网页界面，用户可以通过访问 web 的方式（固定网址为：http：//localhost：5001/webui），在网页上更方便地上传、下载种质数据文件。具体图像如图 3-4 所示。

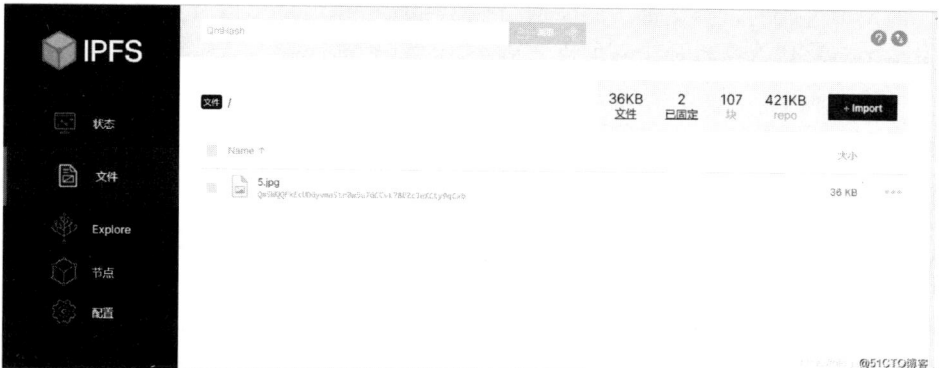

图 3-4　IPFS 的网页界面图

3.2 种质数据安全共享模型研究

传统的中心化的数据安全共享方案中，数据用第三方中心化的数据库存储，并利用数据加密算法，保证数据的安全，但这种模式下数据最终交与第三方存储，可能会存在信息泄露的风险。随着区块链技术的兴起，用新兴的去中心化的方式存储、操纵数据被认为是保护信息的一种方式。本章提出的模型框架，结合了区块链、IPFS 文件系统与 RSA 非对称加密算法，在保证数据不可篡改的情况下，给参与其中的组织和用户提供安全快速的数据共享。

模型如图 3-5 所示，我们可以直观地看到区块链网络形成了一个去中心化的共享平台，数据拥有者的原始数据、企业政府单位保存的现有数据以及科研机构的实验数据可以通过交互接口对组织网络发布数据，针对数据的存储管理由上一节的模型实现，在基于区块链的农作物种质资源数据安全共享中，为保障种质资源数据在上传过程中的安全可靠性，以及保护用户隐私，需运用信息加密的技术。该技术可实现种质资源数据在共享链上的加密存储、防篡改，及访问控制，确保数据在区块链各网络节点间安全传输。由此，三种类型的用户均可以在平台上进行安全、透明的数据交互共享。

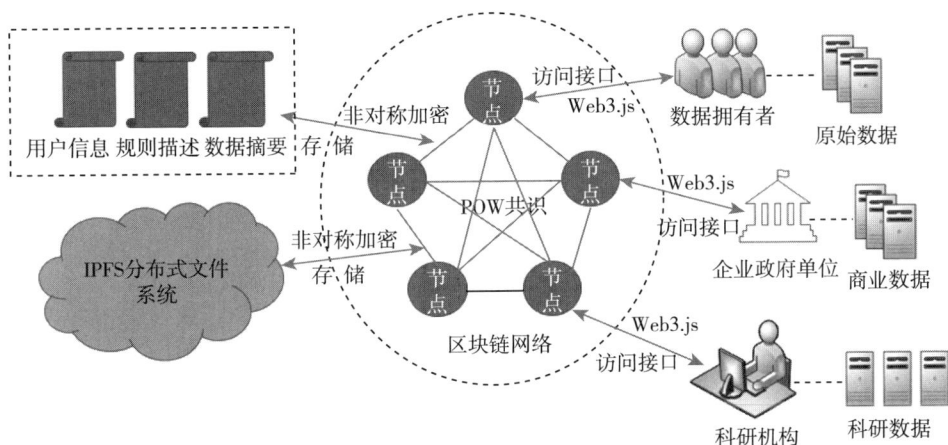

图 3-5 基于区块链的种质资源数据安全共享模型

3.2.1 安全共享模型设计

本文研究的区块链中采用 RSA 非对称加密算法来完成数据的加密，RSA 公开密钥密码体制的原理是：根据数论，很容易找到两个大素数，而想要将两个大素数的乘积进行因式分解却极其困难，因此可以将它们的乘积公开作为加密密钥。使用 RSA 算法进行数据加密存储的过程以及解密过程如图 3－6 所示：

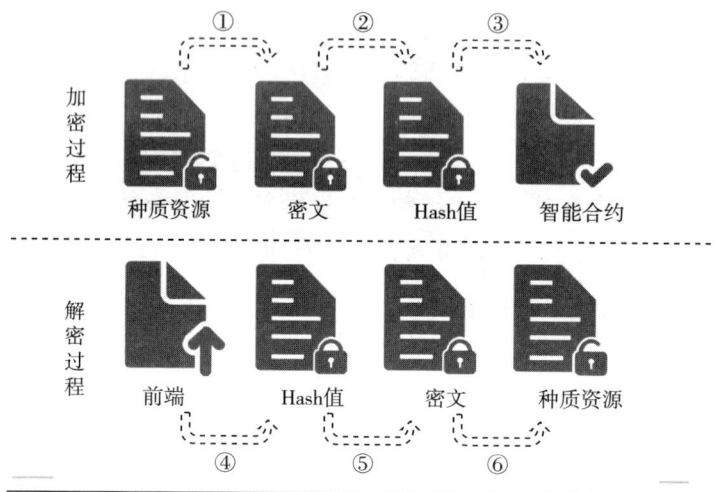

图 3－6　加解密流程

①需要上传的种质数据或用户身份数据经过 RSA 加密算法用公钥进行加密，得到密文。

②将密文转化为 Buffer 字符流，调用 IPFS 的 api 接口存储进 IPFS 中，得到 IPFS 返回的 Hash 值。

③数据上链，调用 web3.js 接口将其存入智能合约。

④前端下达需求命令，调入 web3.js 接口，从智能合约 Hash 字段里获取 Hash。

⑤调用 IPFS 的 api 得到密文。

⑥私钥解密得到原始的用户身份信息和种质资源数据。

同时，参与种质资源数据共享的用户节点利用非对称加密技术生成的公私钥对数据进行加解密，公钥作为公开的地址，私钥由各方保存。用户需要广播数据时采用私钥对信息进行加密，确保该信息的真实性，比如发布数据过程中采用私钥对数据描述、访问方式等信息进行加密，以交易的形式保证数据版权。当需要双方进行授权交互时，对私密信息可进行公私钥加密。这样一来，区块链上涉及的所有交易信息和数据交互流程均可以完整透明地被记录下来，有效防止篡改事件的发生，提高交易的安全性。

3.2.2 种质数据安全加密合约设计

互联网中作物种质数据的安全传输尤为重要，为了保证数据传输过程中的安全性，本文采用 RSA 非对称加密算法完成数据的加密，保证种质数据的安全。数据加密存储并把 Hash 地址存入区块链的流程如下：

①首先读取种质数据文件。

②然后对文件进行加密处理。

③之后把密文转化为符合 ipfs - api 接口的 Buffer 类型数据，存储进 IPFS 文件系统。

④最后把上步返回得到的 Hash 地址上链和种质数据统一编号等信息一同存储于链上。

至此，构成完整的数据链上链下协同安全加密存储流程。具体的流程伪代码如表 3 - 5 所示。

表 3 - 5   数据加密上链处理

数据加密上链伪代码

读取种质数据文件 file；
 利用 RSA 算法公钥将种质数据文件 file 加密为密文 encrypt；
 var reader＝new FileReader()；
 // 将密文 encrypt 读取为 ArrayBuffer 类型的数据以便存储进 IPFS 中
 reader. readAsArrayBuffer(encrypt)；
 reader. onloadend＝function(e){
　　 const buffer＝Buffer. from(reader. result)；
　　 // 利用 ipfs - api 存储加密后的密文数据
　　 PrivacyJournal. ipfs. add(buffer)
　　　　 . then(
　　　　　　 rsp＝> {
　　　　　　　　 rsp[0]. Hash 即是返回的 Hash 地址；
　　　　　　　　 利用上节的上链交互函数把 Hash 地址上链；
　　　　　　 }
　　　　)
　　　　 . catch(
　　　　　　 (err)＝> {
　　　　　　　　 打印错误信息；
　　　　　　 }
　　　　)；
　　 }

上述伪代码利用系统在前端通过 web3.js 提供的接口创建智能合约的实例，通过实例调用智能合约的函数。当有数据存储进 IPFS 时，则需要调用 ipfs-api 提供的接口，把需要存储的数据传到 IPFS 节点上，并把 IPFS 返回的哈希值存储到智能合约上。通过执行 ipfs cat 命令，可以验证参与种质资源数据共享的用户身份信息数据已成功存入 IPFS 节点，如图 3-7 所示。

```
D:\go-ipfs>ipfs cat QmWFLcVbaNRFiG8pJGa3BCC8BZ4FsWssM9qpTaJGacaWG3
QA/wyRQnu8XMWuamUp66gg==
D:\go-ipfs>ipfs cat QmPDUNwuXkVz6GrmW2KM4MnCYc6vvpmWgv8Qk6JDaSxzqu
60gvvqY5Zg1PvA5/TMRJukC7NRnf6BPKpA1iAXI1TBM=
D:\go-ipfs>ipfs cat Qmc1RSnUKmDYzpxGQHKQ6t3XzB2JwGcvf2P5PtqcxLsoxZ
iFNOfSI8ytxPekCsAnnQ9nPkP5LG/v1VVriKAsx+WvE=
D:\go-ipfs>ipfs cat QmR2iWHWEtXXgJD31bbVAF3XGgYubD9jn8MLFpP6NL8Bwk
e5PylLa/Hq4n6PoeyTjVsbWeUOEWYJhnMJOLJh5rtiaBQ1RfjEC07PoSTy88N8if
D:\go-ipfs>ipfs cat QmNpy3Kr7Eqe2V8VJcWsvAj86xeVrC3mfkJgfL9Hk4PhPN
CXqTvKB2gt3hOnRmjxD2fzNOgVWN97a9mRBPy+EPbOo=
D:\go-ipfs>
```

图 3-7　数据成功存入节点

种质资源数据 JSON 文件加密后存储进 IPFS 的存储结果如下，表 3-6 中给出了对应种质数据（依次为"京小 1""京小 2""京小 3""京小 4"小豆品种）唯一编号的四条种质数据 JSON 文件加密后的密文结果和存入 ipfs 后返回的 Hash 值结果。

表 3-6　种质数据 JSON 文件存储结果

数据编号	加密后的密文	存入 IPFS 后返回的 Hash 值
I2F00459	6G0CWmqB+Pc/ SPwg1LRunw==	QmZWJ8xbRkLgXcdfj8odNmFpy EkTb3VRJ2dhszYjPHqqis
I2F00460	es0m33e+THQAhdIHCdu R1l6eUCqLe0vMzdNFVj9yzN8=	QmVMWk4fjeA92hVvRzvFF83 SNXjrgW3DDeYw63XquboPBj
I2F00461	97RhkdXkRjxAg6ecp+ WT15AlgphxjstZuGF4DAT8po=	QmWDbSDZUU3PTQSefa6D1BBxv 5ZZGCuJN3tPQSTBGHq3ma
I2F00462	tiH56z1O9n7IjYxShlj9/g==	QmVaA7cJhMrAB9hTV9jdTAd AZxXY9PCPezJzjMjnxACjHC=

种质资源数据共享的用户数据如下，属性包括：用户名、工作机构、个人职位、个人邮箱、联系电话等。表 3-7 给出三位用户信息加密后的密文结果和存入 IPFS 后返回的 Hash 值结果。

表 3-7 身份信息存储结果

数据名称		User1	User2	User3
用户名	加密后的密文	QA/wyRQnu8XMW uamUp66gg==	1+lO5c1mZgvRtBx APJnvbw==	DQHepSTF0uFBy EchubAZOw==
	存入 IPFS 后返回的 Hash 值	QmWFLcVbaNRFiG 8pJGa3BCC8BZ4Fs WssM9qpTaJGacaWG3	QmWrhJy9vMEfQEPo LXnJnHGiqpiAYr7 Se5eBUJRhSXtCJd	QmVyZV9ZPaFTidft9 Ebh6RKETsBtvSohv GZoxr7LP4uBRF
工作机构	加密后的密文	60gvvqY5Zg1PvA5/ TMRJukC7NRnf6 BPKpAliAXIlTBM=	I/JSALG4feFU6Sad6 PAG6G6mpfzfV9 G2eXkTQg92sgM=	/BZDv5u4hK9Et7St P4dkQG6mpfzfV9 G2eXkTQg92sgM=
	存入 IPFS 后返回的 Hash 值	QmPDUNwuXkVz6Grm W2KM4MnCYc6vvpm Wgv8Qk6JDaSxzqu	QmWmAk24JDcChMDw WvS7tJvxH5tuSrYt2oz GHVXwBlFESV	QmVmRJPqcbXACFc ZynTAbUCUUuSmc Aopt5k8twxyfQLwqF
个人职务	加密后的密文	iFNOfSI8ytxPekCs AnnQ9nPkpP5LG/ vlVVriKAsx+WvE=	e5PylLa/Hq4n6PoeyTj VsbWeUOEWYJhn MJOLJh5rtiaJNUWi/ oCyA/SKw6BXuQ5C	iFNOfSI8ytxPekCsAnn Q9pV0X8iZt4+ NsLAf5C5wNTo=
	存入 IPFS 后返回的 Hash 值	Qmc1RSnUKmDYzpx GQHKQ6t3XzB2Jw Gcvf2P5PtqcxLsoxZ	QmQBpss8SRE9ahLp LRcJBhupwbuCn9nbr 77q9Ean3vxgu3	QmXQcgxqaUMZNc Aytt1eV5LayjhVAoPYb HCWkaTsBcXxm2
个人邮箱	加密后的密文	e5PylLa/Hq4n6PoeyTj VsbWeUOEWYJhn MJOLJh5rtiaBQ1Rfj EC07PoSTy88N8if	e5PylLa/Hq4n6PoeyTj VsURD7AI0PF6Mg8f N2rF0uzmBQ1Rfj EC07PoSTy88N8if	G39WPNgoOU0hL WDihCtS+g==
	存入 IPFS 后返回的 Hash 值	QmR2iWHWEtXXg JD31bbVAF3XGgYub D9jn8MLFpP6NL8Bwk	QmYfMTPcVPBmrc8 G7LcGn8Qs14bova Mao67hmUAd5eUyt7	QmPbBMGx1oQLg1x MZawgDyTubj7NRB VYxjJXusmqd5RhRE
联系电话	加密后的密文	CXqTvKB2gt3h0nRmjx D2fzN0gVWN97a9m RBPy+EPbOo=	nhmgmgg+CfsK VqacAqXjMA==	G39WPNgoOU0h LWDihCtS+g==
	存入 IPFS 后返回的 Hash 值	QmNpy3Kr7Eqe2V8VJc WsvAj86xeVrC3mfk JgfL9Hk4PhPN	QmPgz1KJKh45qAQ58 DAgZMTWm6cPNNW UZHmXm42svhbGCV	QmPbBMGx1oQLg1xM ZawgDyTubj7NRBVYxj JXusmqd5RhRE

3.2.3　用户身份上链合约设计

参与区块链中的组织用户都可以进行种质数据的共享，参与共享的用户需要在链上拥有身份，即需要利用智能合约为用户创建身份。用户身份的智能合约数据结构如表3-8所示，用户信息主要有以太坊生成的地址 address、账户名、账户信息的映射、所有的用户地址以及账户名的集合。具体的用户身份上链流程与种质数据上链流程类似，不做详细赘述。

表 3-8　用户信息字段表

字段名	数据类型	描述
userAddress	address	以太坊中的地址，长度为20字节，以十六进制体现，可以用来表示链上的合约地址或区块链中的用户地址
username	String	账户名
userAddresses	address 类型的数组	系统中账户地址的集合
usernames	String 类型的数组	账户名的集合
userStruct	mapping(address =>UserStruct)	账户个人信息，账户地址到账户个人信息的映射，UserStruct 是结构体，包含了账户地址、账户名等信息
isExitUserAddress()	函数	登录时，判断账户地址是否存在
isExitUsername()	函数	创建账户或登录时，判断账户名是否存在
findUserAddressByUsername()	函数	登录可以选用账户或者账户名登录，如果是账户名则需要找到对应的账户地址，最终都是通过账户地址登录
createUser()	函数	创建账户
findUser()	函数	找到用户的信息

3.3　区块链分叉问题研究

理想状态中，区块链中的节点算出数据后会把消息以广播的形式通知给网络中的其他节点，收到通知的节点在验证数据的合法性之后，会同步数据，把数据写入本节点的区块链中，此时每个节点保存的数据是一致合法的。但是，在具体应用环境中，由于网络节点间因为通信网络延迟会造成节点间关于数据的同步不一致问题，进而造成区块链的分叉。

区块链分叉问题又分为硬分叉和软分叉。硬分叉是指区块链发生的永久性分叉，新的共识规则确定后，原有的部分节点未升级新的共识机制，而与部分升级的节点在对产生区块的共识方面产生了分歧，互不兼容，未升级的节点与升级过的节点各自坚持延续自己共识通过的链，因此分成了两条区块链；软分叉则是共识机制确定后，未升级的节点在不知道新的共识机制的情况下，而产生的不合法的区块，会导致临时性的分叉。本节主要解决不同的种质数据组织节点同时上传数据导致的节点同步问题。

3.3.1　应对分叉问题解决方案

目前提出的应对分叉问题的解决办法，大致上可以分为四种，除了改变链中数据块的产生时间之外，其他的都可以降低区块链网络中数据块的传播时延，我们分别对解决分叉的效果以及具体的实施难度两方面进行分析。如表 3-9 所示，共识机制也是导致分叉的一个原因，好的共识能更好地解决分叉问题，但是操作较为困难；通过网络优化来降低数据传播的时延也能很好地解决分叉问题，但是比较难以操作；减小区块大小和产生时间对分叉影响也比较大，但是难点在于如何进行实验测试寻求一个合适的区块大小和产生时间，以太坊的出块时间为 14s，在出块时间上已是比较合适的时间，对出块时间进行优化是不太可能的，所以本节考虑从区块的大小上进行研究。

表 3-9　分叉问题解决办法比较

方法	效果	操作难度
改进共识机制	较好	较难
减小区块大小和产生时间	较好	中等
网络优化，降低传播时延	较好	中等
优化网络连通算法	较差	较难

3.3.2　固定区块算力方案

从截至目前最后更新的以太坊的区块交易（图 3-8 至图 3-10）中可以看出，以太坊每个区块的平均大小是不固定的。而其原因则在于以太坊网络中执行不同的事务，而这些需要的交易成本也不相同，实际消耗的算力也不同，所以，每笔交易的大小也不确定。但如果需要固定规范区块的大小的话，就需要定一个相对固定的参数，而这个参数就是固定区块链中每个区块中包含的算力，这个可以通过设定 gas limit 来实现。区块链中每笔交易提交都需要消耗算力，然后乘以每笔算力的价格，就是交易价格，也就是下图中的燃料价格。

图 3-8　以太坊"14428152"区块交易信息

图 3-9　以太坊"14428153"区块交易信息

14428171

0x7e88e63656ffae861c438fdffd3b5b72fdb4309afd9a46a57b376d13aa7a2dc9

出块时间	2022-03-21 14:41:09
出块大小	51002 bytes
交易数量	120
燃料消耗	9721565 (32.31%)
燃料上限	30087771
挖矿难度	13,173 T
总难度	44,312,828,961.23 T
区块奖励	2.228246065385215 ETH (2+0.228246065385215)
叔伯块奖励	0
父块哈希值	0x90615630df1686d5da1ba5c440dd5656e3a875dc5b5039e08920834e3d6ea8be
叔伯块哈希值	0x1dcc4de8dec75d7aab85b567b6ccd41ad312451b948a7413f0a142fd40d49347
附加数据	EthereumPPLNS%2f2miners_ASIA3 (0x457468657265756d50504c4e532f326d696e6572735f4153494133)
播报块	0x00192fb10df37c9fb26829eb2cc623cd1bf599e8
操作数	0x97dcf78ae8b760a8

图 3-10 以太坊"14428171"区块交易信息

本文设计的智能合约主要的交易事务在于种质数据上链与种质数据查询，用户的注册交易、种质数据删除交易占比较小，因此不考虑跟用户相关的交易消耗。分析系统中用户的行为可知，该系统用户主要进行数据的上链与查询两大操作，并且数据上链时在系统中已规定了固定的数据格式，所以区块链中每个区块的大小就可以大致固定，每个区块中包含的交易也可以固定，所以只需设计每个区块中包含的交易数量，就可以控制区块的出块时间。

针对种质数据上链与种质数据查询两种主要的交易事务，由于种质数据查询时不需要消耗 gas（燃料），所以只需针对种质数据上链操作，设计 gas limit，来控制每个区块中包含的固定交易量，从而缩短出块的时间，来减小分叉的概率。

而系统中数据上链又分为单条数据上链和分批数据上链，分批上链的数据智能合约中上链的方法执行 10 次的次数占比最高，所以针对单条数据上链以及十条数据分批上链设计不同的 gas limit，来控制出块的大小，减小分叉的概率。最初为了测得准确的 gas limit 来控制出块的大小，对种质数据上链进行了 100 次实验，对最终得到的 gas 花费进行统计分析，求得单条数据上链时 gas limit 的均值为 48256，十条数据上链的 gas limit 在 145429，所以在交互设计模块中调用智能合约方法时，addOneCropData（）方法设置 gasLimit：48256，addTenCropData（）方法设置 gasLimit：145429。

3.4 基于区块链的种质资源数据安全共享系统设计与实现

3.4.1 系统需求分析与设计

（1）需求分析。中心化的应用一般利用第三方的数据库存储信息，需要与数据库建立连接实现信息存储。这种模式下，可能会出现某些问题，如因数据库表设计问题而导致频繁的修改、因攻击导致数据不安全等问题，所以本系统将种质数据放进区块链和去中心化的 IPFS 中，在区块链中存储用户信息数据、种质数据的摘要信息，实现信息的分布式存储。由于区块链的后一个区块的块头中存储了前一个区块的 Hash 值，哈希函数计算过程是单向的，所以区块链上的数据很难被篡改，保证了链上数据的安全。

本系统是为了满足种质数据安全共享的需求，与传统的共享系统不同的是本系统采用去中心化的信息存储方式，依赖区块链技术与 IPFS 系统。本系统基于 Truffle 框架，利用 node.js 技术、web3.js、ipfs-api 接口，以及 crypto-js 库，把数据利用 RSA 非对称加密算法加密后存储到去中心化的 IPFS 中，保证信息不可篡改，实现用户注册、登录、种质数据存储、修改、共享等功能。

（2）系统架构。本系统基于以太坊整体架构，通过智能合约实现功能逻辑，主要分为数据层、区块链层、智能合约层、服务层和表现层，如图 3-11 所示。其中区块链节点和 IPFS 节点需要下载配置环境来使用，本系统的开发主要集中于智能合约层、业务层以及应用层。智能合约层作为整个系统的核心大脑，提供系统主要的逻辑功能，以此完成系统的功能实现。

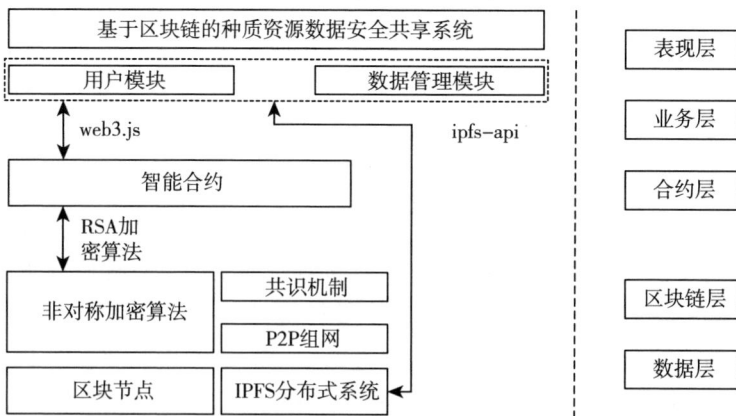

图 3-11 系统整体架构图

系统采用 Solidity 语言编写智能合约，通过智能合约来进行数据信息存储，完成系统的信息存储、信息修改等功能。业务层提供系统的后端逻辑，利用 node.js、web3.js、ipfs－api 与智能合约、区块链网络和 IPFS 节点进行通信。应用层利用 html＋css＋JavaScript 的前端框架编写模块化的页面应用。

3.4.2 区块链类型设计

常见的区块链类型有公有链、联盟链和私有链。公有链上任何人都可以读取数据、发送交易，链上的数据公开且不可被篡改；联盟链由多个组织共同管理，链上数据只允许联盟链环境内的机构进行操作，从一定程度上来说，联盟链可以归为私有链；私有链是非公开的"链"，加入链上的用户需要得到允许。私有链中节点的操作是有限制的，读取数据的权限由链上的组织决定，参与者难以获得链上的数据，因此相对于其他两类区块链，私有链的隐私保护更强，安全性也更高。

公有链环境中节点较多，数据同步速度慢，适合对安全性要求较高，但不在乎交易速度的场景。私有链或联盟链则更适合信息保护、数据较多、速度要求更高的场景。本系统传输的数据较多且极为重视保护数据安全，所以为了效率及信息安全，采用私有链环境进行系统开发，申请加入链上的组织用户需要得到认证，认证通过才可以加入共享链参与数据共享。

3.4.3 开发环境搭建

本系统开发和测试所用的环境配置如表 3－10 所示。

表 3－10　开发环境配置

硬件配置	软件配置
CPU：Intel(R)Core(TM)i5－7200U CPU @2.50GHz 2.70 GHz	操作系统：64 位操作系统，基于 x64 的处理器 Truffle：v5.2.3 Remix：在线开发工具
运行内存：16.00 GB	IDEA：v2019.3.2 x64 Node：v10.11.0 go－ipfs：v0.4.14 web3：v0.20.5 ipfs－api：v26.1.2

3.4.4 基于 Truffle 框架的开发

本系统利用 Truffle 工具搭建初始框架，编写合约实现系统主要逻辑功能，以及编写 JavaScript 调用合约实现交互。在安装 Truffle 框架之后，启动 truffle unbox pet - shop 命令获得 Truffle 框架的开发样例。通过 Truffle 框架，可以极大地简化系统的开发，使智能合约的编译、部署以及交互调用变得更加方便。本系统开发的目录如图 3 - 12 所示。

上述目录中开发内容集中于 contracts、migrations 和 src 文件夹，表 3 - 11 是对图中各文件夹的详细说明。

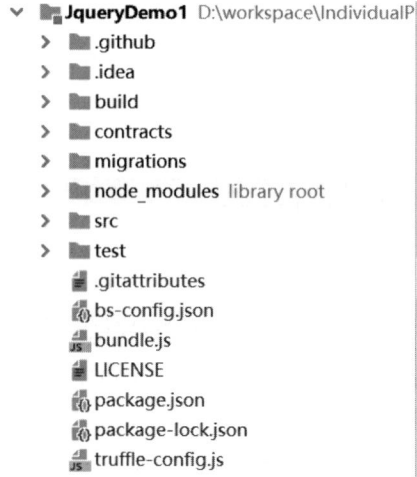

```
✓  JqueryDemo1  D:\workspace\IndividualP
   >  .github
   >  .idea
   >  build
   >  contracts
   >  migrations
   >  node_modules  library root
   >  src
   >  test
      .gitattributes
      bs-config.json
      bundle.js
      LICENSE
      package.json
      package-lock.json
      truffle-config.js
```

图 3 - 12 基于 Truffle 框架的系统开发目录

表 3 - 11 基于 Truffle 框架的系统开发目录的说明

文件夹	详细说明
build	合约首次编译后产生的目录，存放所有合约编译后的文件，文件后缀为 .json，前端 js 调用合约时需要使用
contracts	存放合约文件，该目录下的智能合约文件实现系统的主要功能逻辑
migrations	要部署在区块链上的合约都需要在该文件夹中添加对应的部署脚本，且脚本序号需要逐个递增，以便机器自动识别新的需要部署的合约
node_modules	本文采用的 Truffle 框架集成了 node. js，该文件夹里存放所有 node 模块
src	存放了该项目的前端以及与智能合约交互的文件，包括 images、css、js 等文件夹
test	智能合约测试文件夹，该目录在执行 truffle test 命令时会自动执行其下的测试文件
package. json	配置文件

3.4.5 私有链网络构建

区块链层的实现主要包括区块链环境的构建和智能合约的编写、编译与部署。要使系统在私有链网络上开发运行，需要分两步：第一是私有链节点搭建及连接；第二是利用web3.js接口接入区块链，实现交互。第二步在交互开发中介绍。

在配置私有链网络之前，本机需要下载Ganache客户端，其前身就是testrpc，Ganache会为我们创建10个带有初始以太币的账户，以便我们后续进行合约部署、合约调用时使用。图3-13是利用Ganache初始创建的私有链中所有的10个初始账户。

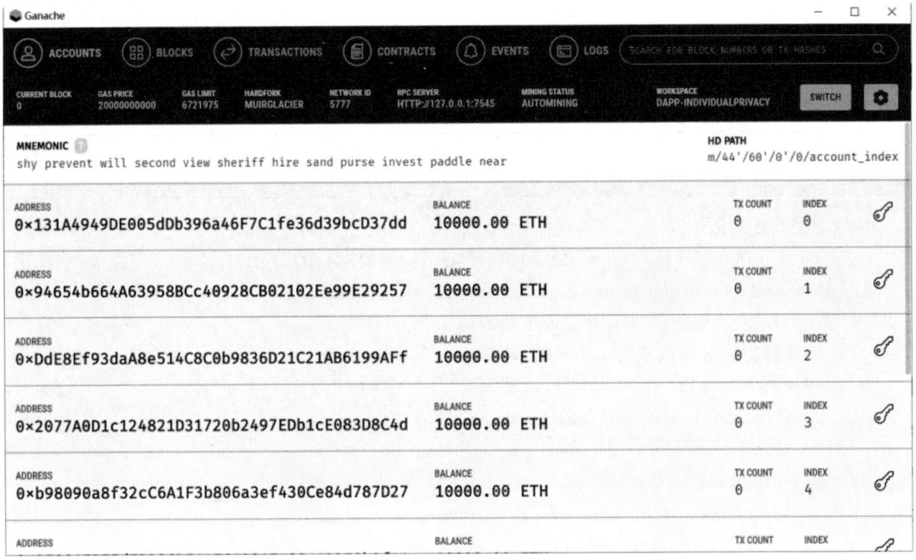

图3-13　私有链网络构建账户

3.4.6　种质数据的json格式转换设计

农作物种质资源数据库发展至今，数据经历不断地完善、修改，数据库不断发展，不同类型的作物种质数据混合存储，数据过于冗余。比如棉葵科芙蓉署的作物与豆科作物本身涉及的属性并不相同，豆科作物要有单荚粒数、荚色、荚长等属性，并且不同作物的患病类型也不相同，所以并不能存储在同一张数据库表中，存储在同一张表中会造成作物没有的属性值为空，从而造成数据库表的冗余。所以本文在设计之初，根据每种作物的科属设计出适合本作物科属的数据库字段，并分表存储，避免了数据的冗余。

本书使用的种质数据是之前中心化种质数据系统收录到MySQL数据库中

的，即是 sql 类型的数据文件，而本文设计的系统选择在分布式文件系统（IPFS）中存储 JSON 格式的数据文件，所以需要把种质数据的 sql 文件转换成 JSON 文件。

本书针对种质数据的 sql 文件，将编写 python 语言的 sql 转化为 JSON 格式文件的代码，先把不同科属的作物数据根据自身科属特性剥离成单独的数据库表，然后再利用代码把数据转化为 JSON 格式的文件，再存储进链下的 IPFS 文件系统中。针对"棉葵科芙蓉属"的农作物种质数据格式的转化伪代码如表 3-12 所示。因棉葵科芙蓉属作物属性过于繁杂，本书在伪代码中仅展示了部分属性。

表 3-12　种质数据文件格式转化伪代码

种质数据格式转化伪代码

```
首先加载驱动并连接数据库；
        String sql=" SELECT * FROM region_area ";//要执行的 SQL
        ResultSet rs=stmt. executeQuery(sql);//创建数据对象
        ArrayList<javaBean> ficusData=new ArrayList();
        //sql 数据库文件读取为 JavaBean 对象
        while(rs. next()){
            javaBean theatyBean=new javaBean();
            theatyBean. library_number=rs. getString(1);
            theatyBean. unify_code=rs. getString(2);
            theatyBean. breed_name=rs. getString(3);
            theatyBean. translation_name=rs. getString(4);
            theatyBean. section_name=rs. getString(5);
            theatyBean. genus_name=rs. getString(6);
            theatyBean. scientific_name=rs. getString(7);
            theatyBean. variety_source=rs. getString(8);
            ficusData. add(theatyBean);
        }
        LinkedList<LinkedHashMap<String,Object>> ficusDataList=new LinkedList<Linked
        HashMap<String,Object>>();
        //将 JavaBean 对象转化为 Map 类型
        for(int i=0;i < ficusData. size();i++){
            LinkedHashMap<String,Object> prMap=new LinkedHashMap<String,Object>();
            prMap. put("库编号",ficusData. get(i). library_number);
            prMap. put("统一编号",ficusData. get(i). unify_code);
            prMap. put("品种名称",ficusData. get(i). breed_name);
            prMap. put("译名",ficusData. get(i). translation_name);
            prMap. put("科名",ficusData. get(i). section_name);
```

（续）

种质数据格式转化伪代码

```
        prMap. put("属名",ficusData. get(i). genus_name);
        prMap. put("学名",ficusData. get(i). scientific_name);
        prMap. put("品种来源",ficusData. get(i). variety_source);
        ficusDataList. add(prMap);
    }
    //保存为 JSON 文件
    Gson gson=new Gson();
    String jsonString=gson. toJson(ficusDataList);
    CreateFileUtil. createJsonFile(jsonString,"D:\Desktop","ficusData ");
```

3.4.7　智能合约交互设计

交互开发主要指系统前端与智能合约函数的交互、前端与 IPFS 节点的交互，通过交互实现组织用户的登录、注册以及农作物种质数据信息的加密存储、解密展示。该部分主要集中在 JavaScript 开发上，并在框架中集成了 node. js，采用异步调用方式执行其中的方法。

（1）智能合约交互方式。智能合约作为业务逻辑层，处理前端发送的操作，而前端与智能合约交互需要使用 web3. js 提供的接口；系统中图片、文档等数据类型的存储则需要前端与 IPFS 交互，需要 ipfs－api 接口；数据加密则需要 crypto－js 加密算法库。

系统在前端通过 web3. js 提供的接口创建智能合约的实例，然后就可以通过实例调用智能合约的函数。当有数据存储进 IPFS 时，则需要调用 ipfs－api 提供的接口，把需要存储的数据传到 IPFS 节点上，并把 IPFS 返回的哈希值存储到智能合约上。图 3－14 是系统与智能合约、IPFS 节点交互模式图。

（2）智能合约交互函数。表 3－13 和表 3－14 的交互函数是前端 JavaScript 通过 web3. js、ipfs－api 与组织用户的智能合约、IPFS 进行交互的函数，这些交互函数保障了系统能够与区块链交互，创建链上身份认证信息，以及在 IPFS 系统中进行数据的读取、存储操作。作物种质数据的交互方式与组织用户的交互方式大致相同，在此不作重复说明。

表 3－14 中 initWeb3 ()、initIPFS ()、isExitUserAddress ()、initContract ()、findUser ()、createUser ()、bindEvents () 功能与表 3－13 基本相同，暂不论述。

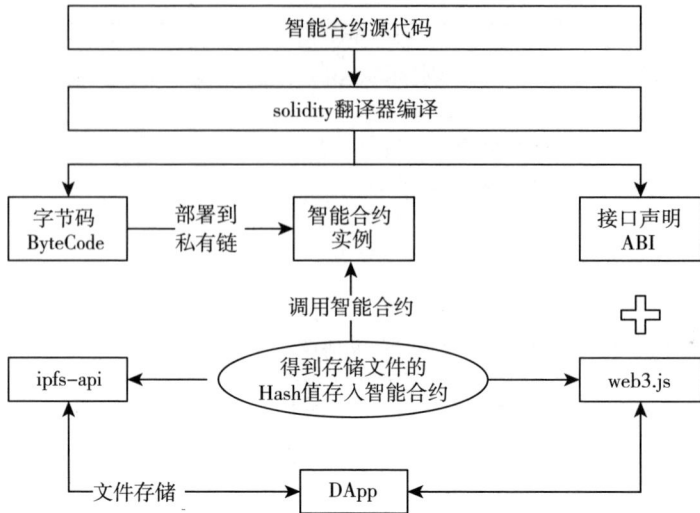

图 3-14　智能合约交互模式图

表 3-13　app. js 中交互函数表

函数名	参数	说明
initWeb3：async function()	无	初始化 web3，连接到 Ganache 私链
initIPFS：async function()	无	初始化 IPFS，可以连接本地的 IPFS 节点，也可以选择远程的 infura 免费网关
initContract：function()	无	与 web3 进行交互，加载合约文件并实例化
isExitUserAddress：function(address)	address	判断用户地址是否存在
findUser：function(account)	account	根据用户地址找到该用户信息
findUserAddressByUsername：function(username)	username	根据用户名找到用户地址
newAcc：function(username,password)	username, password	利用 web3. personal. newAccount(password)方法，在区块链上创建账户，并返回账户地址
createUser：function(address,username)	address,username	根据上个方法返回的账户地址，在智能合约的账户列表中添加新的账户
bindEvents：function()	无	绑定按钮点击触发事件

表 3 - 14 personalInfo. js、privacyJournal. js、wonderPic. js 中交互函数表

函数名	参数	说明
initialInfo：async function()	无	初始化用户信息，在页面刷新时调用，展示用户信息
findInfoFromHash：function (hash，id)	hash,id	从 IPFS 节点中根据 Hash 找到存储的信息，对信息解密后在前端根据 id 找到具体的标签，然后把信息展示在标签中
bytes32ToIPFSHash：function (hash_hex)	hash_hex	因为智能合约中存储的 Hash 值的类型是 byte32，但是 IPFS 识别的 Hash 值并不是 byte32，所以需要用这个方法，把智能合约中存储的 Hash 值转化为 IPFS 节点可以识别的类型
ipfsHashToBytes32：function (ipfs_hash)	ipfs_hash	把 IPFS 节点返回的 Hash 值转化为智能合约 Solidity 语言中的 byte32 类型

（3）web3. js 接口实现。web3. js 提供的接口方法方便了前端与智能合约的交互。需要注意的是智能合约中创建账户与删除用户信息是需要消耗 gas 的，所以在前端通过 web3. js 与智能合约交互时需要在方法的最后一个参数中标明最大 gas 消耗（即 gasLimit），一般为 gasLimit：6721975。下面是本系统使用的 web3. js 提供的方法以及在本系统中的作用。

web3. personal. newAccount（password）：根据传入的密码，在以太坊中创建一个新的账户，并返回账户地址。因为本系统使用的 web3. js v0.20.5 版本没有创建账户的这个方法，所以需要借助第三方插件，利用 npm install web3 - eth - personal -- save 命令下载 web3. personal 对象，之后便可在项目中使用这个方法。

web3＝new Web3（new Web3. providers. HttpProvider（"http：//local-host：7545"））：创建 web3 实例，并与本地构建的私有链连接。

web3. eth. defaultAccount＝web3. eth. accounts［0］：设置在使用需要支付 gas 的方法时，如果没有设置｛from：｝来指定具体账户发送以太币，则使用的默认账户地址。

（4）ipfs - api 接口实现。ipfs - api 提供的接口应用方便了用户数据存储、获取。下面是本系统使用的 ipfs - api 提供的接口以及在本系统中的作用。

ipfs. add（buffer）：需要先把要存入的数据转化成 node. js 中的 Buffer 类型，Buffer 库可以存储原始数据，使 js 使用二进制数据处理文件流。把要存储进 IPFS 节点的文本数据转化成 Buffer 类型之后，通过 ipfs - api 提供的 add（）

接口方法，把数据存储进 IPFS 节点，数据存储之后是二进制数组类型。

ipfs. get（Hash）：根据填入的 Hash 值，在 IPFS 节点中找到存储的数据，并返回结果 result，可以通过 result［0］. content 得到存储的加密数据，这些数据经过解密后就可以得到明文信息。

3.4.8　DApp 开发

本系统的业务逻辑层与前端界面交互需要使用 node. js 进行模块引用，例如：web3、ipfs－api、bs58、browserify、crypto－js 等。在本系统中，html 文件对应的 js 文件是通过原生 js 引入的，但是这些文件中都引用了 node. js 的模块，node. js 是后端语言，不是在前端引用的，node. js 模块是没办法在浏览器中执行的，要想让浏览器能够执行 js 文件中引入的 node. js 模块，可以通过安装 browserify 模块转义 node. js 代码，变成浏览器能执行的代码。browserify 通过预编译可以让 JavaScript 中用 Node 的 require（）方式引入的库在浏览器端也能使用。所以 personalInfo. js、cropInfo. js、cropList. js 等都通过 browserify 转义之后，在 html 文件中通过原生 js 引入，使业务逻辑层与前端界面交互。

（1）用户模块。本文设计的农作物种质资源系统主要的参与者有农业工作者、科研人员以及政府部门的工作人员。用户在注册时，系统会在区块链上为用户创建账户，并返回用户在区块链上的账户地址，用户在登录时可以选择账户地址密码登录或者是用户名密码登录，用户的账户地址是需要妥善保管的。

用户的登录注册页面，以及之后的用户机构信息分别如图 3－15 和图 3－16 所示。初始用户登录进系统之后，必须要在用户信息页面填写用户的信息，完善所有信息之后，经过认证后的用户信息才允许上链保存。

图 3－15　用户注册登录页面

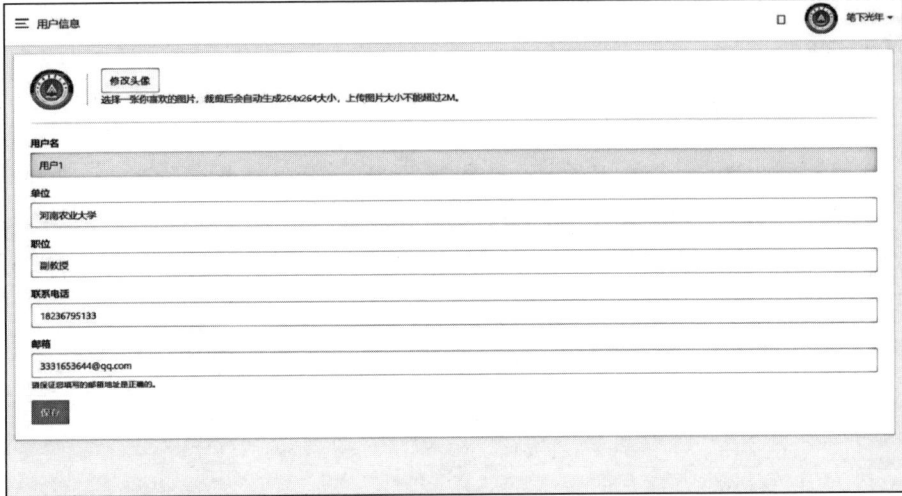

图 3-16　用户信息认证页面

（2）种质数据检索。用户注册认证之后，就可以进行种质数据的发布与共享。经过认证的链上用户可以发表相关的种质数据信息，提供给参与平台的组织用户进行共享，用户也可以在系统中查询到发布的种质数据。已发布的种质数据查询页面如图 3-17 所示：

图 3-17　种质数据查询页面

搜索数据查询结果如图 3-18 所示，本次查询未输入查询条件，默认查询的是小豆品种的数据。

种质数据查询
Germplasm Data Query

显示查询窗口　　**显示结果窗口**　　小豆-资源查询

共找到 3993 个结果|第一页　上一页　下一页　最后一页　跳转　[1]　　　　当前1页

库编号	I2F00459	统一编号	B0000001	品种名称	京小1
译名	JING XIAO 1	科名	Leguminosae(豆科)	属名	Vigna(豇豆属)
学名	Vigna angularis (Willd)Ohwi&Ohashi(小豆)	选育单位		种子来源	
高程	46	东经	11617	北纬	3959
原产地	中国农科院作物所	保存单位	中国农科院品资所	育成年份	
保存编号	E0942	生长习性	半蔓	播种期	5.17
成熟期	9.28	全生育日数	134	花色	黄
株高	113.8	分枝数	3.7	单株荚数	20.0
单荚粒数	6.4	单株产量	8.0	结荚习性	无限
荚色	黄白	荚长	6.3	粒色	红
粒形	短圆柱	百粒重	9.2	蛋白质	25.06
脂肪	0.71	总淀粉	50.19	直链淀粉	10.71
支链淀粉	39.48	芽期抗旱	5	熟期抗旱	5
芽期耐盐	5	苗期耐盐	4	芽期抗寒	
花期抗寒		叶斑病级	7	叶斑病指数	70.0
叶斑病评价	S	锈病严重度	40	锈病普遍率	90
锈病指数	36	锈病抗性	S	蚜害指数	100.0
蚜害病级别	9	蚜害病评价	HS	蚜害比值	1.20
天冬氨酸		苏氨酸		丝氨酸	
谷氨酸		甘氨酸		丙氨酸	
胱氨酸		缬氨酸		蛋氨酸	
异亮氨酸		亮氨酸		酪氨酸	
苯丙氨酸		赖氨酸		组氨酸	
精氨酸		脯氨酸		色氨酸	
总和		备注		省	北京
区	华北	样品类型	地方	原产	海淀

图 3-18　小豆种质数据查询结果

3.4.9　系统性能分析

在数据安全方面，本文采用链上链下存储结合的方式，链上存储种质数据的摘要信息及统一编号等必要数据信息，链下存储所有种质数据的具体属性信息，链下的数据在经过系统加密处理之后存储在 IPFS 系统中，返回的数据地址存储在区块链上。由于区块链以及 IPFS 系统分布式存储的特性，在区块链以及 IPFS 节点网络中，都有种质数据的备份，保证了数据在设备故障或者网络攻击中的安全性。

对于外部攻击而言，区块链系统能接受 50% 的节点同时遭受攻击。节点网络中，每个节点上存储的数据是一样的，受到攻击而损失数据的节点可以从区块链网络中的其他节点进行数据恢复。而 IPFS 节点遭受攻击后，若数据泄露，攻击者也不能轻易获取数据的原文，数据在有解密私钥的情况下才能解析成原文，而每个用户的解密私钥是不会轻易泄露出去的。

在系统性能方面，区块链具有去中心化、不可篡改等特性，保证了数据不可篡改，但是因为区块链的数据读取效率低，并且交易开销也比较高，不适合存储大量的数据。所以，本文又结合 IPFS 文件系统，提出了链上链下协同存储的数据模式，并针对不同的科属种质数据设计了不同的数据结构，简化了数据的存储，减少了数据的存储消耗，提高了系统中数据传输速度。并且在区块链中存储的是数据在 IPFS 中的地址，根据地址寻址，避免了数据检索时遍历数据，提高了数据检索的效率。

3.5　本章小结

本章详细介绍了种质数据的链上链下协同存储模型与数据安全共享模型、种质数据上链的合约及对应的上链交互函数、区块链的用户身份合约及数据的安全加密、链下存储种质数据的数据结构以及对应的 JSON 文件、链下存储文件 IPFS 文件系统的搭建以及链下存储的实现过程。在应对区块链分叉问题上，提出了固定区块算力的方案。通过固定每个区块的算力，对种质区块链中最主要的种质数据上链交易事务设置 gas limit 上限，控制每个区块的大小，以此减小区块的出块时间，从而降低区块链分叉的概率。基于区块链的种质资源数据共享系统总体架构，选择适合本文系统的区块链网络，搭建区块链节点系统环境。利用 web3.js 实现对智能合约的交互，基于 Truffle 框架完成基于以太坊的种质资源数据安全共享系统开发，并从外部攻击方面对模型的安全性进行分析，结合区块链优势对系统性能进行分析。

4 面向种质资源领域的人脸识别与区块链技术融合的身份认证研究 ////////////////

4.1 身份认证需求分析

4.1.1 需求分析

传统的种质资源身份认证系统存在的问题主要有：

①容易引起单点故障问题。

②单一的认证服务器会导致该服务器认证权限过大，无法确保认证结果的真实性。

③存储的数据间无相关性，存在被泄露和更改的风险。

针对传统的种质资源系统中心化存储身份认证信息的问题，在总结现有的研究成果上，本章提出人脸识别与区块链技术融合的身份认证机制，设计目标是：

①该机制不需要权威中心服务器来实现身份认证，主要是借助已加入 P2P 网络的节点来完成身份认证。

②此方案借助 P2P 网络内各节点来对相应身份进行认证，进而得到实现共识的认证结果。在这种认证技术下认证结果会形成共识，摆脱了对单一的中心认证服务器的依赖，使得到的认证结果更加真实可靠。

③本文通过采用区块链和 IPFS 星际文件系统对种质资源数据协同存储。利用区块链存储可以防止数据被篡改，同时星际文件系统能够极大减轻链上存储的压力。

为使此认证机制达到上述目标，仍需要考虑去中心化的身份认证问题和数据安全存储问题。以下将对上述问题进行详细的分析并提出相应的解决方案。

4.1.2 去中心化问题

去中心化问题主要是认证时的共识机制问题，在认证时共识节点的选择和共识机制的设计是去中心化认证网络的核心所在。以下将结合共识机制的基本原理提出此问题的解决方法。

传统的分布式认证网络中，由中心服务器对其他认证服务器进行集中的管理，在去中心化的身份认证机制中，当节点权限对等时，容易出现各节点认证结果不一致的问题，因此，节点间通过设计的一种规范即共识机制协同运作，保持信息同步更新等。为了提高身份认证效率，本文采用了改进后的拜占庭共识算法即动态实用拜占庭容错算法（Dynamic Practical Byzantine Fault Tolerance，DPBFT），该机制通过投票进行主节点的选举，主节点便负责本轮的记账。DPBFT 机制最多允许 33% 的恶意节点存在，并通过 checkpoint 系统日志保证节点正确执行。在准备阶段，全网广播中产生了很多无效的通信。因此，引入动态权重机制，共识期间选择权重最大的节点来进行选择性广播，能够有效减少共识所耗费的时间。图 4-1 为节点广播。

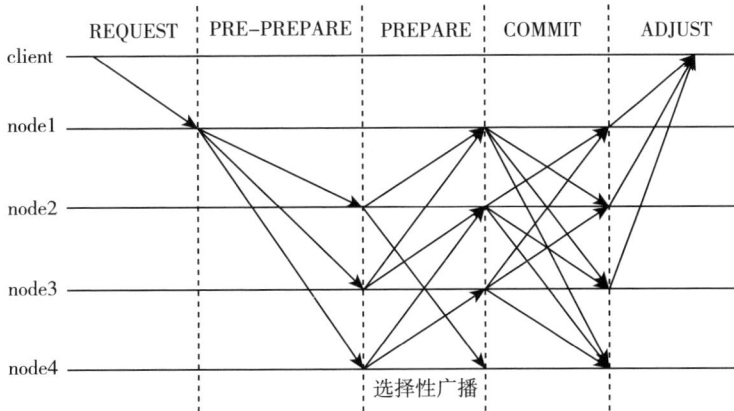

图 4-1 节点广播

DPBFT 在接收到请求信息后，通过以下四个阶段达成共识：主要是预准备阶段（PRE-PREPARE）、准备阶段（PREPARE）、提交阶段（COMMIT）和调整阶段（ADJUST）。

①PRE-PREPARE 阶段：在接收到客户端发送的 PRE-PREPARE 消息后，主节点负责将消息广播给所有共识节点。

②PREPARE 阶段：共识节点接收到广播的 PRE-PREPARE 消息后生成 PREPARE 消息，根据权重向量表 $W_T = \{W_1, W_2, \cdots, W_i, \cdots, W_N\}$ 值和动态参数 p 去选定广播的范围，随后将 PREPARE 消息选择性广播给共识域内的节

点。在能容错 f 个恶意节点的情况下，如果接收到超过 $2f+1$ 个正确的准备消息，则进入 COMMIT 阶段。

③COMMIT 阶段：节点生成 COMMIT 消息并广播到共识域内节点，其他节点验证 COMMIT 消息，验证通过后，进行 ADJUST 阶段。

④ADJUST 阶段：根据共识结果给所有参与共识的节点进行打分。根据各个节点提交 COMMIT 的时间，为每个节点给出相应的分数 Q_i，提交 COMMIT 的时间越早，节点得分会越高，未提交 COMMIT 消息的节点将没有得分。根据公式 4-1 动态调整每个节点权重。

$$W_i = (1-q) \times w_i + q \times Q_i \qquad (4-1)$$

公式 4-1 中，q 为上一状态权重在新权重中所占比例，w_i 为上一状态中 i 节点权重值。

4.1.3 数据安全存储问题

本文涉及的数据主要包括用户数据与种质资源数据。本文将用户信息通过 Merkle 算法进行哈希计算并签名，以智能合约的形式打包存入区块链中，如图 4-2 所示。通过链式结构存储数据，由于各区块间前后相互关联，保存在区块链中的数据无法被轻易篡改，通过数据溯源能够对身份认证结果进行审查和验证。

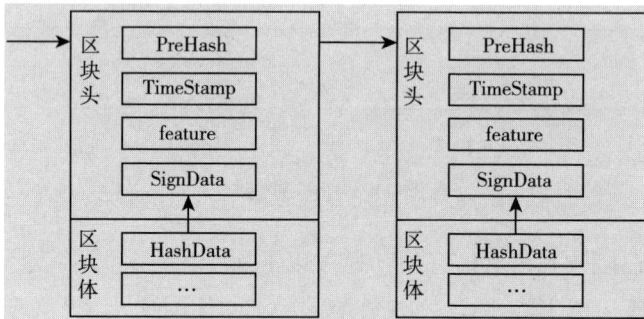

图 4-2 区块链数据结构

用户的区块结构主要包括区块头和区块体。区块体主要是代表用户身份信息的智能合约，通过将此智能合约的哈希值进行组合运算得到根哈希值，并将此计算结果签名写入区块头。另外，区块头中包括前一区块哈希值（Pre-Hash）、时间戳（TimeStamp）、人脸特征值（feature）。由于智能合约内容一旦改变，计算得到的哈希值将随之改变，待验证用户信息将无法通过认证节点的验证，并且哈希函数是单向计算不可逆的，故此机制可以有效防止身份认证信息被篡改。

对于数据量较大的种质资源数据，本文采用了区块链和星际文件系统协同存储，极大地减轻了区块链上的存储压力。并且 IPFS 文件系统能够通过 IPFS-Cluster 架构实现分布式一致性存储，能有效防止遭受单点攻击数据泄露或丢失。

4.1.4　身份认证安全问题

（1）中间人攻击。这种攻击简称为"MITM"攻击，它主要通过间接入侵手段，对网络中的通信数据进行劫取和篡改（图 4-3）。MITM 攻击主要是攻击者利用一些技术手段强行加入正在通信的两台设备中，此时受攻击者控制的计算机等设备便被称为"中间人"。在通信双方都不知情的情况下，"中间人"与通信双方链接并窃取双方的通信内容或者用户的隐私信息等，同时能够对通信内容进行伪造、篡改等操作。在日常生活中，MITM 经常通过创建公共的Wi-Fi 无线网络，引导用户加入此网络中并发起攻击。或者采用假网站对用户进行 IP 或者 DNS 欺骗，控制路由器并解析用户访问的目标域名，将此域名或者 IP 篡改为攻击者控制的设备信息，便可以在用户未知的情况下窃取用户相关数据，伪装成发送方进行信息的发送。

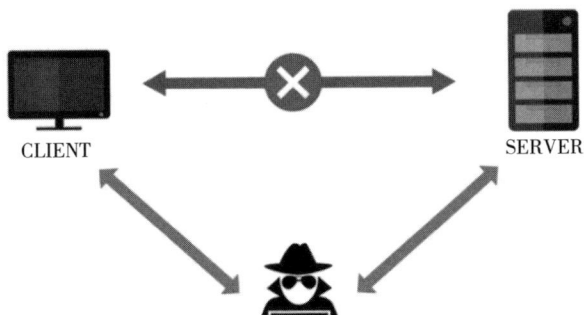

图 4-3　中间人攻击

（2）重放攻击。重放攻击（Replay Attacks）又被称为回放攻击或者重播攻击，主要是通过重复发送目的主机接收过的包，欺骗系统进行认证。由于用户也可能重复发起认证，所以攻击者在发送时能够进行很好的伪装，不被系统察觉。攻击者一般通过监听等手段劫取数据包并重播，对认证服务器发起攻击。当认证凭据经过加密后传输时，攻击者借助监听或者其他方式截获后，虽无法得知数据的具体内容，但是攻击者只需通过重播截获的数据，对服务器再次发起认证请求，便能达到有效攻击。在不同的网络通信中，这种攻击都具有很强的破坏力，也是黑客等群体主要的攻击手段。

（3）拒绝服务攻击。拒绝服务攻击（Denial of Service）的含义是无法提供正常服务。DoS 攻击最终是通过消耗目标机器的网络资源，使其无法提供正常服务。其中常见的 DoS 攻击包括对网络带宽的攻击以及连通性攻击。对网络带宽的攻击主要是通过发送大量的通信数据，占据网络带宽，导致正常用户无法分配到带宽资源，最终请求无法通过。连通性攻击是攻击者利用通信协议的漏洞，通过 IP 欺骗，复位非法用户的连接，消耗被攻击设备的操作系统资源，导致合法用户无法正常地发起服务请求。DoS 通过不同的攻击控制和通信方式，能够更好地隐藏攻击源的位置，目前仍未找到合适的解决方法去有效地处理此类攻击。由于协议层本身的局限性，攻击者在更高一级的协议层进行攻击时，被攻击方对攻击数据进行分析消耗的资源就更多。

4.2　人脸识别与区块链技术融合的身份认证模型设计

4.2.1　FaceNet 人脸识别模型

FaceNet 是谷歌在 2015 年提出的用于解决识别、验证和聚类等问题的统一框架。它的本质是把人脸图像映射到一个多维空间，通过空间距离表示人脸的相似度。同一个人脸图像的空间距离比较小，不同人脸图像的空间距离比较大，这样通过人脸图像的空间映射就可以实现人脸识别。如图 4-4 所示，FaceNet 通过卷积神经网络将人脸映射到欧式空间的特征向量上，计算人脸特征向量的距离，相同人脸的距离总是小于不同人脸的距离。通过这一先验知识训练网络，进而可以直接对比 2 个人脸经过该网络映射之后的欧式距离，判断出是否为同一人。本文主要通过此模型采集和验证人脸特征信息。

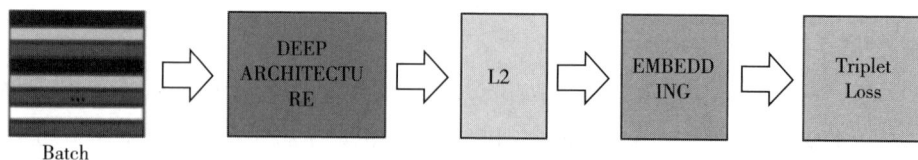

图 4-4　FaceNet 模型

FaceNet 人脸识别模型主要包括以下过程，通过 Batch 对图片进行批处理，通过深度 CNN 将人脸映射到欧式空间的特征向量。当获得 128 维的特征向量后，为了使得不同人脸的特征向量可以属于同一数量级、方便比较，还需要进行 L_2 标准化的处理。在进行标准化前先要计算 L_2 范数，如公式 4-2 所示。

$$\|x\|_2 = \sqrt{\sum_{i=1}^{N} x_i^2} \qquad (4-2)$$

计算范数就是把所有元素的平方和相加再开根号，而 L_2 标准化是让每个元素 x_i，都除以 L_2 范数。在 EMBEDDING 层，通过矩阵乘法进行升维或者降维，以此来分离出特征。通过 Triplet Loss 作为总体 Loss，计算不同标签样本之间的距离。

本文将 Cross-Entropy Loss 和 Triplet Loss 作为总体 Loss。其中，Cross-Entropy Loss 用于人脸分类，具体作用是辅助 Triplet Loss 收敛。Triplet Loss 损失函数使得 Loss 在训练迭代中下降得越小越好，使正样本与选取的样本间的欧式距离变小，而不同类的负样本与选取的样本之间的欧式距离变大。然后预先进行机器学习，通过设定好的阈值来判定人脸识别结果。因其在实验中有较高的准确率，故以此模型进行人脸识别模型设计。图 4-5 为样本与基准点的欧式距离图。

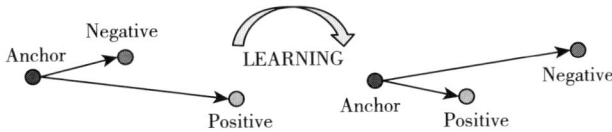

图 4-5　样本与基准点的欧式距离图

x_i^a 为 Anchor，表示随机选择的基准样本。x_i^p 为 Positive，表示与基准同一类型的样本。x_i^n 为 Negative，表示与基准图片不同类型的样本，α 表示两个向量的 $margin$。$Loss$ 的计算如公式 4-3 所示，当方括号内值大于零的时候，取该值为损失值，小于零的时候，损失为零。

$$Loss = \sum_{i=1}^{N} \left[\left\| f(x_x^a - f(x_i^p)) \right\|_2^2 - \left\| f(x_x^a - f(x_i^n)) \right\|_2^2 + \alpha \right]_+$$

$$(4-3)$$

4.2.2　身份认证模型设计

在该身份认证模型中，主要包括以下相关节点：客户端节点，用户发起注册申请、收集认证用户的相关信息、接收身份注册以及验证结果；服务节点，主要负责用户的注册、验证等操作；共识节点，对服务节点发起的共识请求进行计算并更新区块。另外，两个主要的技术模型分别是 FaceNet 人脸识别模型和基于动态拜占庭共识的 Fabric 联盟链。其中，人脸识别神经网络模型将接收到的人脸图像进行训练后输出该用户的人脸特征值并返回给客户端节点。每个服务节点都是联盟链中共识节点的节点之一。如图 4-6 所示，用户初次发起服务请求时需要完成注册操作并通过验证。在客户端节点发起注册服务请求，用户通过人脸识别模型获取人脸特征值，填写并绑定用户身份信息，注册成功后服务节点返回 ECDSA 的密钥对，并将公钥保存到系统中；用户再次请求服务时需要完成验证操作，验证成功后服务节点返回相关服务。

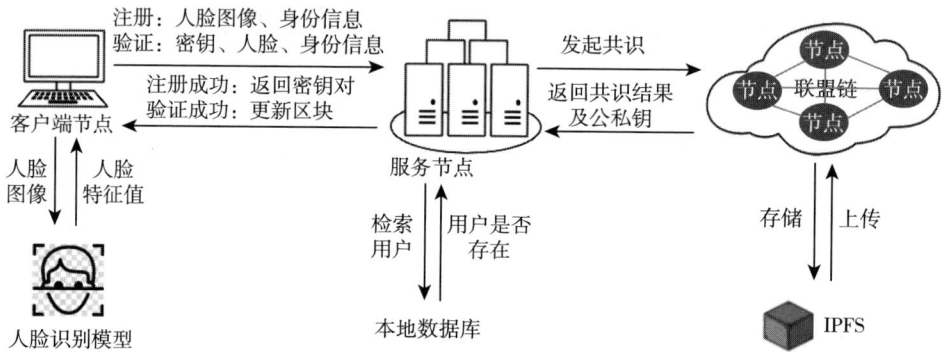

图 4-6　身份认证模型

由此可以看出，各个节点均需要具备用户身份注册功能、用户身份信息签名功能、数据存储功能和用户身份认证功能。后续将详细介绍各功能设计。

本文提出的认证模型以超级账本平台构建 Fabric 联盟链网络，通过设计相关链码实现用户的身份注册、身份认证、数据存储等功能。本系统整体设计上包括 5 层架构，分别是数据层、网络层、共识层、合约层和应用层。如图 4-7所示。首先需要提前准备区块链节点和 IPFS 节点所需的配置文件，搭建系统的节点网络。本文设计的身份认证系统主要研究表现在共识层中动态拜占庭共识机制的设计、合约层中的用户注册合约、用户身份认证合约等设计，以及应用层中各交互模块的实现。

应用层主要通过调用相关 API 服务实现系统各模块功能，通过用户注册模块进行用户信息的获取，在用户认证模块中实现对已注册用户身份的认证，并设计了用户信息查询与信息修改等功能，以此达到认证系统终端与用户的交互。

合约层主要包含用户的注册合约、用户的身份认证合约以及种质资源数据

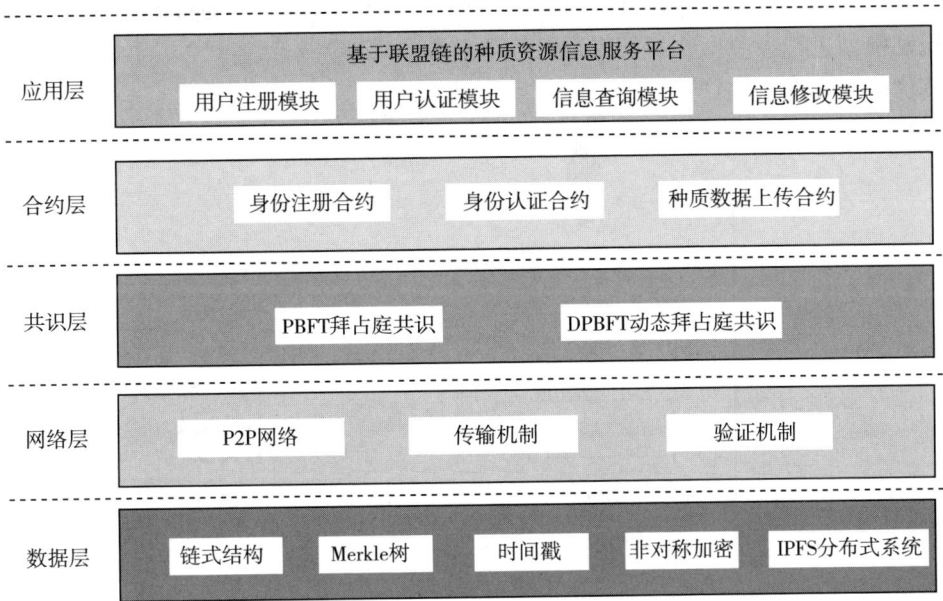

图 4-7　身份认证系统架构

上传合约。合约层作为整个系统的交易设计核心，设计并实现系统中各模块的功能逻辑，根据用户所提供的相关数据以交易的形式完成用户的身份注册以及认证等功能。

共识层主要通过建立 P2P 网络达到可信任的 Fabric 联盟链网络，依据拜占庭共识机制实现去中心化身份认证，安全高效地对用户身份认证达成共识，保证认证结果真实可信，是实现系统安全可靠认证的重要基础。

网络层主要是组建节点网络以及数据的传输。此联盟链中的节点通过广播的方式传播区块信息，收到广播信息的节点在验证区块信息无误后便将该区块同步到本地账本中。

数据层主要采用非对称加密、Merkle 树和时间戳技术对数据进行计算和处理，使用区块链和 IPFS 技术存储数据，数据层主要存储用户身份信息和种质资源信息。数据层也是整个系统能够实现安全可信认证的基础。

4.2.3　身份认证功能设计

本章依据需求分析中的设计目标，通过设计具体的业务逻辑，去实现相应功能，以下具体介绍了此认证模型中各功能的具体设计。

（1）用户身份注册设计。首先采集用户的身份证号，并通过 FaceNet 人脸识别模型进行人脸生物特征提取。注册获取 ECDSA 公私钥对，用户身份注册具体步骤如图 4-8 所示。

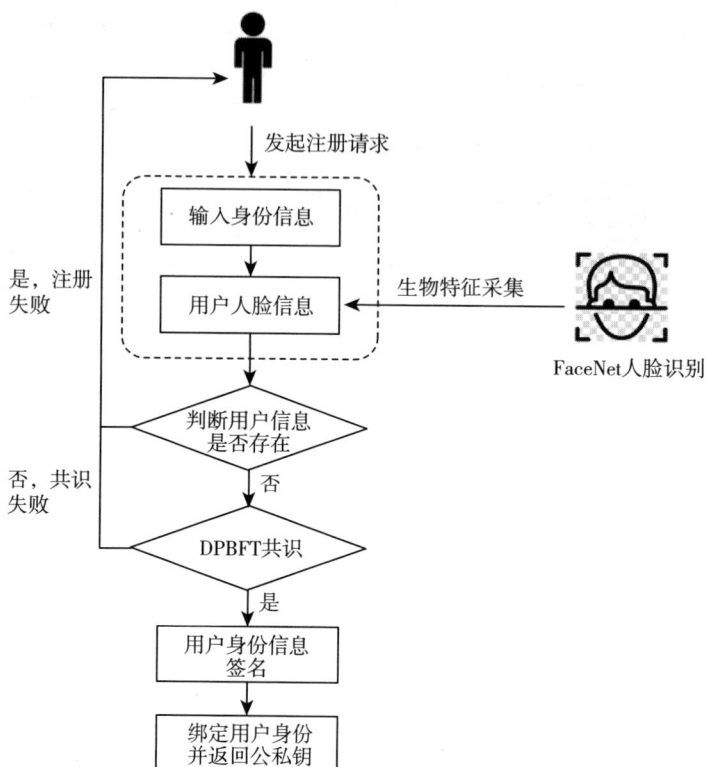

图 4-8　用户身份注册

①用户上传输入人脸和身份信息（包括身份证号和手机号），人脸识别模型提取人脸特征值 feature。客户端将 feature 和经过哈希算法计算的身份信息发送到区块链的服务节点。

②服务节点检索本地数据库并查看用户信息是否存在，若存在，则注册失败；否则继续下一步。

③主节点发起共识，广播信息。该节点将 feature 向其他节点广播，若参与广播的节点返回的 feature 摘要与该节点计算 feature 的哈希摘要相等，向全网广播一条 commit 消息，进而达成共识；否则，共识失败。返回共识结果。

④区块管理者将人脸特征值 feature 和经过签名后的身份信息 SignData 写入区块中，并更新账本状态。

⑤注册成功后，将用户名与用户身份信息绑定并返回用户公私钥对。

在用户进行身份注册时，使用 FaceNet 人脸识别模型获取人脸生物特征信息。以下将详细阐述 FaceNet 人脸识别模型实验与设计过程。

采用 CASIA - WebFaces 数据集作为 FaceNet 人脸识别模型的训练数据，首先对其进行预处理，进行人脸的提取和人脸的矫正，将属于同一个人的图片放到同一个文件夹里面保存。数据集里的每一个文件夹里面存放同一个人不同情况下的脸，不同文件夹存放不同人的脸。如图 4-9，这是 \ 0000045 文件夹里面的人脸，属于同一个人。

001.jpg 002.jpg 003.jpg 004.jpg 005.jpg 006.jpg 007.jpg 008.jpg
009.jpg 010.jpg 011.jpg 012.jpg 013.jpg 014.jpg 015.jpg

图 4-9　相同人脸图片

首先需要进行数据标注（图 4-10）。先运行根目录下的 txt_annotation.py，生成训练所需的 cls_train.txt，文件 cls_train.txt 中每一行都存放了一张图片和它对应的类别，便于训练时辅助收敛。按照训练步骤训练。

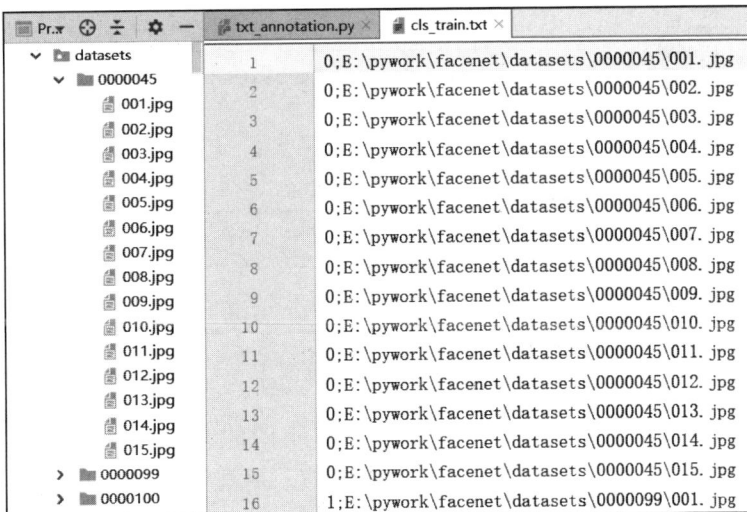

图 4-10　人脸数据标注

在模型完成训练后（图 4－11），利用训练好的权重文件 ep001－loss1.972－val _ loss1.528.pth 进行人预测模型评估。此模型采用 LFW 数据集进行测试。在评估模型时将 threshold 按照 0.01 的间距从 0 取到 4，计算每个 threshold 值对应的模型准确率，计算得出最佳阈值为 1.18。Validation rate（召回率）值越大表示漏检量越少。FAR（错误判断比率）即为识别时把错误信息仍接收为正确信息进行计算，此处设定为 0.001。

```
Run:   eval_LFW
D:\anaconda3\envs\pytorch\python.exe E:/pywork/facenet/eval_LFW.py
Loading weights into state dict...
Test Epoch: [5888/6000 (96%)]: : 24it [00:23,  1.03it/s]
Accuracy: 0.96583+-0.01020
Best_thresholds: 1.18000
Validation rate: 0.96133+-0.03846 @ FAR=0.00100

Process finished with exit code 0
```

图 4－11　模型训练

在 facenet.py 文件里修改模型路径（model _ path）和主干特征提取网络(backbone)。其中 model _ path 对应 logs 文件夹下面的权值文件。运行 predict.py 文件，输入两张同一人的待预测图片名称，结果如图 4－12 所示。

```
Configurations:
----------------------------------------------------------------------
|                keys |                                        values|
----------------------------------------------------------------------
|          model_path |    logs/ep001-loss1.972-val_loss1.528.pth|
|         input_shape |                                 [160, 160, 3]|
|            backbone |                                     mobilenet|
|     letterbox_image |                                          True|
|                cuda |                                          True|
----------------------------------------------------------------------
Input image_1 filename:img/1_001.jpg
Input image_2 filename:img/1_002.jpg
[0.36369506]
人脸匹配成功
```

图 4－12　模型预测

同一人的两张图片的距离值相对较小，不同的人脸图片距离则会偏大。如图 4－13 所示。左侧为不同人脸的距离值，明显高于右侧相同人脸的距离值。

人脸识别时将遍历对比已有人脸数据集，计算欧式距离 Dis。如果 Dis

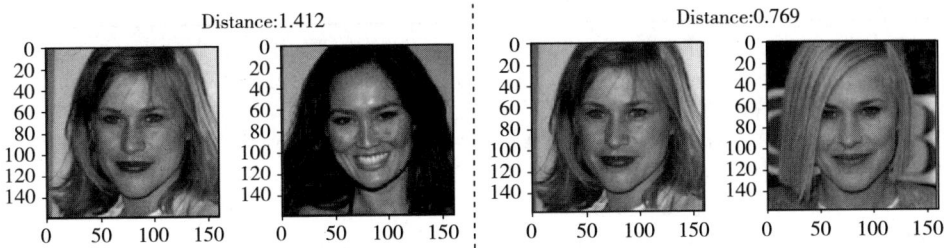

图 4-13　人脸距离值

值小于阈值，则判定其相似度较高，最终选择相似度最高的一个作为认证结果。获取每张人脸在人脸数据集中最相似的人脸的序号。若此序号对应的人脸距离小于阈值 threshold，则认为人脸识别成功。人脸识别过程如图 4-14 所示。

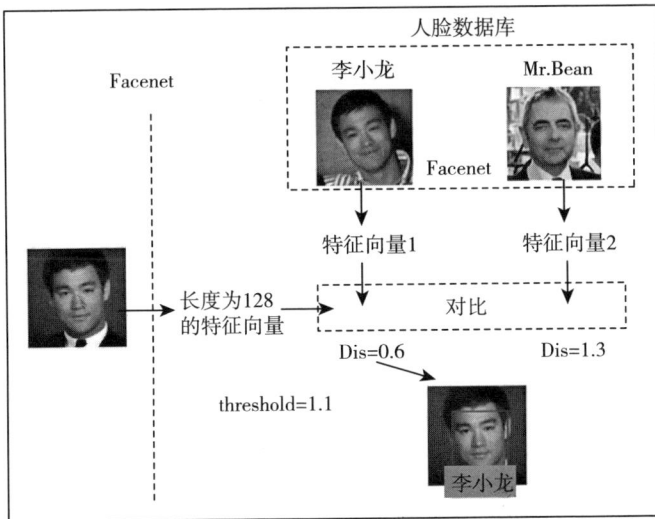

图 4-14　人脸识别

（2）用户身份信息签名设计。当用户完成身份注册后，再次登录进行身份认证时，用户需要向服务节点提交数字身份信息。一般情况下，用户使用私钥对自己身份信息进行数字签名，然后将采集的人脸特征、数字签名及身份证号作为数字身份信息提交给服务节点。在用户认证时，先使用私钥进行签名，公钥进行验签。所以需要先读入用户的 ECDSAPrivateKey. pem 文件和 ECDSA-PublicKey. pem 文件。表 4-1 为用户公私钥信息。

表 4-1 用户公私钥

－－－－－BEGIN FRANK ECDSA PUBLICKEY－－－－－//1. ECDSA 公钥
MIGbMBAGByqGSM49AgEGBSuBBAAjA4GGAAQBLp24ZB3TlfUunIYn2GJDbifXpyB0y＋ads1
S8GhPgIAK0aa4Mwi18ZMMYc55bOFSVE6moGuuubYq1JZ8/t91　　　＋　　m3UA25Xx3fJXOz58/
uvo8xTuSl/qRnwnWHIdPmvVqj/ao＋JxxY＋HVuZ＋IqtmxS5LJjPOZBNPBqSXD/vC6IktB9xogbE＝
－－－－－END FRANK ECDSA PUBLICKEY－－－－－
－－－－－BEGIN FRANK ECDSA PRIVATEKEY－－－－－//2. ECDSA 私钥
MIHcAgEBBEIBMZ0jCIpXezt0oV/2＋FHzq4Vlibf0t/GNv8＋IL5fjlb0k8mE5zkQ8
LNN0GS7MA9QUn4ZHainQkG0jG8FidEEgz8ygBwYFK4EEACOhgYkDgYYABAEunbhkHdOV9S6
chifYYkNuJ9enIHTL5p2zVLwaE＋AgArRprgzCLXxkwxhznls4VJUTqaga665tirUlnz＋33X6bdQDb
lfHd8lc7Pnz＋6＋jzFO5KX＋pGfCdYch0＋a9WqP9qj4nHFj4dW5n4iq2bFLksmM85kE08GpJcP＋
8LoiS0H3GiBsQ＝＝
－－－－－END FRANK ECDSA PRIVATEKEY－－－－－

如图 4-15 所示，用户身份信息签名的具体工作如下：

①首先，区块链通过 Merkle 算法计算出用户身份信息（包括身份证号和手机号）的 Merkle 树根。用户信息的 HashDada 值是由两个单项信息 HashData1 和 HashData2 组合计算得到的。

②采用待认证用户的私钥对此身份信息进行签名，得到用户的数字签名即 SignData。

③为下一步用户身份认证提交用户的数字签名和人脸特征值 feature。

（3）身份认证设计。若已经成为联盟链的注册用户希望获取某服务节点的服务，则需通过联盟链的认证流程。身份认证具体步骤如图 4-16 所示：

①用户输入用户名、身份信息（包括用户身份证号和电话号）和人脸图像。

②客户端计算身份信息的哈希值 HashInfo。

③通过用户名寻找到公钥并解密数字签名，获取用户注册时身份信息的哈希值 HashData。

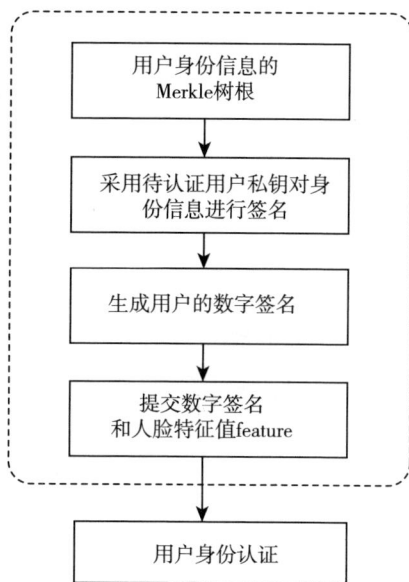

图 4-15 用户身份信息签名

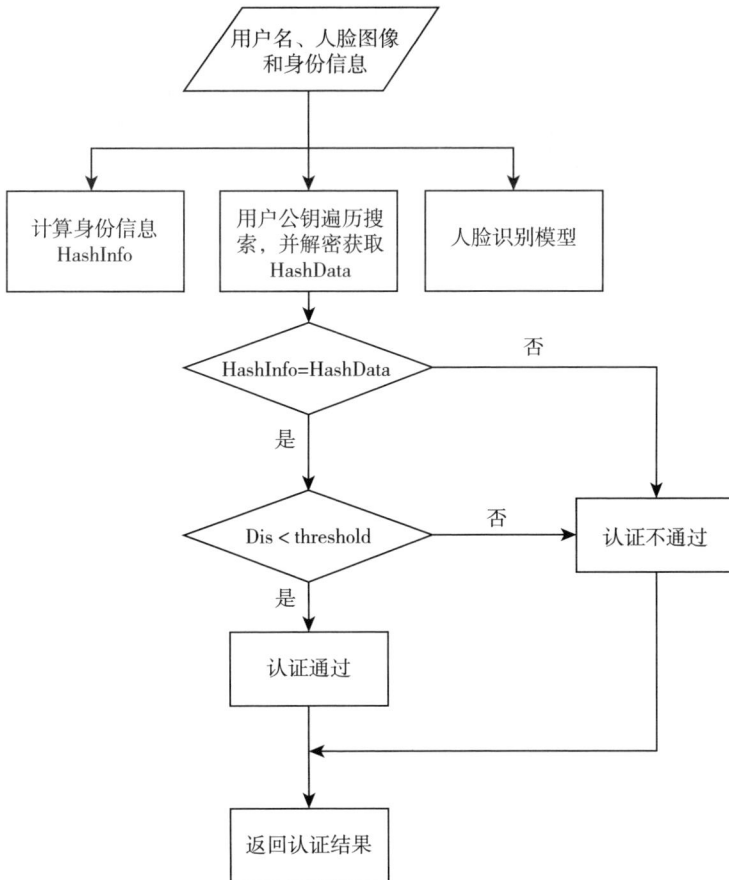

图 4 - 16 身份认证流程

④比较 HashInfo 与 HashData 是否相等。若相等，则进行下一步认证通过。否则，认证失败，直接返回认证不通过的结果。

⑤人脸识别模型计算出待认证人脸的特征信息，遍历并比较区块链上的人脸特征值 feature，若存在两特征值的 Dis 小于 threshold 值，则通过认证；否则，认证失败。

⑥返回最终身份认证结果。

（4）数据存储设计。

①用户数据链上存储。用户通过在区块链上注册身份信息，以此加入区块链网络中获取相关用户权限。区块链中认证过的合法用户都具有上传和共享种质资源数据的权限。在区块链上，通过智能合约进行身份的注册、认证等交

易。关于用户身份合约的数据结构如表 4－2 所示，用户数据主要包括生成的用户地址 address、用户名、用户信息的映射等字段。

表 4－2　用户信息字段表

字段名	数据类型	描述
userAddress	address	区块链上的合约地址或区块链上的用户地址
userAddresses	address 类型的数组	认证系统中用户地址的集合
isExitUserAddress()	函数	判断用户地址是否存在
user_id	String	用户名
usernames	String 类型的数组	所有用户的集合
isExitUsername()	函数	判断用户名是否存在
findUserAddressByUser_id()	函数	通过用户名找到用户地址进行登录
userStruct	mapping(address=>UserStruct)	用户地址与用户个人信息的映射
createUser()	函数	创建用户
findUser()	函数	查找用户信息

②种质数据协同存储设计。本文采用区块链和 IPFS 文件系统共同存储种质资源数据，在 IPFS 文件存储系统记录种质资源数据的详细内容，并将对应数据的 Hash 值存储在区块链上。同样可以以链下存储系统的 Hash 值作为索引，快速查找对应种质资源数据的详细数据。而且此方法能够有效缓解链上存储的压力，很好地促进了种质资源数据共享。种质资源数据的持有者自行管理数据，在数据共享时可定向选择公开对象，仅有获得数据查看权限的用户才能够获取发布数据的 Hash 值，从而根据 Hash 值获取 IPFS 系统中详细的种质资源数据，这种存储方式能够协同进行，促进了种质资源数据的交互共享。

在数据协同存储时，依据种质资源数据属性值多的特点，将此类型数据的具体信息设计为 JSON 格式的文件存储在 IPFS 文件系统中。通过 IPFS 系统基于内容寻址的存储特点，实现高效的数据交互模式。图 4－17 为 JSON 结构的种质数据，主要包括序号、品种名称、保存单位、属名、科名、原产地、冬春性等属性。

经过区块链认证后的合法用户共同维护和构建私有化的 IPFS 节点网络，

通过使用相同的密钥加入该网络，未在网络中的 IPFS 节点，无法参与到内部节点中的网络通信。即使外部用户取得了相关数据文件的 Hash 信息，也无法获取该文件的具体内容，有效地保证了种质资源数据的安全性。为进行节点间的数据交互，通常先建立各自的 IPFS 节点，拥有该网络共享密钥的节点，才能够加入种质资源数据的 IPFS 网络中。先获取 go-ipfs 的安装资源，使用 ipfs init 命令进行初始化，并对存储容量和跨域环境进行配置，通过 ipfs daemon 命令，启动节点服务器，使用 go-ipfs-swarm-key-gen 生成密钥，各节点通过获取 swarm. key 文件后添加其他节点 id 组建 IPFS 网络，网络中的各节点具备上传和下载数据的功能。

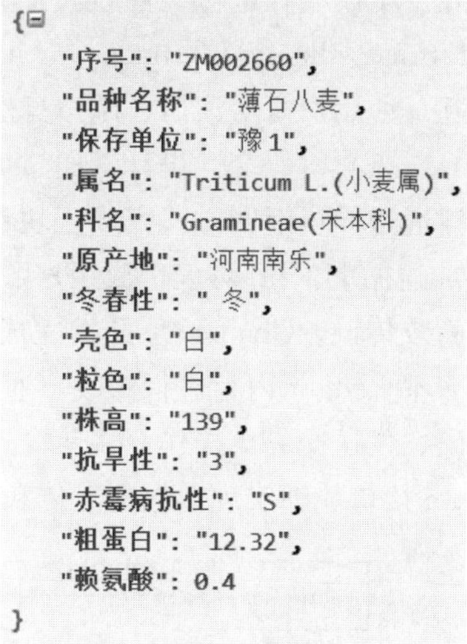
{
"序号": "ZM002660",
"品种名称": "薄石八麦",
"保存单位": "豫1",
"属名": "Triticum L.(小麦属)",
"科名": "Gramineae(禾本科)",
"原产地": "河南南乐",
"冬春性": " 冬",
"壳色": "白",
"粒色": "白",
"株高": "139",
"抗旱性": "3",
"赤霉病抗性": "S",
"粗蛋白": "12.32",
"赖氨酸": 0.4
}

图 4-17　JSON 结构的种质数据

将图 4-18 中 JSON 格式的种质文件通过 ipfs add 命令存储进 IPFS 系统后，IPFS 返回的字符串为 QmZSecXHrVXoSkpdnx7zK51zni3CtzB5pGKrUWE6sYWNT6，即为该文件的 Hash 值。使用 ipfs cat 命令能够在 IPFS 节点上直接获取图 4-18 中的数据。也可以通过 ipfs-api 接口，把数据展示在前端。

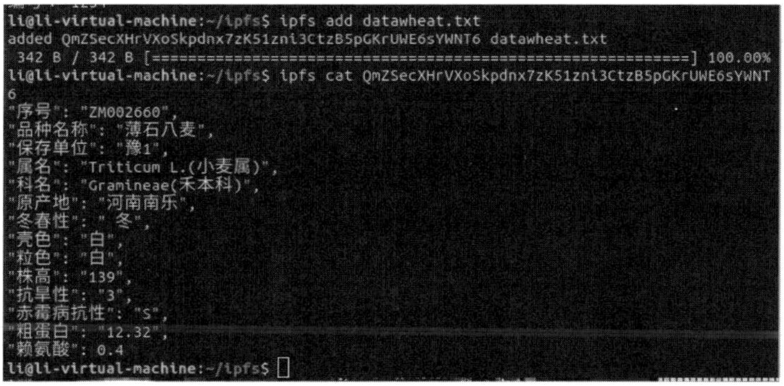
li@li-virtual-machine:~/ipfs$ ipfs add datawheat.txt
added QmZSecXHrVXoSkpdnx7zK51zni3CtzB5pGKrUWE6sYWNT6 datawheat.txt
342 B / 342 B [==] 100.00%
li@li-virtual-machine:~/ipfs$ ipfs cat QmZSecXHrVXoSkpdnx7zK51zni3CtzB5pGKrUWE6sYWNT
6
"序号": "ZM002660",
"品种名称": "薄石八麦",
"保存单位": "豫1",
"属名": "Triticum L.(小麦属)",
"科名": "Gramineae(禾本科)",
"原产地": "河南南乐",
"冬春性": " 冬",
"壳色": "白",
"粒色": "白",
"株高": "139",
"抗旱性": "3",
"赤霉病抗性": "S",
"粗蛋白": "12.32",
"赖氨酸": 0.4
li@li-virtual-machine:~/ipfs$

图 4-18　种质资源数据

4.2.4 身份认证模型交互设计

身份认证模型的交互主要是智能合约函数和 IPFS 节点与前端信息的交

互。本模型在进行交互设计时，主要使用 JavaScript 作为开发语言，采用了 fabric‐sdk‐java、node.js、ipfs‐api 接口等技术设计并实现相关功能的交互，如用户身份注册、用户身份认证和种质数据上传等功能。

（1）链码交互设计。通过 fabric‐sdk‐java 连接 Fabric 网络，其底层接口通过异步返回方式完成区块链中的各项交易。在 Fabric 联盟链中，fabric‐ca 遵循 HTTP 协议生成用户账号，其余均采用 GRPC 协议与节点进行数据的高效传输。Chaincode 开发完成后，被部署到区块链网络的 Peer Node，并对账本 Ledger 内容进行修改。通过 fabric‐sdk‐java 的 Channel 类进行查询链码、发送交易等操作。将获取到的存储文件的 hash 存储到链码中，通过 ipfs‐api 接口能够实现数据的上传和存储。链码交互模式如图 4‐19 所示。

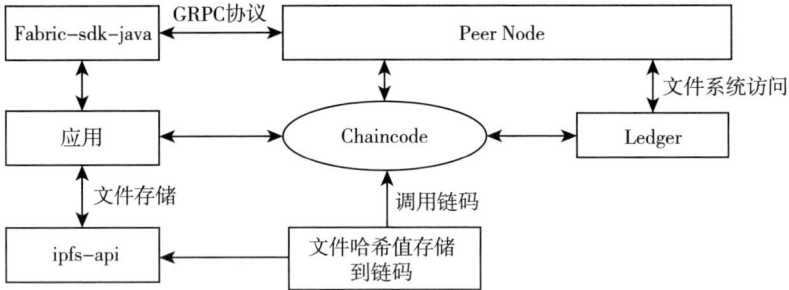

图 4‐19　链码交互模式

本文通过 fabric‐sdk‐java、ipfs‐api 等接口创建链码的实例，通过实例调用链码中的相关函数。此模型通过设计前端与用户链码和 IPFS 节点的交互函数，完成用户身份注册、用户身份认证和 IPFS 文件系统种质资源数据的上传和存储等功能。

表 4‐3 为部分自定义的交互函数，用来获取前端提交的数据和上述接口的调用。

表 4‐3　交互函数表

函数名	参数	说明
function initVerification()	无	创建链码实例并初始化系统
function useInfo()	address	根据用户地址，查找用户身份信息
function findUser AddressByIUser_id()	user _ id	根据用户名找到用户地址

（续）

函数名	参数	说明
function userRegister()	user_info,feature	用户注册身份信息并返回用户名 user_id 和公钥
function addUser()	address,user_id	根据用户地址和用户名，在链码列表添加用户
function user Authentication()	user_info,feature, user_id	用户认证登录

（2）链码开发设计。本文中的链码主要分为三类，包括用户的身份注册、用户身份认证和种质资源数据的上传与存储。在用户注册链码中实现对用户信息的注册、查询与修改。用户身份认证链码主要实现用户的登录认证。数据的上传与存储链码则是实现对种质资源数据的快捷上传与存储功能。

用户注册和用户认证链码的部分伪代码如表 4-4 所示。

表 4-4　用户注册和用户认证链码的部分伪代码

用户注册和用户认证链码的部分伪代码

```
struct User{
    // 定义用户身份信息的数据结构
}mapping(address=>unit)pubkey;
// 定义一个集合，将地址与用户的公钥进行映射
function userRegister(user_info,feature)public{
    if(用户地址已存在){
        注册失败；
    }else{
        提交用户身份信息并生成密钥；
        设置允许访问的用户集合；
        返回注册成功结果；
    }
}
function getUser(pubkey)public view returns(address,feature,pubkey){
    if(用户公钥不存在){
    用户查询失败；
    }else if(未获得该用户的访问权限){
    通过用户公钥从区块中获取用户信息；
    返回用户信息查询成功结果；
    }
}
```

（续）

用户注册和用户认证链码的部分伪代码

```
function userAuthentication(user_id)public view returns(user_id,feature,user_info)public view
returns(bool){
    通过用户名找到用户公钥并解密数字签名,获取用户身份信息的哈希值;
    通过用户提交的身份证号计算用户信息哈希值,并与上述哈希值进行对比;
    调用人脸识别函数对比用户人脸特征值的相似度;
    if(身份信息哈希值和人脸均匹配成功){
        认证成功;
    }else{
        认证失败;
    }
}
```

首先定义了 User 结构体,设定了用户注册信息的结构和内容;利用 mapping 函数将用户地址与用户的公钥信息进行映射,便于后续验证时的信息检索。userRegister 函数主要完成用户身份信息的注册;getUser 函数主要完成用户身份信息的查询;userAuthentication 函数主要负责用户身份信息的认证。

种质数据上传和下载链码的部分伪代码如表 4-5 所示。预先设置 ipfs 服务器的地址和端口。upload 函数负责种质资源数据的上传,并在文件上传时设置文件的访问权限。download 函数负责种质资源数据的本地存储。

表 4-5　种质数据上传和下载链码的部分伪代码

种质资源数据上传和下载链码的部分伪代码

```
constructor()public{
    owner=msg.sender;
    //定义合约的拥有者
    定义 ipfs 的服务器地址和端口;
}
function upload(filetype,filename,)public{
    if(文件已存在){
        文件上传失败;
    }else{
        设置文件访问权限;
        文件上传成功;
    }
}
function download(String_hash,String_destfile,username)public{
```

（续）

种质资源数据上传和下载链码的部分伪代码

```
    if(用户未获得文件访问权限){
       文件获取失败;
    }else{
       data=ipfs.cat(Multihash.fromBase58(hash));
       //获取到种质资源数据;
       文件获取成功;
    }else{
       文件获取失败;
    }
}
```

链码开发完成后需要在通道内进行部署，首先依次加入多个节点到该通道中，然后通过 init 函数初始化链码，通过调用 invoke 函数更新和查询账本。在部署链码时，需要经过通道内的所有组织同意，才表示链码部署成功。如图 4-20 所示，该通道内的组织 org1 和 org2 皆成功地返回了交易提案中的 txid 信息，并依据返回的 status 可知链码已成功部署，另外，若需要更好地查看和管理链码，也可以通过部署区块链浏览器，更直观地观测区块链网络中各节点所进行的交易信息。

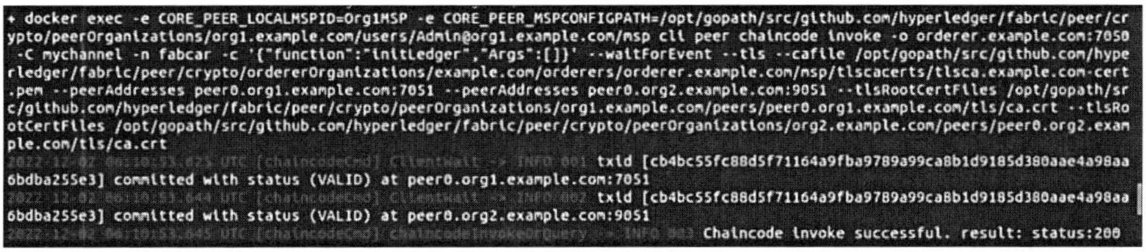

图 4-20　链码部署

（3）ipfs-api 交互设计。ipfs-api 提供的接口应用方便了用户数据上传与存储。下面主要介绍了本模型使用的 ipfs-api 提供的接口及其相应的功能。

IPFS 节点通过 ipfs-api 接口提供的 add（）函数实现种质资源数据的存储，并把存储数据的摘要发布至区块链，并绑定用户所有权，该方法调用的参数类型为 Buffe 类型，故需要把进行存储的原始文本转换为 Buffer 类型数据。通过 ipfs.get（）函数和文件的哈希值，从 ipfs 节点上获取种质资源数据。

用户上传种质数据结果如图 4 - 21 所示，上传文件的用户对应字段为
createuser，其后为此文件对应的 Hash 值，根据文件 Hash 值在 IPFS 上进行
查询获得文件详细信息。图 4 - 22 为 IPFS 节点存储的种质数据文件。

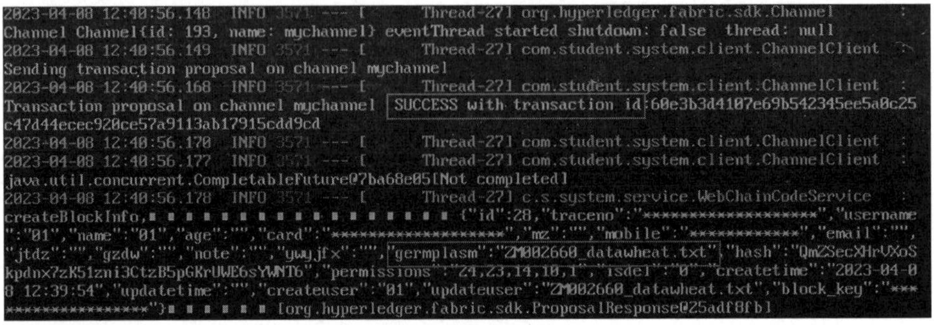

图 4 - 21　种质资源数据上传

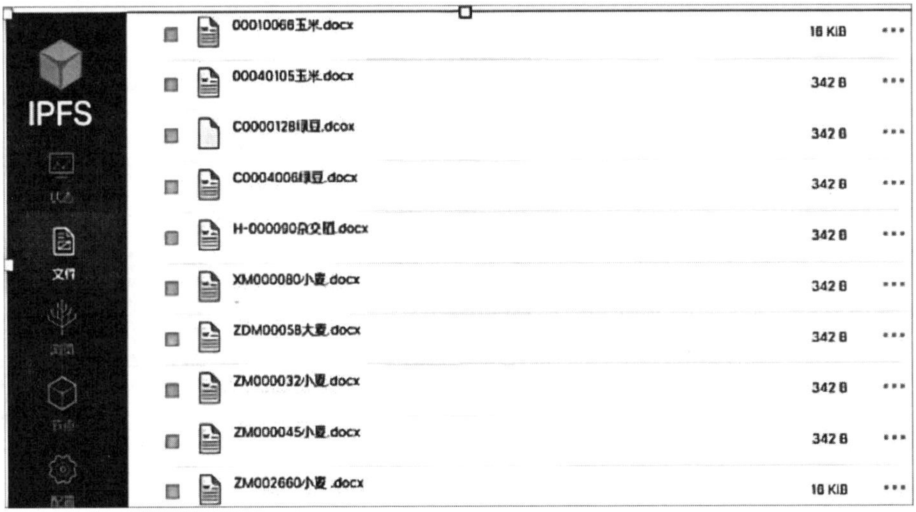

图 4 - 22　种质资源数据列表

4.3　安全性分析

对身份认证系统来说，目前比较常见的攻击类型包括暴力破解攻击、中间
人攻击、重放攻击和拒绝服务攻击，以下将介绍本文提出的人脸识别与区块链
技术融合的身份认证系统在面对上述四种风险问题时的安全性。

（1）抗暴力破解。本文通过用户人脸信息和用户身份信息两重验证因子的比对，相比单因子的认证方式，破解难度更大。即使用户被盗取了人脸图像进行恶意登录，仍要通过验证身份签名比对用户信息的哈希值，若要暴力破解用户身份信息，需要遍历（假设共有 m 个公钥）找到对应的用户公钥对签名进行解密，由于哈希值无法反向破解，故仅能通过 Merkle 算法计算出相等的签名来确认 2 个用户信息的哈希值。在计算过程中，若每个信息均有 n 种可能性，则暴力破解签名信息的难度为 $m \times n^2$。而且在未获取私钥的情况下，伪造签名是极为困难的，即使伪造了数字签名，通过公钥解密后得到的哈希值和原文数据哈希值不匹配，仍然无法通过验证。

（2）抗中间人攻击。中间人攻击通常是 DNS 欺骗等方式混入通信双方中，通过窃取、伪造、传播虚假数据的方式展开攻击。本文提出的去中心化身份认证机制能够有效地规避此风险的原因如下：

首先，去中心化的认证网络中，依靠各个共识节点进行信息传输，在信息传播过程中，中间人无法知道信息的准确来源，也无法获取目的主机的地址。即使中间人能够获取信息，但由于信息都是经过非对称加密处理后进行传输的，在无法获取信息接收方私钥的情况下，无法对信息进行解密。

（3）抗重放攻击。重放攻击主要通过监听或者其他方式获取已发送过的认证数据等信息，并再次发送认证数据至认证服务器。本文提出的身份认证机制能有效抵御重放攻击的原因如下：本文所设计的区块链网络中的节点在更新区块时，会对区块内信息进行哈希运算，其中包括时间戳（Timestamp）的计算，由于时间戳的时效性，区块链网络中的节点能够通过判断时间戳是否有效，来准确判别消息的有效性，从而有效抵御重放攻击。

（4）抗拒绝服务攻击。拒绝服务攻击主要通过占据网络带宽和非法连接，导致目标机器无法提供正常服务。本文所设计的身份认证方案能有效抵抗拒绝服务攻击的原因如下：本方案中各网络节点功能对等，均能够提供完整服务，攻击者需要攻击超过 50% 的节点，才会对认证结果产生根本性影响。若达到此攻击操作也需要极高的成本。

4.4 人脸识别与区块链技术融合的身份认证系统实现

4.4.1 开发环境搭建

本文实验的硬件环境为：Gen Intel Core i5 的 cpu，8G 的内存和 60G 的硬盘。软件环境采用 VMwareWorkstationPlayer 的虚拟机和 Centos7 的操作系统，开发时采用了 Python 语言和 Java 语言。人脸识别软件环境采用 conda 4.12.0 和 1.2.0 版本 torch，Cuda 10.0 版本以及对应 7.4.1 版本的 cudnn。开发工具为 vscode。

本文设计的种质资源身份认证模型，主要包括人脸识别神经网络模型和 Fabric 联盟链模型。用户通过后端调用 SDK，对链码进行操作访问服务节点。用户初次发起服务请求时需要完成注册操作，注册成功后服务节点返回服务和公钥。用户再次请求服务时需要完成验证操作，验证成功后服务节点返回服务。

本文搭建了包含 2 个组织，每个组织 2 个 peer 节点，另有 4 个 order 节点的联盟链。对联盟链节点进行搭建前，需要先准备 bin 二进制文件（包括 configtxgen、orderer、peer、cryptogen 等文件），在 crypto‐config. yaml 文件中配置 4 个 order 节点和两个组织 org1、org2，每个组织中有两个节点。图 4‐23 为二进制配置文件。

图 4‐23　二进制配置文件

使用容器服务中的 cli 客户端，创建通道 mychannel，通过 mychannel. block 文件来加入该通道，并进行各个通道间的节点信息交互实验。并为 4 个 peer 节点分配了相应的实体单位，如表 4‐6 所示。

表 4‐6　联盟链节点

节点名称	节点地址	实体单位	所属组织
节点 1	192. 168. 74. 132	农业院校 A	peer0. Org1. example. com
节点 2	192. 168. 74. 133	农业院校 B	Peer1. Org1. example. com
节点 3	192. 168. 74. 134	科研中心 01	peer0. Org2. example. com
节点 4	192. 168. 74. 135	科研中心 02	Peer1. Org2. example. com

使用 ./start. sh 命令启动网络。输入命令 cd /opt/gopath/src/github. com/hyperledger/fabric_blockchain_api 启动客户端，然后输入命令 javajar fabricJava. jar，打开浏览器即可进入系统页面。启动结果如图 4－24 所示。

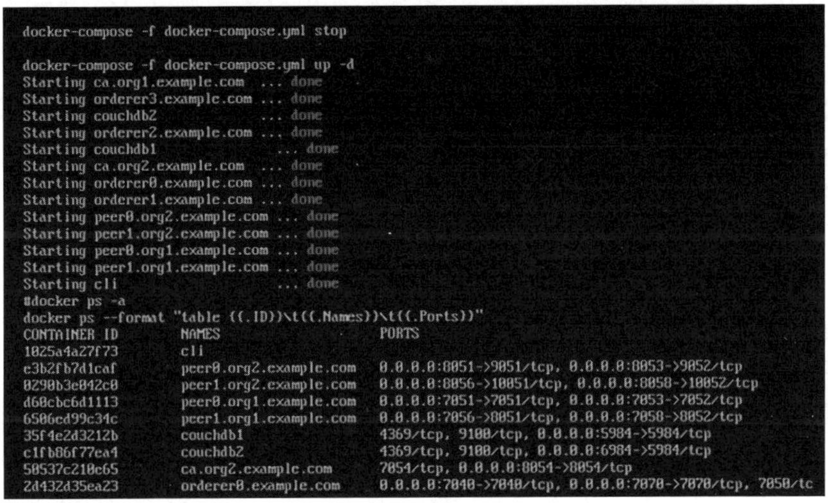

图 4－24　客户端启动

4.4.2　web 开发

（1）用户身份注册。用户点击注册按钮跳转到用户信息界面，填写相关用户信息（用户名、区块链用户地址、身份证号、联系电话和邮箱等），用户名和身份证号不能与已有用户信息重复；保存用户填写的信息后将通过调用设备摄像头对人脸图像进行采集，若已有用户对此人脸信息进行绑定，则表明该人脸信息已经注册使用过，将无法重复绑定；最后对注册用户信息进行数字签名并存储到区块链（图 4－25）。

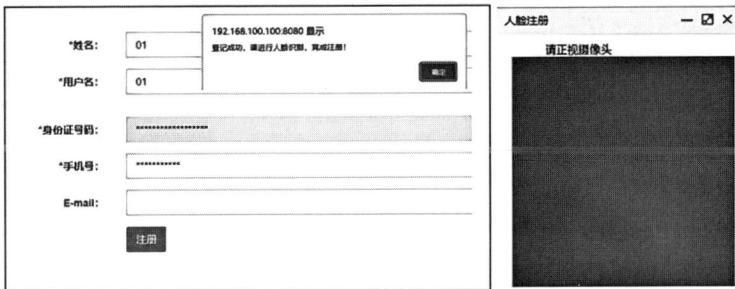

图 4－25　用户身份注册

（2）用户身份认证。本文提出的种质资源身份认证系统主要面向农业科研人员以及相关研究部门的技术人员。用户在登录时，首先输入用户名、身份信息（包括身份证号和手机号），系统根据用户名找到用户公钥并解密数字签名，获取用户身份信息的 HashData，通过 Merkle 算法计算输入身份信息的 HashInfo，若 HashData 和 HashInfo 相等则进行下一步认证，否则认证失败，用户在下一步认证时，通过人脸识别接口调用，提取用户人脸图像的特征值，并与区块链中存储的人脸特征值进行对比，人脸比对得分为 90 分及以上才表示人脸识别成功，人脸信息匹配后则成功登录。用户的登录页面如图 4 - 26 所示。

图 4 - 26　用户登录页面

在认证过程中，通过区块运行日志监听交易信息。用户认证登录日志结果如图 4 - 27 所示。

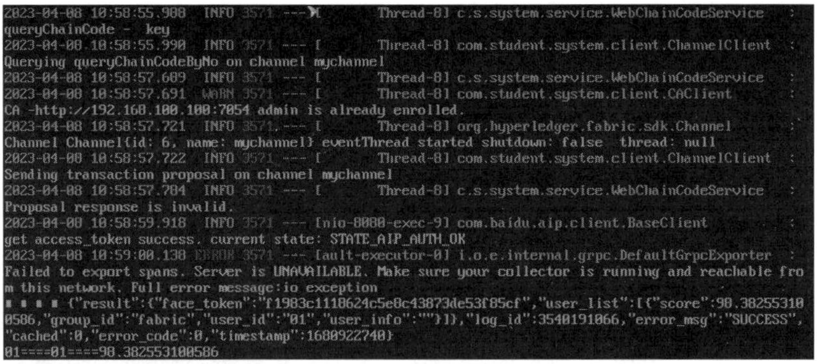

图 4 - 27　用户认证登录日志

返回的认证结果包括待测人脸的 face_token 值，score 为此次人脸识别得分，success 表示识别到人脸信息，成功登录。并带有用户名（user_id）、登陆 id 值（log _ id）、所属组织信息（group _ id）和时间戳（timestamp）。为保护用户的隐私，此处 user _ info 未详细显示用户信息。

（3）用户检索。普通用户登录后能够进入个人中心界面进行个人信息的完善与修改，也包括种质信息的修改（图 4 - 28）。此处的信息（除身份证号、手机号和种质数据）为公开信息，即授权用户查询时，能够被查看到的个人信息。存储到 IPFS 上的文件信息设定访问权限，以用户名 user _ id 来标识和区分每一个独立的用户并根据用户名设定允许用户集 admitSet，不在此集合内的用户则无法访问，如若其他用户申请访问，则需被访问者授权，添加后并使用 updateSet 方法更新允许访问用户相关信息。

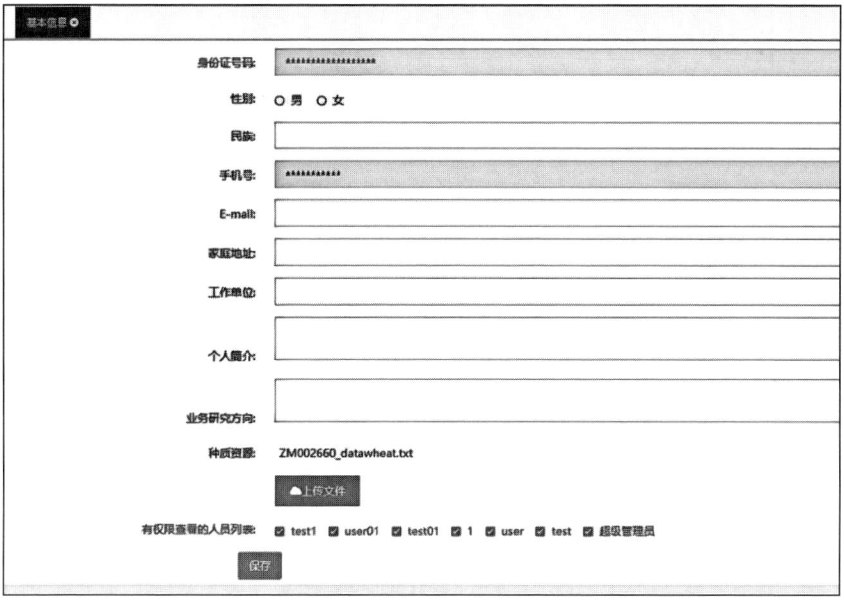

图 4 - 28　用户信息修改

用户在注册成功后能够设置访问权限，仅授权用户能够通过用户名查询到用户信息。用户部分重要身份信息需要进行保密处理不作显示，图 4 - 29 为查询到的用户信息（包括用户名、身份证号、年龄、性别等）。

用户注册认证成功后，设置有管理员和普通用户两种用户角色。管理员登录后能够对用户进行统一管理和监测。可以进行用户检索，以及用户相关信息查询等操作。管理员登录后能够对用户进行查看和管理，如图 4 - 30 所示。

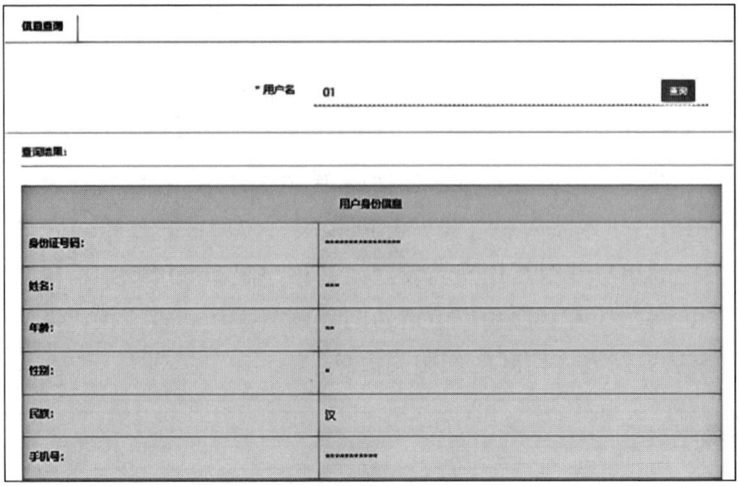

图 4-29　用户信息查询

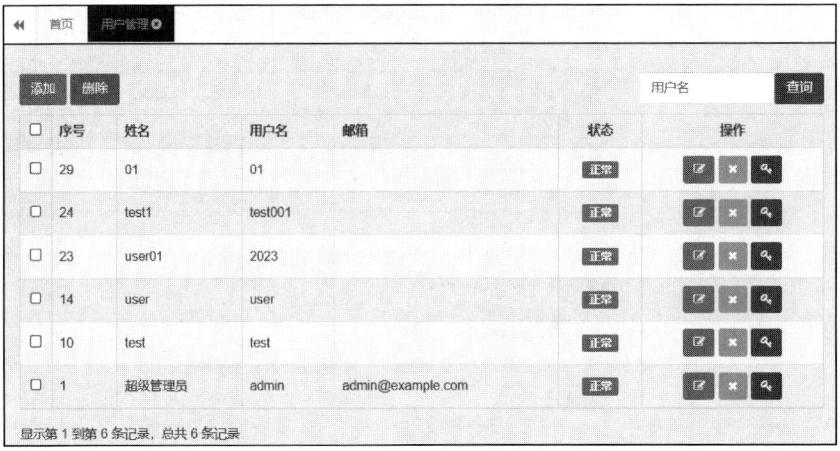

图 4-30　用户管理

（4）种质数据查询。用户通过身份认证之后，便成为链上的合法用户，可以在此平台发布种质资源数据，并设置文件的公开范围，同样可以根据已发布文件的公开权限，进行数据查询和存储，部分未显示数据则表示该用户无此文件的访问权限。选择品种类型后，可以通过设置查询条件检索数据信息，查询结果。若未设置查询条件，则将逐页显示全部数据信息。图 4-31 为默认查询的高粱种质信息。

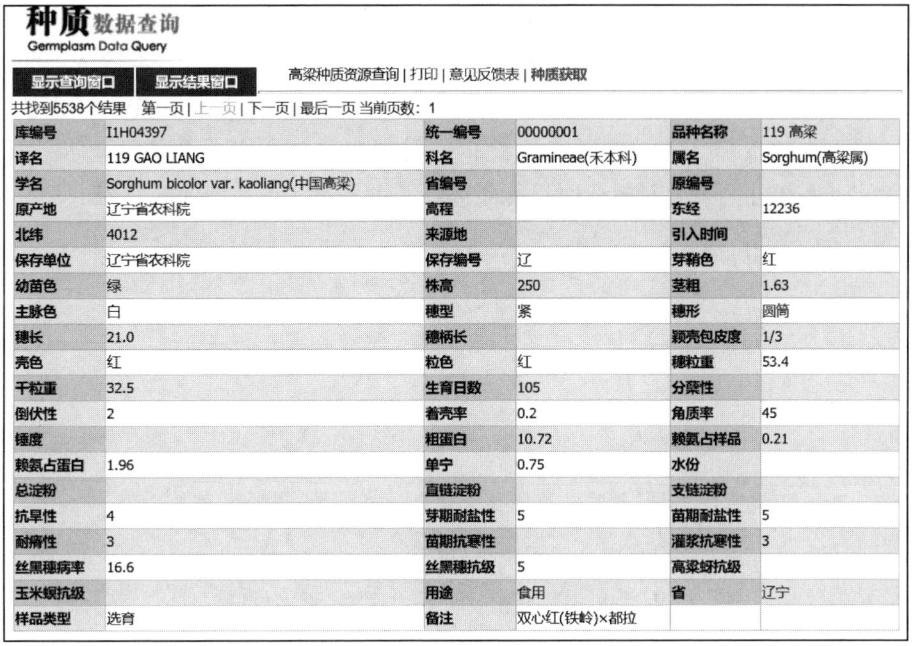

库编号	I1H04397	统一编号	00000001	品种名称	119 高粱
译名	119 GAO LIANG	科名	Gramineae(禾本科)	属名	Sorghum(高粱属)
学名	Sorghum bicolor var. kaoliang(中国高粱)	省编号		原编号	
原产地	辽宁省农科院	高程		东经	12236
北纬	4012	来源地		引入时间	
保存单位	辽宁省农科院	保存编号	辽	芽鞘色	红
幼苗色	绿	株高	250	茎粗	1.63
主脉色	白	穗型	紧	穗形	圆筒
穗长	21.0	穗柄长		颖壳包皮度	1/3
壳色	红	粒色	红	穗粒重	53.4
千粒重	32.5	生育日数	105	分蘖性	
倒伏性	2	着壳率	0.2	角质率	45
锤度		粗蛋白	10.72	赖氨占样品	0.21
赖氨占蛋白	1.96	单宁	0.75	水份	
总淀粉		直链淀粉		支链淀粉	
抗旱性	4	芽期耐盐性	5	苗期耐盐性	5
耐瘠性	3	苗期抗寒性		灌浆抗寒性	3
丝黑穗病率	16.6	丝黑穗抗级	5	高粱蚜抗级	
玉米螟抗级		用途	食用	省	辽宁
样品类型	选育	备注	双心红(铁岭)×都拉		

图 4－31　高粱种质信息

4.4.3　性能与分析

（1）系统响应时延。为检测 Fabric 联盟链模型每秒事务的处理量（Transaction Per Second，TPS），通过 Hyperledger Caliper 进行了用户测试。通过加载 readAsset.js 文件，读取测试合约，获取到如图 4－32 所示的测试结果。可以看出 2 000 个交易全部读取成功，无未读用户，发送速率为 203，最大延时为 6.25s，最小延时为 0.02s，平均延时达到 0.58s，吞吐量达到 198，该区块链能够达到此认证系统的要求。

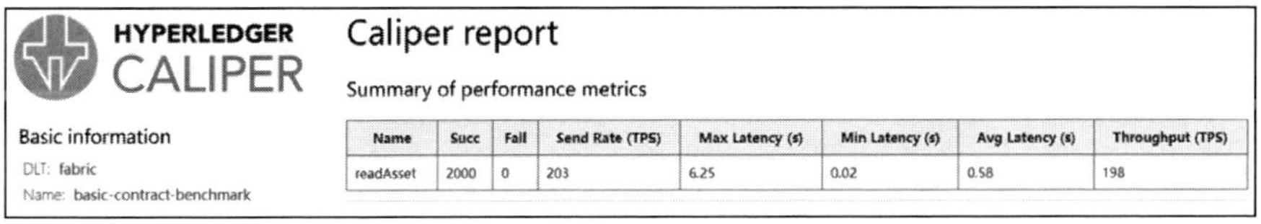

Name	Succ	Fail	Send Rate (TPS)	Max Latency (s)	Min Latency (s)	Avg Latency (s)	Throughput (TPS)
readAsset	2000	0	203	6.25	0.02	0.58	198

图 4－32　读性能测试

（2）系统吞吐量。在对系统的注册接口和认证接口进行测试时，测试过程采用多线程的方式进行测试，结果如图 4－33 所示。当并发数较少时，随着并发数的不断增加,注册接口与认证接口 TPS 增长趋势相似,当并发数达到 150 左右时,系统的 TPS 达到 26,此时已达到系统的 TPS 峰值。随着并发数的不断增加,系统 CPU 资源逐步减少,当并发量超过 260 时,CPU 资源无法满足正常需要,进而导致系统 TPS 急剧下降,此时,已超出系统所能承受并发请求数量。故得出此系统在并发数量较少时性能较高,基本满足认证系统的开发需求。

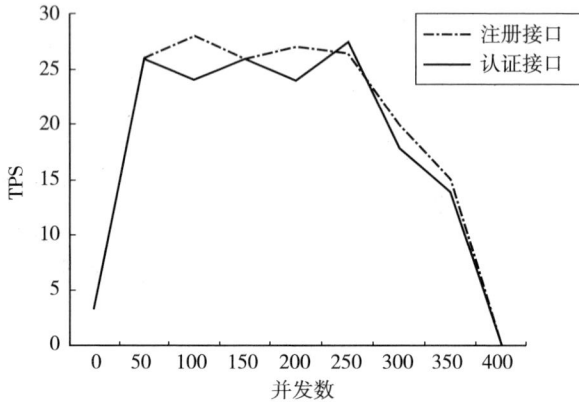

图 4 - 33　系统 TPS 与并发数

4.5　本章小结

本章主要介绍了传统身份认证的需求分析、去中心化问题、数据安全存储问题、认证过程中常见的三种安全问题。针对上述问题,本章面向种质资源信息平台,融合了区块链中的 Hyperledger Fabric 架构和 FaceNet 人脸识别技术的去中心化、不易仿冒和篡改的突出优势,设计了去中心化的身份认证模型。在此模型中,为了缓解区块链上的存储压力,将种质资源数据信息存储到了 IPFS 分布式文件系统,促进了种质资源数据安全存储和共享。介绍了认证系统中链码的交互设计、开发逻辑和 ipfs - api 接口实现,通过用户身份注册链码、用户身份签名链码、用户验证链码和数据存储链码实现了系统的四大功能设计,对本文提出的身份认证研究机制的安全性进行了分析。搭建了系统开发环境,对系统进行了 web 开发,并通过系统前端界面详细介绍了各部分的具体功能,对系统的响应时延和吞吐量进行了测试,分析了该系统在面对常见的网络攻击时的安全性。

5　基于区块链的农业知识产权确权研究　

5.1　基于区块链的农业知识产权确权模型

农业知识产权确权模型旨在解决农业领域专利的确权问题，其目标是通过实现专利的确权来更好地保护专利的权益，防止他人侵犯，同时实现权利人的经济利益。为此，本模型具有确权功能、交易功能和维权功能三大方面的技术需求和功能要求。

确权功能包括申请专利、审查专利和颁发专利证书等环节，能够对农业种植技术领域的专利进行确权。交易功能为专利持有人提供交易平台，便于他们将专利出售或转让给其他人，并能够保护买家的权益。维权功能则提供专利维权服务，包括对专利的侵权行为进行监测、起诉侵权者以及提供法律支持等。

图5-1展示了基于区块链的农业知识产权确权模型，该模型可以更好地实现专利的确权、交易和维权功能，从而为农业领域的知识产权保护提供更加全面和可靠的支持。

用户可通过调用智能合约实现整个专利保护流程。在数据确权部分，采用数字水印算法将加密后水印信息嵌入PDF文档中，并将含水印文档储存在IPFS中，为每个文档生成唯一的地址哈希。同时，将IPFS哈希地址与数据摘要上链存证，确保数据的唯一性和不可篡改性。

在数据交易部分，购买方从客户端发起查询并从链上找到相应数据后发起交易请求。交易完成后，交易信息被储存在区块链分类账本中，专利权随之转移。在用户维权部分，产权方可以从联盟链上获取数据交易凭证，从IPFS系统提取文档水印信息，获得版权信息，同时可采集被侵权证据并实现链上存证。时间戳也可作为确权和维权凭证之一。当数据第一次上链认证时，产权方被认为是数据的真正拥有者。侵权案件发生时，产权方可以根据区块链上的交易信息进行追溯，以找到侵权方并进行维权。这一方法解决了多重水印引起的多方版权声明问题。

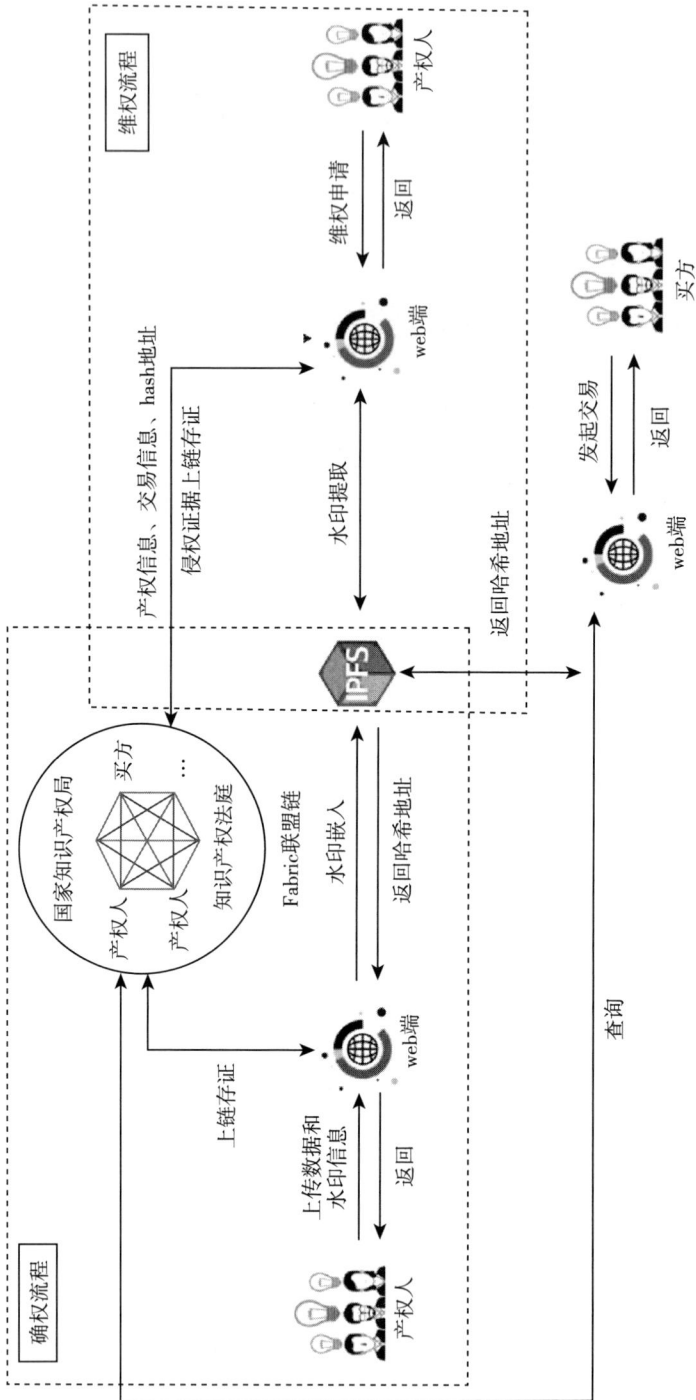

图 5-1　知识产权确权模型

该农业知识产权确权模型的网络拓扑结构采用联盟链的方式进行组织，由多个节点组成。这些节点可以分为排序节点和对等节点两类。其中，排序节点用于对交易进行排序和打包，确保交易的顺序和完整性。而对等节点则是网络中的其他参与方，包括产权人、买方等。产权人可以通过区块链网络将自己的专利信息上链存证，实现确权；买方可以通过区块链网络查询专利的真实性，确保购买的专利的权益；知识产权局负责监督和支持专利的确权工作；知识产权法庭则可以通过区块链网络获取专利的交易凭证和侵权证据等信息，用于判定和维权。

其中各参与方之间的通信流程包括以下步骤：首先，产权人可以将自己的专利信息通过合约的 AddWatermark 接口上传至 IPFS，并将关键信息存储在元数据中上传至区块链网络，包括专利名称、专利号、专利类型、申请人、申请日期、IPFS 哈希地址等；知识产权局审核通过后为其颁发专利证书；然后，买方可以通过交易合约的 QueryPatent 接口查询专利的真实性，并通过 TransferPatent 接口购买专利的权益；最后，如果出现侵权行为，知识产权法庭可以通过维权合约的 GetTransactionEvidence 接口获取专利的交易凭证和水印提取的侵权证据，并将其存储在区块链上，用于维权。

5.1.1 模型功能模块设计

（1）数据确权存证。数据确权存证协议实现了数字水印嵌入、IPFS 存储和区块链确权存证。数据确权存证实现流程表述如图 5-2 所示。

首先新用户需要进行注册并生成身份凭证，已注册用户可以使用身份凭证通过 web 端登录系统并进行相关操作。在数字水印嵌入过程中，用户调用 AddWatermark（file，watermark）方法将专利数据文档进行水印嵌入，并将嵌入后的文档存入自己的 IPFS 节点中。

接着用户调用 SaveMetadata（metadata）方法实现对文档摘要信息的生成和录入，包括文档的 Hash 值、上传者信息、上传时间等元数据实现上链存储。这一步骤的目的是保证数据的可追溯性和不可篡改性，避免出现数据丢失或被篡改的情况。

用户通过调用智能合约，向联盟链中的 peer 节点发送交易请求，并使用 RSA 非对称加密算法对交易进行数字签名。数字签名可以保证交易的身份认证和数据完整性。节点将验证用户签名信息，并通过 P2P 网络进行广播，等待其他节点的验证和共识达成。用户的交易请求在被节点验证通过后，将通过

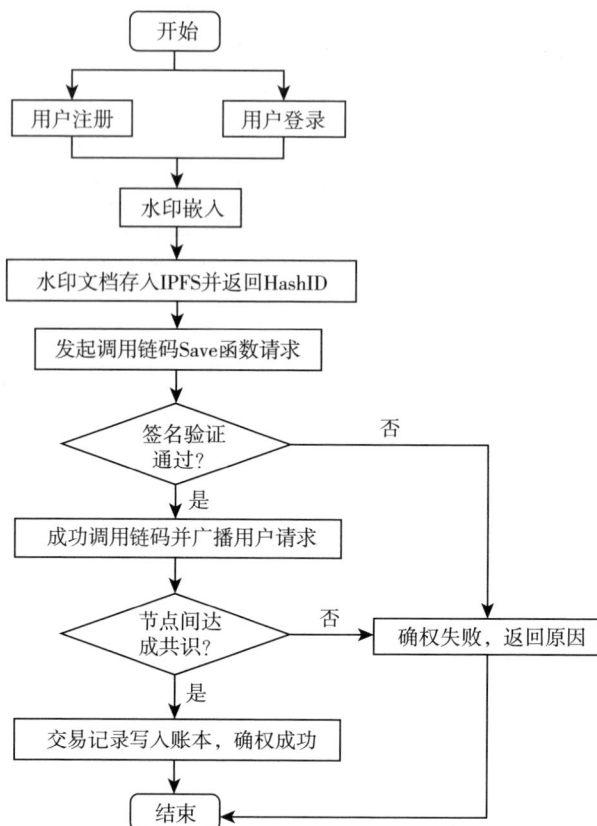

图 5-2　数据确权存证流程

PBFT 算法达成共识。PBFT 算法可以容忍节点出现一定数量的故障或恶意行为而不影响系统的正确性。在该算法中，每个节点都会将交易请求广播给其他节点，并在收到超过 2/3 的节点回应时认为达成共识。节点在达成共识后将把交易记录写入区块，并将区块广播给其他节点进行确认。当新区块被超过 2/3 的节点确认后，该区块将被添加到链上，整个交易过程就完成了。文档的 IPFS 地址和 metadata 摘要将被记录在区块链中，以保证数据的可追溯性和不可篡改性。用户将收到上链成功的反馈信息，这些信息可以帮助用户查找和验证文档的真实性和完整性。

知识产权数字资产上链存储实现伪代码如表 5-1 所示。通过 PBFT 算法和数字签名机制的组合，可以保证用户交易请求的正确性和安全性，同时也具备一定的去中心化特性。

表 5 - 1　数字资产上链存储

数字资产上链存储

```
    //嵌入水印信息
    byte[]watermarkBytes=watermark. getBytes(StandardCharsets. UTF_8);
    byte[]watermarkedContent=new byte[content. length+watermarkBytes. length];
    System. arraycopy(content,0,watermarkedContent,0,content. length);
    System. arraycopy(watermarkBytes,0,watermarkedContent,content. length,watermarkBytes.
    length);
    //将水印嵌入后的文件存储到 IPFS 节点中
    IPFS ipfs=new IPFS("/dnsaddr/ipfs. infura. io/tcp/5 001/https");
    MerkleNode node=ipfs. add(watermarkedContent). get(0);
    Cid cid=node. hash;
    String ipfsHash=cid. toBase58();
    Map<String,String> result=new HashMap<>();
    result. put("ipfsHash",ipfsHash);
    result. put("hashValue",hashValue);
    return result;
}
private static final char[]HEX_ARRAY="0123456789ABCDEF". toCharArray();
private static String bytesToHex(byte[]bytes){
        char[]hexChars=new char[bytes. length * 2];
        for(int i=0;i<bytes. length;i++){
            int v=bytes[i]&0xFF;
            hexChars[i * 2]=HEX_ARRAY[v>>>4];
            hexChars[i * 2+1]=HEX_ARRAY[v&0x0F];
        }
}
    return new String(hexChars);
}
public String saveMetadata(Document metadata){
    //连接 MongoDB 数据库
    MongoClient mongoClient=new MongoClient("localhost",27017);
    MongoDatabase db=mongoClient. getDatabase("patent");
    //生成文档的 Hash 值
    String hashValue=metadata. getString("hash_value");
    //构造元数据
    Document docMetadata=new Document("hash_value",hashValue)
                            . append("uploader",metadata. getString("uploader"))
                            . append("upload_time",new Date());
    //将元数据存储到数据库中
    db. getCollection("metadata"). insertOne(docMetadata);
    return hashValue;
}
```

（2）知识产权交易。农业知识产权交易流程如图 5-3 所示。

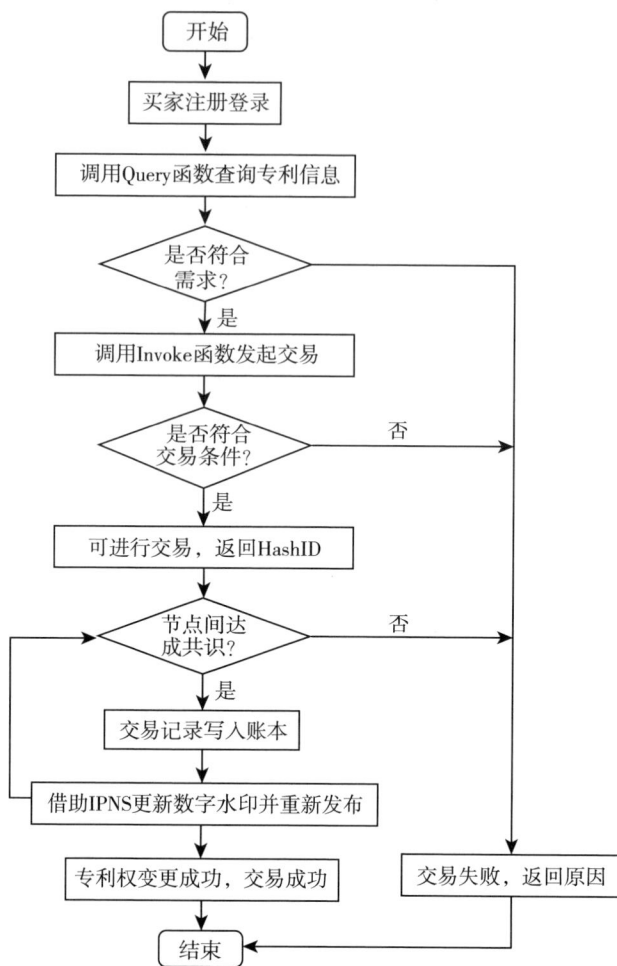

图 5-3　农业知识产权交易流程

专利信息上传之后买家即可通过调用 Query 函数查询需要的专利信息，获取专利名称、版权方信息、专利类型等信息，以帮助其进行选择。使用 Invoke 函数发起交易请求时，系统首先会对买家身份进行验证，并根据智能合约自动完成交易过程，包括判断交易条件是否满足、验证买家支付信息、完成版权方的专利转让等。当交易达成后，系统将生成的 HashID 返回给买家，并将交易记录写入区块链账本，实现交易信息的保存和可追溯。

交易阶段用户还需要更新 IPFS 网络中专利文档的水印信息，以完成专利权的变更。更新文档水印信息可以通过 IPNS 实现，即将新的水印信息发布到一个新的 IPNS 地址，然后更新专利文档中的链接，使其指向新的 IPNS 地址。由于区块链和 IPFS 都是去中心化的系统，节点间需要达成共识，确保交易记录和 IPFS 文档的正确性和一致性。如果交易条件不满足或交易失败，系统将失败原因返回给买家，以保障交易的安全性和可靠性。专利信息查询、发起交易以及水印信息更新功能伪代码实现如表 5-2 所示。

表 5-2 产权交易实现

产权交易实现

```
// 专利信息查询
async function queryPatent(patentID){
    const contract=await getContract(); // 获取智能合约实例
    const result = await contract.evaluateTransaction('queryPatent',patentID); // 调用智能合约的
queryPatent 函数查询专利信息
    return JSON.parse(result.toString()); // 将查询结果转换为 JSON 格式返回
}
// 发起交易请求
async function invokeTransaction(patentID,buyerID,price){
    const contract=await getContract(); // 获取智能合约实例
    const user=await getUser(buyerID); // 根据买家 ID 获取用户信息,用于身份验证
    // 调用智能合约的 invokeTransaction 函数发起交易请求,传递专利 ID,买家 ID,价格等参数
    const result = await contract.submitTransaction('invokeTransaction',patentID,buyerID,price,
user.signature);
    return result.toString(); // 返回交易结果
}
// 更新 IPFS 文档水印信息
async function updateDocumentWatermark(documentID,watermark){
    const ipfs=await getIPFS(); // 获取 IPFS 实例
    const ipns=await getIPNS(); // 获取 IPNS 实例
    const currentAddress=await ipns.resolve('current'); // 获取当前 IPNS 地址
    const newAddress=await ipns.publish(watermark); // 获取新 IPNS 地址
    const document=await ipfs.cat(documentID); // 获取原始文档内容
    const updatedDocument=document.toString().replace(currentAddress,newAddress); // 更新文档
链接
    const updatedCID=await ipfs.add(updatedDocument); // IPFS 网络存储,获取新 CID
    return updatedCID; // 返回更新后 CID
```

（3）版权方维权。版权方维权是保护知识产权的重要手段之一，需要严格的证据收集和维权流程。具体流程如图 5-4 所示。

```
                          ┌─────────┐
                          │  开始   │
                          └─────────┘
                               │
                   ┌───────────────────────┐
                   │   版权方发现侵权现象   │
                   └───────────────────────┘
                               │
                   ┌───────────────────────┐
                   │  web端上传侵权证据     │
                   └───────────────────────┘
                               │
           ┌───────────────────────────────────────┐
           │ 调用Get函数得到交易信息并完成水印提取  │
           └───────────────────────────────────────┘
                               │
                   ┌───────────────────────┐
                   │   提取已存证侵权证据   │
                   └───────────────────────┘
                               │
                   ┌───────────────────────┐
                   │   提取历史交易记录     │
                   └───────────────────────┘
                               │
                   ┌───────────────────────┐
                   │  提取水印信息及时间戳  │
                   └───────────────────────┘
                               │
                         ╱──────────╲          否
                        ╱  判定是否   ╲──────────┐
                        ╲  构成侵权?  ╱          │
                         ╲──────────╱           │
                               │是               │
                   ┌───────────────────────┐    │
                   │     采取法律措施       │    │
                   └───────────────────────┘    │
                               │                 │
                          ┌─────────┐            │
                          │  结束   │◄───────────┘
                          └─────────┘
```

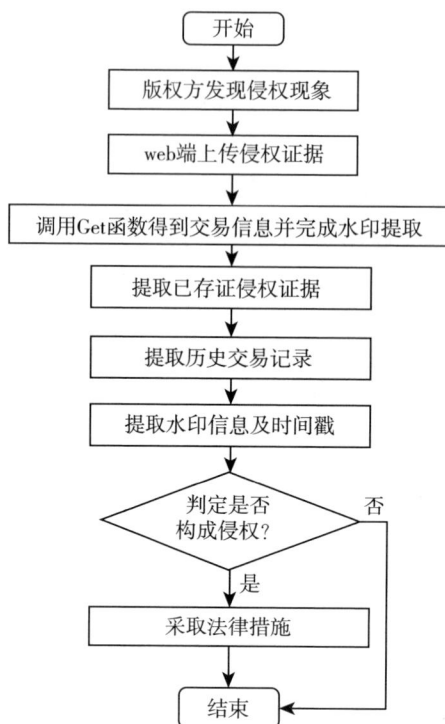

图 5-4　版权方维权流程

当版权方发现侵权行为时，在 web 端上传侵权证据，包括图片和视频等。之后可通过调用 StoreEvidence（evidence）方法将证据上链存证，确保证据不被篡改或删除。接着用户可通过 ExtractWatermark（file）函数和 GetTransactionEvidence（transactionID）函数提取水印信息并获取历史交易记录，得到专利权人信息以及相关交易信息，获取数据的真实来源，作为维权凭证。收集到足够的证据后，即可进行举证维权，版权方可根据自身需要选择向已加入联盟链节点的法律机构提出诉讼申请，或者通过协商解决侵权问题。

此外，用户可根据自身需求，借助 Hyperledger Fabric 提供的事件监听机制，通过智能合约实现自动化维权。在智能合约中定义发送维权通知、存证以及查询历史交易记录的函数。使用 Hyperledger Fabric 提供的事件监听机制，在智能合约中定义一个事件触发器，当维权通知需要发送、存证需要调用、历史交易记录需要查询时，触发相应的事件，从而让系统自动执行相应的操作。可通过 Truffle 集成自动化工具，根据自动化脚本实现自动化发送维权通知、

自动化调用存证方法、自动化检索历史交易记录等功能。自动化维权实现过程
伪代码如表 5-3 所示，可帮助版权方更高效地收集证据和获取交易信息，提
高维权流程的可追溯性和可靠性。但是，版权方仍需要根据实际情况进行人工
干预和决策，例如协商解决侵权问题等。

表 5-3　自动化维权

自动化维权

```
//定义智能合约
public class CopyrightContract extends Contract {
    public void sendNotice(){
        //发送维权通知的方法
    }
    public void storeEvidence(){
        //存证的方法
    }
    public void getTransactionHistory(){
        //查询历史交易记录的方法
    }
    public static void main(String[]args){
        //定义事件触发器,监听维权通知、存证和查询历史交易记录事件
        EventListener listener＝new EventListener(){
            public void onEvent(Event event){
                switch(event. getType()){
                    case SEND_NOTICE:
                        sendNotice();
                        break;
                    case STORE_EVIDENCE:
                        storeEvidence();
                        break;
                    case GET_TRANSACTION_HISTORY:
                        getTransactionHistory();
                        break;
                    default:
                        break;
                }
            }
        };
        //注册事件触发器
        HyperledgerFabric. registerEventListener(listener);
        //编写自动化脚本实现自动化发送维权通知、自动化调用存证方法、自动化检索历史交易记
录等功能
```

（续）

自动化维权

```
    TruffleScript script=new TruffleScript();
    script. addStep(" sendNotice()");
    script. addStep(" storeEvidence()");
    script. addStep(" getTransactionHistory()");
    //运行自动化脚本
    script. run();
  }
}
```

5.1.2　水印确权机制

（1）现有方案。在对已有的数字水印算法进行研究和调查后，我们发现针对图片等格式文件进行水印嵌入的技术已经比较成熟，但是对 PDF 格式文档进行隐藏式水印嵌入和提取，以实现版权保护的可行方案比较少。如图 5-5 所示，该方案选取行末标识符作为水印嵌入点，利用 PDF 文档中空白字符不会在页面上显示的特性，对交叉引用表中行末标识符进行同等大小的替换，实现水印信息嵌入。水印嵌入阶段用户以 formData 格式传入 PDF 文档和水印信息，对行末标识符进行统一修改，然后加密水印信息并将密文编码为二进制数据流，再据此对交叉引用表中行末标识符进行修改，重新生成 PDF 文档，完成水印嵌入工作。水印提取则是将上述嵌入过程逆转，根据已嵌入水印文档中行末标识符还原水印二进制数据流，经过解码、解密处理得到水印明文。

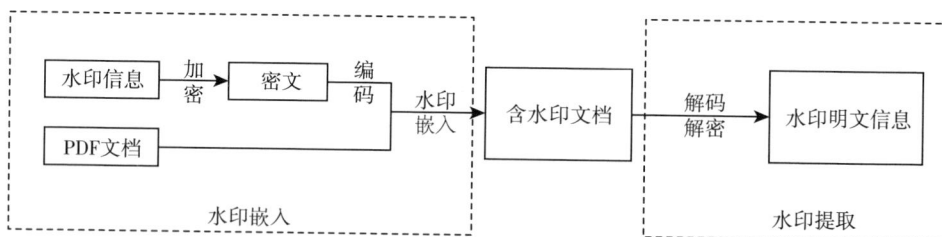

图 5-5　基于行末标识符的数字水印算法

（2）改进方案。在上述基于行末标识符的水印嵌入方案的基础上，进行改进。首先，为了避免行末标识符被编辑器自动调整或删除，选择标题所在行后面的空白作为更隐蔽的嵌入点。在选择嵌入点的过程中，使用伪随机数生成器来产生随机的嵌入位置，即每次嵌入选择不同位置，增加水印的隐蔽性和抗攻击性。其次，为了增加水印的容错性和鲁棒性，选择 Reed‑Solomon 码（RS码）对加密后的水印信息进行编码，生成纠错码，并将编码后的冗余信息与加密后的信息进行组合，最终得到一个新的数据序列进行嵌入。此外，有些用户可能不想泄露自己的个人信息或者专利的交易信息，所以在水印嵌入之前先使用 AES 加密算法对水印信息进行加密，这样只有持有解密密钥的合法用户才能解密并提取出水印信息，增加了水印的安全性。以下是改进的水印嵌入方案的实现过程。

首先，将要嵌入的水印信息使用 AES 加密算法进行加密。导入 Python 中可实现 AES 加密的 cryptography 库。接下来，将需要加密的字符串转换成字节数组，生成一个 16 字节密钥并使用密钥对其进行初始化。为了满足 AES 加密算法的要求，还需要对字节数组进行填充，使其长度是 AES 分组长度的整数倍。然后，对填充后的字节数组进行加密，得到加密后的字节数组。最后，将加密后的字节数组转换成 Base64 编码的字符串，作为加密后的水印信息。如公式 5‑1 所示，M 表示待加密的水印信息，K 表示加密密钥，C 表示加密后的密文。

$$C = AES_K(M) \qquad (5-1)$$

接着，选择一个随机的嵌入位置，将加密并编码后的数据序列嵌入文档标题后面的空白中。实现步骤如下：

①使用 PyPDF2 库打开 PDF 文档，识别文档中的标题和空白。具体来说，通过遍历每一页、使用 getPage 方法获取每一页的内容和查找标题和空白位置的方式来实现。导入 re 模块，使用正则表达式匹配标题和空白，并将它们的位置保存在列表中。

②为了增加水印的隐蔽性和抗攻击性，在选择嵌入点的过程中，需要将嵌入点进行随机化，即每次嵌入时选择不同的位置。这一步骤使用 Python 的 random 库生成随机数，然后将其与空白索引相加作为嵌入位置。

③接下来，需要对加密后的水印信息进行 Reed‑Solomon 编码，生成纠错码，并将编码后的冗余信息与加密后的信息进行组合，生成一个新的数据序列进行嵌入。实现过程为导入 Python 的 rscode 库，将加密后的水印信息转换成字节数组，对字节数组进行 Reed‑Solomon 编码，生成冗余信息，并将编码后的冗余信息与加密后的水印信息进行组合。

④最后，将编码后的数据序列嵌入 PDF 文档标题后面的空白中。首先，

使用 PyPDF2 库打开 PDF 文档，读取文档中的标题和空白信息。然后，对空白位置进行随机化处理，生成一个随机数 r，并将其与空白索引 i 相加，得到新的嵌入位置 p（$p=i+r$）。接着，将编码后的数据序列嵌入 PDF 文档标题后面的空白位置 p 处。最后，使用 PyPDF2 库重新保存修改后的 PDF 文档。

如公式 5-2 所示，PDF 表示原始 PDF 文档，$\text{PDF}_{watermark}$ 表示嵌入水印后的新 PDF 文档，$Embed$（·）表示水印嵌入函数，C 表示加密并编码后的水印信息。

$$\text{PDF}_{watermark} = Embed(\text{PDF}, C) \qquad (5-2)$$

在提取水印时，使用相同的随机化方法和解码方式，从 PDF 文档中提取出嵌入的水印信息。如公式 5-3 所示，C'' 表示从 PDF 文档中提取出的加密并编码后的水印信息，$Extract$（·）表示水印提取函数。

$$C'' = Extract(\text{PDF}_{watermark}) \qquad (5-3)$$

最后，通过对提取出的水印信息进行解密和比对，可以验证水印的真实性和完整性。

$$M' = AES_K^{-1}(C'') \qquad (5-4)$$

$$Verification = (M = M') \qquad (5-5)$$

如公式 5-4 和公式 5-5 所示，M' 表示解密后的水印信息，AES_K^{-1}（·）表示 AES 解密函数，$Verification$ 表示水印验证结果，如果 $Verification$ 为真，则说明水印信息完整无误。

5.1.3 基于 IPFS 的分布式存储方案

系统采用链上链下协同存储方式，将嵌入数字水印的 PDF 文档通过 IPFS 系统进行存储，并将其文件摘要和 IPFS 哈希值通过链上存储方式存储，确保专利数据的确权存证。同时，访问 IPFS 需要 CA 颁发的证书，联盟链系统负责维护证书吊销列表 CRL，确保数据访问的安全性。交易完成后，需要更新水印信息并修改 IPFS 内容时，可以使用 IPFS 命名系统（IPNS）重新发布。用户维权过程中，IPFS 的 HashID 可以作为文件内容的唯一标识，方便用户提取水印信息并固定证据。基于 IPFS 的分布式存储步骤如下：

（1）搭建 IPFS。首先要下载并编译 IPFS，然后通过命令行工具切换到 IPFS 的目录，运行"ipfs init"命令来初始化 IPFS 节点，并生成节点的私钥和公钥。IPFS 初始化如图 5-6 所示。接着可以运行"ipfs daemon"命令来启动 IPFS 节点，并通过 API 接口调用 IPFS 节点的各种功能。

```
sjz@sjz-virtual-machine:~/ipfs/go-ipfs$ ipfs cat /ipfs/QmQPeNsJPyVWPFDVHb77w8G42Fvo15z4bG2X8D2GhfbSXc/readme
Hello and Welcome to IPFS!

IPFS

If you're seeing this, you have successfully installed
IPFS and are now interfacing with the ipfs merkledag!

-------------------------------------------------------
| Warning:                                            |
|   This is alpha software. Use at your own discretion! |
|   Much is missing or lacking polish. There are bugs. |
|   Not yet secure. Read the security notes for more.  |
-------------------------------------------------------

Check out some of the other files in this directory:

  ./about
  ./help
  ./quick-start      <-- usage examples
  ./readme           <-- this file
  ./security-notes
```

图 5 - 6　IPFS 节点初始化

（2）配置 Hyperledger Fabric。在 IPFS 分布式存储方案中，Hyperledger Fabric 作为一个分布式账本系统，被用于存储 IPFS 哈希值和文件摘要，以保证数据的可追溯和不可篡改。因此，在使用 IPFS 进行文件上传和存储之前，需要先配置 Hyperledger Fabric 网络，包括新建一个 channel 和相应的智能合约来处理 IPFS 哈希值和文件摘要的存储和查询。这样，在文件上传到 IPFS 后，可以将文件的 CID 和相应的元数据存储到 Hyperledger Fabric 的链上，从而实现数据的永久性存储和可验证性。

（3）上传文件到 IPFS。将需要存储的文件上传到 IPFS 系统中，系统将返回该文件的 IPFS CID。CID 可以用来唯一标识该文件，以便在链上进行存储和查询。使用 ipfs 上传文件过程如图 5 - 7 所示。存储列表如图 5 - 8 所示。

```
sjz@sjz-virtual-machine:~/patent$ ipfs add CN210726246U.PDF
added QmRFJaxqfaNL3VePruEesY58Xju2iCeYrDb3rX9ZnNfPRv CN210726246U.PDF
 330.84 KiB / 330.84 KiB [=========================================] 100.00%
```

图 5 - 7　IPFS 上传文件

（4）存储文件信息到链上。将文件的 CID 和文件摘要存储到链上，以确保该文件的真实性和完整性。这些信息可以通过智能合约进行存储和查询，确保数据不可篡改和公开透明。

（5）访问 IPFS 数据库。在访问 IPFS 数据库时，需要使用 CA 颁发的证

图 5-8　IPFS 存储列表

书进行访问。联盟链系统负责维护证书吊销列表 CRL，确保证书的有效性。此外，可以使用 IPNS 将 IPFS 哈希值与公钥进行绑定，生成一个可变链接，使用 IPNS 可以使节点域名空间中的一个链接指向一个可变的 IPFS 哈希值，从而实现对于同一个链接总是指向更新的内容。

（6）更新 IPFS 内容。如果需要修改 IPFS 内容，可以借助 IPNS 重新发布。更新步骤为在 IPFS 上更新 PDF 文档水印信息，生成新的哈希值；使用命令 ipfs name publish＜新哈希值＞将新的哈希值发布到 IPNS；使用 ipfs name resolve＜IPNS 名称＞命令来解析 IPNS 名称，获取最新的哈希值；通过获取的最新哈希值来访问更新后的 PDF 文档信息。

5.2　基于区块链的农业知识产权确权系统设计与实现

5.2.1　系统需求分析

基于区块链的农业知识产权确权系统中，参与方包括数字资产拥有者、数字资产购买者、知识产权法庭以及知识产权局，每种角色具有不同的功能需求和预期活动。

数字资产拥有者需要进行注册和认证，以确保系统中只有经过认证的产权人才能管理和使用自己的知识产权；需要进行专利管理，维护自己的知识产权信息，包括专利的名称、类别、描述、授权时间、保护期限等信息，并能够进行专利的添加、修改、查询和删除等操作；需要能够实现专利产权存证，保障个人知识产权合法性。

数字资产购买者需要进行注册和认证，确保系统中只有经过认证的购买者才能进行知识产权交易；知识产权交易过程中需要实现专利的销售、购买和权利转让等操作，并确保交易过程的安全性和可追溯性；此外，购买者也需要进行数据存证以保障知识产权合法性。

知识产权法庭需要权限进行数据的存取和查询操作，以便进行案件调查和审理；需要查询和调取知识产权相关的数据存证证据，并确保系统中的数据安全，避免数据泄露和篡改等问题。

知识产权局需要对系统中的专利文件进行管理和维护，对新申请专利进行审查和授权，确保数据的完整性和正确性；需要能够对系统中的知识产权数据进行分析和挖掘，以便为政策制定和管理决策提供参考；也需要确保系统中的数据安全，避免数据泄露和篡改等问题。

5.2.2 系统总体设计

基于 Fabric 的知识保护系统的整体架构包括存储层、网络层、合约层和业务层，如图 5-9 所示。

存储层使用 CouchDb 数据库，用于存储用户的注册信息、身份管理信息、产权登记信息和交易记录等数据。由于区块链不适合存储大文件，采用了 IPFS 分布式存储技术，将 IPFS CID 和交易信息存储在区块链上，而将嵌入水印的原始文件存储在 IPFS 系统上，以实现链上链下协同存储。

网络层负责实现分布式网络和节点之间的通信，为通信节点提供 P2P 网络支持，保证区块链上分布式存储的一致性。

合约层主要包括用于用户身份管理、数据确权、交易和权利维护的智能合约。身份管理部分提供注册、登记和证书申请功能，只有通过 PKI 证书系统获得唯一数字证书的用户才能加入联盟链。Chaincode（链码）作为 Fabric 中实现智能合约的代码模块。链码服务包括数据确权、交易处理和权利维护，涉及分布式账本的存储、交易排序和背书功能。账本节点验证排序的交易，并将有效交易写入账本，账本存储在支持丰富查询的 CouchDB 数据库中。Chaincode 文件是用 Golang 语言编写的，在 Docker 容器中单独运行。它们的执行与共识机制分开，以提高效率。安装和实例化成功后，Chaincode 通过 gRPC 协议连接到联盟链的同一通道中的节点。

业务层是系统中实现业务逻辑的层次，与用户直接交互，负责实现用户具体的业务需求和功能，通过调用存储层的数据存储服务来进行数据的读写操作，调用合约层的智能合约来实现具体的业务功能。为用户提供基于 API 的身份、账本和交易信息访问。

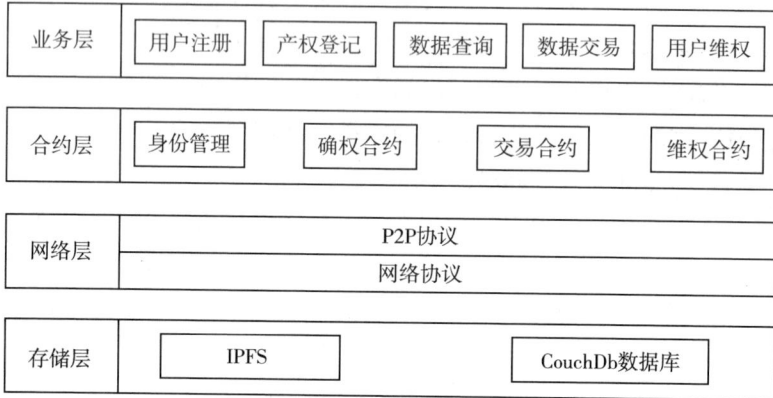

| 业务层 | 用户注册 | 产权登记 | 数据查询 | 数据交易 | 用户维权 |

| 合约层 | 身份管理 | 确权合约 | 交易合约 | 维权合约 |

| 网络层 | P2P协议 |
| | 网络协议 |

| 存储层 | IPFS | CouchDb数据库 |

图 5-9 系统整体架构图

利用区块链分布式账本技术和 IPFS 系统的分布式存储能力来保证数据的安全性和可用性。利用 PKI 证书体系保证用户身份和交易的真实性和完整性，并采用与共识机制分离的链码执行模式提高系统效率。该系统为用户提供了安全高效的身份管理、数据确权、交易以及权利维护服务。

5.2.3 智能合约设计

针对农业知识产权系统需求，联盟链智能合约的设计应该注重实现完整的链码功能，并通过调用链码中的各个函数来实现对数据状态的操作。以产权方和购买方两个参与方为例，用户确权、产权交易以及用户维权阶段智能合约的实现过程如图 5-10 所示。

该智能合约设计涵盖了用户确权、产权交易以及用户维权三个方面，分别实现了水印嵌入和提取、水印文档存储于 IPFS 文件系统、产权信息存证、买卖双方自动化交易以及交易信息存储、水印信息变更等功能。所有的交易记录都将保存于区块链中，可追溯且不可篡改，保证知识产权确权方案的有效性和可行性。

用户确权合约主要实现专利数据的高效存证和追溯。通过在 IPFS 文件系统中上传含水印的 PDF 文档，并获取其 CID，同时，将 CID、文件哈希值、版权方和上传时间等关键信息作为元数据存储在区块链上，以实现文件存储和

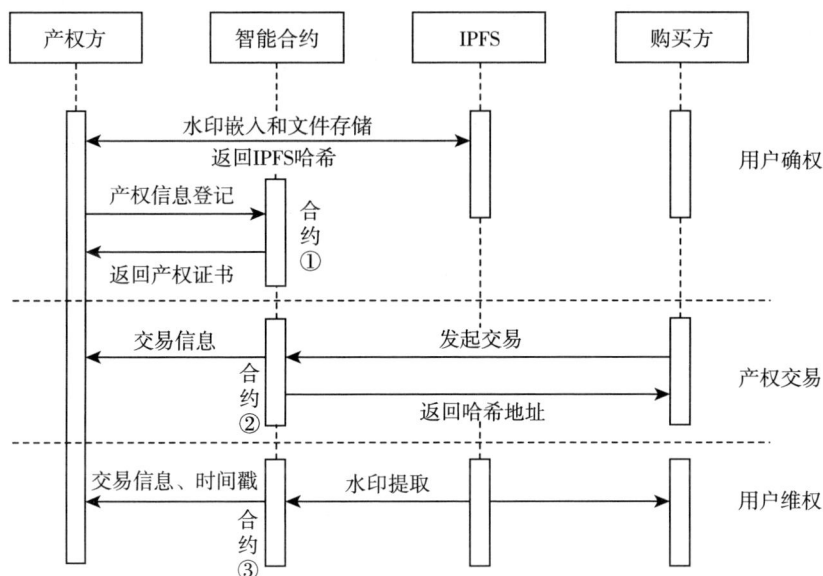

图 5-10 智能合约设计

关键信息上链存证，从而确保专利数据的安全性和不可篡改性。存证合约示例如表 5-4 所示。在上传存证时，根据传入的专利名称、CID、法律状态、申请号、申请人等信息，将存证数据转换为 JSON 格式并存储到区块链上。在查询存证信息时，根据传入的 CID 查询存证信息并将其解析为 DataCert 对象返回。这样，用户可以通过链上存储的 CID 查询到存储在 IPFS 中的含水印的PDF 文档，同时也能够通过链上存储的元数据追溯文档的版权方和上传时间等信息。

产权交易合约主要用于实现数字资产交易，包括权利转移和产权管理功能。本系统实现了专利数据的查询、专利权转移和包含专利权属信息和交易记录的水印信息更新功能。其中，专利查询可以通过专利名称或授权公告号等快速获取专利详情，方便用户进行查看和使用；专利权转移可以让卖方将专利数据的所有权转移给买方，并变更 CID 和水印信息；水印信息更新功能可以让用户根据交易记录修改和更新可追溯水印信息，确保水印信息的时效性和有效性。

维权合约主要用于实现数字资产维权保护功能。用户调用智能合约从链上获取交易凭证，通过水印提取功能从 IPFS 系统提取水印信息，为后续维权提供证据；侵权证据固定功能则可实现相关证据上链存证，确保数据的真实和不可篡改，提高维权效率和可信度。表 5-4 为数据存证智能合约。

表 5-4　数据存证智能合约

智能合约 2

```
type Metadata struct{
    Name      string `json:"name"`      //专利名称
    CID       string `json:"cid"`       //IPFS CID
    Status    string `json:"status"`    //法律状态
    ApplyNo   string `json:"applyNo"`   //申请号
    Applicant string `json:"applicant"` //申请人
}
type MetadataContract struct {
    contractapi. Contract
}
//UploadDataCert 存证上传函数
func( dc * MetadataContract ) UploadDataCert ( ctx contractapi. TransactionContextInterface, name
string,cid string,status string,applyNo string,applicant string)(string,error){
    //根据参数创建 Metadata 对象
    metadata:=Metadata{
        Name:      name,
        CID:       cid,
        Status:    status,
        ApplyNo:   applyNo,
        Applicant:applicant,
    }
    //将 Metadata 对象转换为 JSON 格式
    metadataJSON,err:=json. Marshal(metadata)
    if err ! =nil{
        return "",fmt. Errorf(" failed to marshal metadata JSON:%v ",err)
    }
    //将 JSON 数据存储到区块链上
    err=ctx. GetStub(). PutState(cid,metadataJSON)
    if err! =nil{
        return "",fmt. Errorf(" failed to put metadata to world state:%v ",err)
    }
    //返回存储成功的消息
    return fmt. Sprintf(" Data certificate uploaded successfully,CID is %s ",cid),nil
}
```

　　具体接口定义及实现功能如表 5-5 所示。其中，确权合约提供 AddWatermark 和 SaveMetadata 函数以实现水印嵌入、文件存储和关键信息上链存证功能。通过 AddWatermark 函数，实现对专利数据的水印嵌入，并将含水印文档上传至 IPFS 文件系统，在区块链上存储其 CID 作为元数据之一；
SaveMetadata 函数用于将专利名称、CID、法律状态、申请号、申请人等关键
信息存储在区块链上，实现对专利数据的存证和追溯。

交易合约通过 QueryPatent 函数，可以根据专利号查询专利数据及水印信
息；通过 TransferPatent 函数，卖方可以将专利数据所有权转移给买方；通过
UpdateWatermark 函数，可以实现水印信息的修改和更新。

维权合约提供了 GetTransactionEvidence、ExtractWatermark 和 Store
Evidence 函数，以实现交易凭证获取、水印提取和侵权证据固定（上链存证）
功能。调用 GetTransactionEvidence 函数获取交易凭证；调用 ExtractWater-
mark 函数提取水印信息；调用 StoreEvidence 函数将侵权证据存储在区块链
上，保证数据的真实和不可篡改。这些接口定义的实现可以实现对农业知识产
权的有效管理和维护，为农业领域的知识产权保护提供可靠的技术支持。

表 5-5　智能合约接口

合约名称	接口定义	实现功能
确权合约	AddWatermark(file,watermark) SaveMetadata(metadata)	水印嵌入、文件存储和关键信息上链存证
交易合约	QueryPatent(patentID) TransferPatent(newOwner) UpdateWatermark(watermark)	专利查询、专利权转移、水印信息变更
维权合约	GetTransactionEvidence(transactionID) ExtractWatermark(file) StoreEvidence(evidence)	交易凭证获取、水印提取、侵权证据固定（上链存证）

5.2.4　确权系统实现

（1）链码实现。

①农业知识产权信息存证。用户可以通过使用客户端的 Fabric-SDK-Go
接口对象调用相应的 API 实现链码访问，以实现对分类账本中的状态进行操
作。用户可以使用 Save 函数实现链码调用，并执行专利信息上链存证交易，
从而改变状态数据库并向分类账本中添加交易变化记录。所有数据的最新值都
存储在 CouchDB 状态数据库中，该数据库支持对链码数据进行富查询。通过
实现信息存证，用户可以完成专利数据存证，实现专利的确权。

信息存证的可视化结果如图 5-11 所示。在此过程中，参与交易的各方都会获得一份交易记录，并在分类账本中更新最新的交易状态，从而确保所有节点都同步更新数据。当发布专利信息成功时，交易编号会被记录在链码事件中，链码的执行结果也会被记录在 CouchDB 状态数据库中，以便进行后续查询和审计。

```
Start app ...
Fabric SDK初始化成功
通道已成功创建,
peers 已成功加入通道.
开始安装链码......
指定的链码安装成功
开始实例化链码......
链码实例化成功
通道客户端创建成功,可以利用此客户端调用链码进行查询或执行事务.
接收到链码事件：&{a5eaffb81354deb626ea52cd4bf31982dbfeb01cb733baaff41d820c492ec14b educc eventAddEdu []
2 localhost:7051}
专利信息发布成功，交易编号为：a5eaffb81354deb626ea52cd4bf31982dbfeb01cb733baaff41d820c492ec14b
接收到链码事件：&{ebf6824c8d9b263e6a9b60c75c8e947a93988d5feccb907e81e2b0e6e5513e57 educc eventAddEdu []
3 localhost:7051}
专利信息发布成功，交易编号为：ebf6824c8d9b263e6a9b60c75c8e947a93988d5feccb907e81e2b0e6e5513e57
```

图 5-11　专利信息发布成功

②农业知识产权交易实现。查询是农业知识产权交易阶段的一个关键功能，用户可以根据专利名称、申请号及授权公告号等关键词进行查询，以快速找到所需的专利信息，提高查询效率。虽然专利申请号和授权公告号是唯一的，但用户可以通过查询专利名称、专利类型、申请人等了解所需要的各种专利信息，并选择合适的交易项目。本文定义查询函数并编写相应的链码，以实现根据专利名称等进行查询，查询结果如图 5-12 所示，用户可以快速查询到所需的专利信息。另外，根据申请号、授权公告号等条件的查询结果也相似。

```
根据专利名称查询成功：
{eduObj 专利名称：一种高产水稻种植技术  摘要：一种高产水稻种植技术，涉及农作物种植技术。  申请
日：20140505  申请号：CN201410186945.7  主分类号：A01G16/00  分类号：A01G16/00  IPFS哈希地址：Qm
NZ1THtoYoeMdFuQntszwhLMsA6HNeg1KiWDSPxRdsBLf  发明人：林华  代理人：鞠翔  代理机构：安徽信拓律师
事务所  专利权转移登记生效日：20180621  变更后权利人：黑龙江金玛农业有限公司  变更后权利人地址：
156100 黑龙江省佳木斯市富锦市东郊（万达工业园区内）  法律状态：有权-审定授权  授权公告日：201602
03  授权公告号：CN103999719B  []}
启动Web服务，监听端口号为：9000
```

图 5-12　根据专利名称查询成功

在 Fabric 网络环境下实现农业知识产权交易的过程如图 5-13 所示。首先，在智能合约中实现了专利交易的自动化操作，同时也实现了专利权人变更和变更后查询的功能。其次，为了保留版权信息的追溯性，编写了链码函数来添加新状态，而不是删除之前的状态。专利权人变更记录将永久存储于区块链上，并嵌入对应专利的 PDF 源文档中作为水印信息，以便在侵权诉讼时通过查询链上存证信息和提取文档中水印信息为用户提供可靠证据。

接收到链码事件：&{d80ea18e7300c0227c23f979d4589fb36ce2df070dc54fa949ee2e57e61d946a educc eventModifyEdu
[] 4 localhost:7051}
专利权转让成功，交易编号为：d80ea18e7300c0227c23f979d4589fb36ce2df070dc54fa949ee2e57e61d946a
专利权变更后，根据专利名称查询专利成功：
{eduObj 专利名称：一种高产水稻种植技术 摘要：一种高产水稻种植技术，涉及农作物种植技术。 申请日：2014
0505 申请号：CN201410186945.7 主分类号：A01G16/00 分类号：A01G16/00 IPFS哈希地址：QmNZ1THtoYoeMdFuQ
ntszwhLMsA6HNeg1KiWDSPxRdsBLf 发明人：林华 代理人：鞠翔 代理机构：安徽信拓律师事务所 专利权转移登记
生效日：20180621 变更后权利人：黑龙江金玛农业有限公司 变更后权利人地址：156100 黑龙江省佳木斯市富锦市
东郊（万达工业园区内） 法律状态：有权-审定授权 授权公告日：20160203 授权公告号：CN103999719B [{a5ea
ffb81354deb626ea52cd4bf31982dbfeb01cb733baaff41d820c492ec14b {eduObj} 专利名称：一种高产水稻种植技术
摘要：一种高产水稻种植技术，涉及农作物种植技术。 申请日：20140505 申请号：CN201410186945.7 主分类号
：A01G16/00 分类号：A01G16/00 IPFS哈希地址：QmNZ1THtoYoeMdFuQntszwhLMsA6HNeg1KiWDSPxRdsBLf 发明人：
林华 代理人：鞠翔 代理机构：安徽信拓律师事务所 申请人：郎溪县十字镇林华粮食种植家庭农场 申请人地址
：安徽省宣城市郎溪县十字镇天子门村 法律状态：有权-审定授权 授权公告日：20160203 授权公告号：CN103999
719B [}] {d80ea18e7300c0227c23f979d4589fb36ce2df070dc54fa949ee2e57e61d946a {eduObj} 专利名称：一种高
产水稻种植技术 摘要：一种高产水稻种植技术，涉及农作物种植技术。 申请日：20140505 申请号：CN201410186
945.7 主分类号：A01G16/00 分类号：A01G16/00 IPFS哈希地址：QmNZ1THtoYoeMdFuQntszwhLMsA6HNeg1KiWDSPxRd
sBLf 发明人：林华 代理人：鞠翔 代理机构：安徽信拓律师事务所 专利权转移登记生效日：20180621 变更后
权利人：黑龙江金玛农业有限公司 变更后权利人地址：156100 黑龙江省佳木斯市富锦市东郊（万达工业园区内）
法律状态：有权-审定授权 授权公告日：20160203 授权公告号：CN103999719B []}}]}

图5-13 农业知识产权交易过程

③维权实现。基于区块链的农业知识产权确权研究系统中，维权服务主要包括水印提取、证据上链和维权申诉三个功能。

通过 extractWatermark 函数提取水印信息，接收一个已存证的专利文件或图片作为输入，从中提取水印信息并返回；使用 uploadEvidence 函数实现侵权证据上链存证，即接收一个侵权证据文件及其相关信息作为输入，将其上传至联盟链中，并返回该证据的 Hash ID，侵权信息存证链码事件结果如图5-14所示；通过 queryEvidence 函数接收一个证据的 Hash ID 作为输入，从联盟链中获取该证据的详细信息并返回，实现证据查询；通过 submitAppeal 函数提交维权申诉，即接收用户提交的维权申诉信息作为输入，将其存储在联盟链中，并返回该申诉的编号；通过 queryAppeal 函数实现维权申诉查询，接收一个维权申诉编号作为输入，从联盟链中获取该申诉的详细信息并返回；最终维权申诉的处理结果回馈通过 processAppeal 函数实现，接收一个维权申诉编号及处理结果作为输入，将处理结果更新至联盟链中。

接收到链码事件：&{583f9d13d1bd179b224b6274119bfe7357949faf98ed4a60c7bc5c44d113d1d0 educc eventAdd
Edu [] 3 localhost:7051}
专利侵权信息存证成功，交易编号为：583f9d13d1bd179b224b6274119bfe7357949faf98ed4a60c7bc5c44d113d1d
0
根据维权证据附件Hash ID查询成功：
{eduObj 水印信息提取及专利侵权存证： 专利名称：一种高产水稻种植技术 申请号：CN20141018
6945.7 申请日：2014年5月5日 授权公告号：CN103999719B 当前权利人：黑龙江金玛农业有限公司 当
前地址：156100 黑龙江省佳木斯市富锦市东郊（万达工业园区内） 交易信息：是否发生过交易：
是 交易次数：1次 初始权利人：郎溪县十字镇林华粮食种植家庭农场 初始地址：安徽省宣城市郎溪
县十字镇天子门村 专利侵权事件证据： 侵权公司名称：南方水稻公司 侵权时间：2021年3月26日起
侵权地点：广东省广州市 侵权描述：南方水稻公司在未经授权的情况下，使用了"一种高产水稻种植技
术"专利中所涉及的种植技术，并在其种植的水稻中宣传了该技术，导致受害方在市场上的竞争力受到了影响。
侵权证据：授权证书、专利文件、南方水稻公司宣传资料 受侵权方要求的处理措施：要求南方水稻公司停
止侵权行为，并赔偿经济损失 受侵权方提供的相关证明材料：授权证书、专利文件、营业执照、经济损失计
算报告 存证信息： 存证时间：2022年5月10日 维权证据附件Hash ID：QmRnJYxdYKdDwA8ZatQJknHS
Kb88qfwzDvG8L5WjK5LHr2 []}

图5-14 侵权信息存证

（2）系统运行与展示。

①用户登录功能实现。在基于区块链的农业知识产权服务系统中，用户可以使用自己的用户名和密码进行登录，如图 5-15 所示，系统会自动检查用户身份，并根据用户的角色类型提供不同的服务和权限。

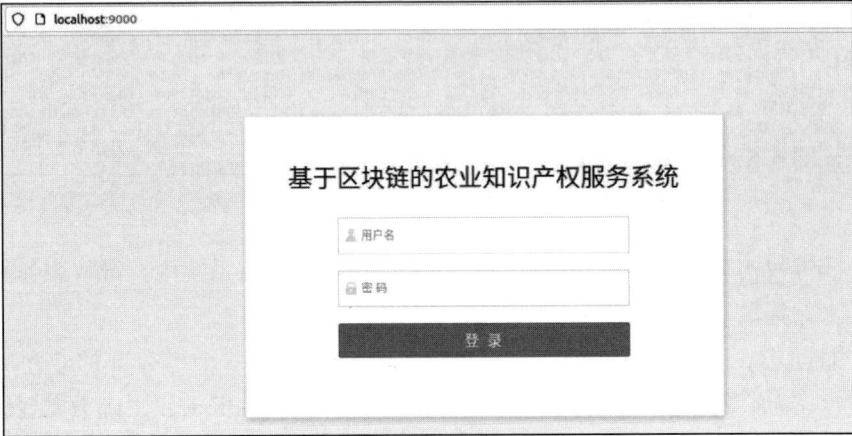

图 5-15　用户登录页面

用户登录系统后，可以使用 CA 颁布的数字证书来进行身份认证和交易签名，从而确保身份和交易的安全性。系统还使用区块链技术来实现知识产权的确权和维权功能，例如将专利信息上链并与侵权证据进行比对，以便于用户进行侵权追溯和维权申诉。同时，系统通过密码加密保护用户的个人信息安全，并将操作记录保存在区块链中，确保操作记录的安全性和不可篡改性。

②农业知识产权确权功能实现。系统实现了基于区块链的版权授权功能，用户上传作品信息并添加个人数据后，经过区块链管理员的验证并存储，生成电子版权授权证书，权利归属证明如图 5-16 所示。在授权证书界面中，列明了作品的授权公告号和专利权归属人，同时申请人提交的知识产权作品和证明文件被压缩为作品证据包并由系统进行保管。证书中的区块链校验值确保了作品的唯一性和防伪性。该系统通过区块链技术和 CA 证书的应用提供确权服务，能够有效保

图 5-16　权利归属证明

护版权作品的知识产权。

　　用户作品信息存证完成之后的存证列表界面如图 5-17 所示。为了实现产权存证功能，系统需要提供一个产权信息录入模块。在该模块中，用户需要输入专利相关信息，包括专利名称、专利号码、申请人、发明人等。此外，用户还可以上传专利相关的文件或图片。系统通常支持多种格式的文件上传，例如PDF、Word、JPG 等。上传完成后，系统会自动对上传的文件进行水印嵌入操作，以确保专利的唯一性和防篡改性。用户可以对水印进行位置和内容的自定义设置，以便于专利信息的溯源和鉴别。

图 5-17　产权存证列表界面

　　完成水印嵌入操作后，用户可将已嵌入水印的文件上传到 IPFS 系统，获取其哈希地址并选择是否将 IPFS 哈希添加到要存证的信息中。最后用户可以在专利预览模块中预览专利的存证信息，包括专利名称、申请号、授权公告号、IPFS 哈希地址等。在确认无误后，用户可以选择提交专利信息并点击"确认存证"按钮，将该文件的 IPFS 哈希地址与专利信息一起上传至联盟链中，完成专利信息的存证操作。

　　通过以上操作，用户可以完成专利的存证，实现专利知识产权的确权，保护其知识产权的合法权益。此外，该系统还具有其他重要的功能模块，如专利交易模块、水印提取以及维权申诉模块等，可以为用户提供更加安全、高效、透明的知识产权管理服务。

　　③知识产权交易功能实现。用户想要发起交易时，首先需要登录到基于Hyperledger Fabric 平台的农业知识产权确权系统。通过系统中的专利信息查询功能根据专利名称、申请日、法律状态等信息进行检索，检索结果会显示专利的基本信息和交易状态。并通过确认交易来实现知识产权的购买，交易

界面如图 5 - 18 所示。在确认交易之前，系统会进行资格审核以确保产权购买方有权进行交易。在交易完成后，系统会自动记录交易信息，并保证这些信息不被篡改。

图 5 - 18　知识产权交易

④维权实现。在区块链的农业知识产权确权研究系统中，维权服务是其中的一个重要功能。该系统提供全面的知识产权保护和维权服务，旨在为权利人提供有效的维权手段。如图 5 - 19 所示，主要包括以下几个功能。

水印提取功能：该功能可以帮助用户提取已存证的专利水印信息，以便于对侵权行为进行识别和追溯。用户上传专利相关文件，系统会自动对其进行水印提取操作，以获取专利的存证信息。

证据上链功能：该功能可以将侵权证据以及其他相关的维权信息上传至联盟链中，以确保证据的安全性和完整性。用户可以将已有的侵权证据进行上链操作，将其与专利信息等一起存储在联盟链中。在需要维权时，用户可以使用该证据进行维权申诉，以维护其知识产权的合法权益。

维权申诉功能：该功能是维权服务的核心，用户可以在该页面中提交维权申诉信息，并查询已存证侵权证据的 HashID。用户可以通过该页面上传维权证据、填写申诉信息等，以便于系统对其申诉进行审核和处理。同时，用户也可以根据已存证的侵权证据的 HashID 查询相关信息，以了解专利的维权状况。

通过以上维权服务的功能，该农业知识产权确权系统可以为用户提供全方位的知识产权保护和维权服务，提高知识产权的保护水平和维权效率。

图 5-19 维权申诉

5.3 确权系统平台部署与系统测试

5.3.1 环境配置

Linux 系统更适合进行区块链开发和测试，并且在 Linux 系统下运行 Fabric 可以更好地发挥其性能和稳定性。所以本系统开发和测试所用的环境为 Ubuntu20.04 操作系统，配置为 CPU AMD 锐龙 75700U，镭龙显卡 1.80GHz，内存 16G，Docker 容器中运行的 Hyperledger Fabric 版本为 2.4.1，具有较好的稳定性和功能。使用 Fabric 中较为常用的 PBFT 共识算法以提高系统的可靠性和安全性。环境配置及 Fabric 版本如表 5-6 所示。

表 5-6 开发环境配置

硬件配置	软件配置
CPU：AMD Ryzen 75700U with Radeon Graphics 1.80GHz	操作系统：Ubuntu20.04 Docker version：20.10.7 API version：1.41
运行内存：16.00 GB	Docker - compose version：1.25.0golang：go1.18 linux/amd64 Fabric version：release - 1.4 浏览器：Firefox

5.3.2　节点搭建

Fabric 网络中节点搭建如图 5 - 20 所示，部署成功后可以看到两个 peer 节点，一个 orderer 节点，一个 CA 容器及一个 CouchDB 容器，代表成功创建了一个新的网络。该网络可以被 SDK 调用，以便联盟链中的各个节点参与交易，包括普通用户、国家知识产权局进行背书认证以及知识产权法庭进行维权保护等。实验数据来源于佰腾（https：// www. baiten. cn）提供的 1998 年 3 月 4 日至 2022 年 5 月 27 日的专利数据，其中涉及小麦、玉米、水稻三大农作物种植技术领域的发明授权、实用新型以及发明公开专利，共计 689 条。这些专利文件的大小在 147 k 到 619 k 之间。通过搭建 Fabric 网络，能够创建一个安全可靠的联盟链系统，使各个节点之间能够进行交易，从而实现知识产权的保护和管理。

```
sjz@sjz-virtual-machine:~/go/data-project/fixtures$ docker ps
CONTAINER ID   IMAGE                      COMMAND                CREATED        STATUS        PORTS
                                                                 NAMES
9e60d7733ef5   hyperledger/fabric-peer    "peer node start"      7 seconds ago  Up 4 seconds  0.0.0.0:7051->7051
/tcp, :::7051->7051/tcp, 0.0.0.0:7053->7053/tcp, :::7053->7053/tcp   peer0.org1.com
b49e5d7a8c4e   hyperledger/fabric-peer    "peer node start"      7 seconds ago  Up 4 seconds  0.0.0.0:7151->7151
/tcp, :::7151->7151/tcp, 0.0.0.0:7153->7153/tcp, :::7153->7153/tcp   peer1.org1.com
7ebdc67fad4f   hyperledger/fabric-ca      "sh -c 'fabric-ca-se…" 10 seconds ago Up 7 seconds  0.0.0.0:7054->7054
/tcp, :::7054/tcp                                                    ca.com
b9e97539b490   hyperledger/fabric-couchdb "tini -- /docker-ent…" 10 seconds ago Up 7 seconds  4369/tcp, 9100/tcp
, 0.0.0.0:5984->5984/tcp, :::5984->5984/tcp                         couchdb
07fbcaa73768   hyperledger/fabric-orderer "orderer"              10 seconds ago Up 7 seconds  0.0.0.0:7050->7050
/tcp, :::7050->7050/tcp                                             orderer.com
```

图 5 - 20　节点搭建

5.4　系统服务性能试验

在实际应用中，用户上传专利文件时，需要通过 IPFS 进行存储，并且在区块链上进行确权存证。如果 IPFS 上传时间过长，会降低用户的使用体验，同时也会延长区块链的交易处理时间，从而影响产权存证和维权申诉的时延。因此，本研究从 IPFS 上传耗时和产权存证以及维权申诉的平均时延方面进行测试。

本次测试发起数据上链交易的节点为 peer0. org1. com，即普通用户节点。普通用户节点、国家知识产权局以及知识产权法庭等加入联盟链开始查询访问之前需要先向 fabric - ca 服务器申请账号证书，peer0. org1. com 封装组织 1 在身份管理模块生成的联盟链授权证书，实现节点的身份认证，其证书数据指纹如图 5 - 21 所示。

颁发的证书	
版本:	3
序列号:	00 FB 2C 96 5F C6 C2 5F 90 C0 3B 05 B9 33 DC 51 74
在此之前无效:	2022-10-27
在此之后无效:	2032-10-24
证书指纹	
SHA1:	72 0D 52 3C 0A 3A 3F 1F 73 D6 C3 6B 48 12 3F F3 88 8B 46 9B
MD5:	C0 C7 23 3B 36 F5 98 63 E8 A8 BA 97 D0 CA 6F C1

图 5-21　授权证书生成

IPFS 上传耗时是衡量系统性能的一个重要指标，它对用户体验和系统效率都有着非常重要的影响。如图 5-22 所示，测试人员使用 peer0.org1.com节点，即普通用户节点，上传了不同大小的文件，并记录了上传时间的最大值、平均值和最小值。测试结果表明，随着文件大小的增加，上传耗时逐渐增加。但是对于小于 500M 的文件，上传耗时较短，Max 值在 21 秒以内，Avg值在 19 秒以内，能够满足用户需求。而当文件大小达到 500M 时，上传时间呈现明显的增长趋势，最大值甚至高达 51.39 秒，上传耗时较长，可能会影响用户的使用体验。

但是，从图 5-22 中可以看出，文件大小从 100M 到 1 000M，系统上传时间的最大值、平均值和最小值都在可接受范围内，符合基于区块链的农业知识产权确权系统的需求。且实验数据中涉及小麦、玉米、水稻三大农作物种植技术领域的 689 条发明授权、实用新型以及发明公开专利，专利文件大小在147k 到 619k 之间，可以看到，100M 以内的上传时间在 4 秒以内，完全能满足用户需求。同时，我们还可以注意到，在文件大小从 100M 逐渐增大到1 000M 的过程中，系统上传时间也在相应地增加，但是没有出现异常的波动。这表明系统在大规模数据上传时，能够保持稳定的性能，降低了系统瘫痪的风险。综上所述，IPFS 系统的数据上传耗时能够满足系统要求。

产权存证时间是指用户从开始信息上传到能在产权存证列表里查询到产权信息的耗时，维权申诉时间是从用户提交侵权证据开始到能查询到被侵权证据HashID 的耗时。利用产权存证时间和维权申诉时间这两个指标对系统进行测试时，记录下每次实验所需时间，测试 5 次后得到平均时延，共进行 50 次试验。

产权存证和维权申诉平均时延如图 5-23 所示，由图 5-23 可以看出，测试过程中，随着交易次数的增加，产权存证和维权申诉的时间都出现了一定程

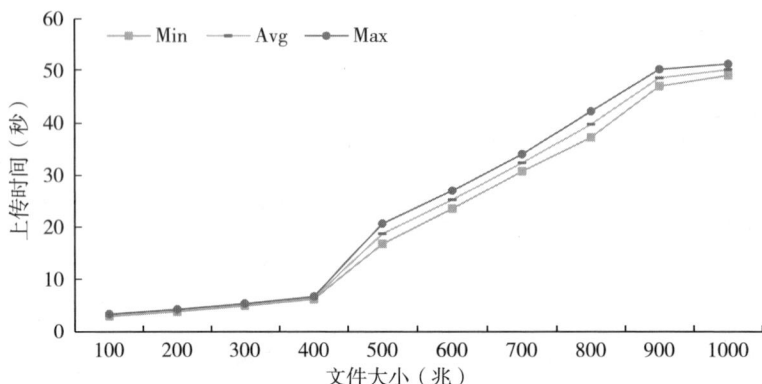

图 5-22　IPFS 上传时间

度的波动，但整体趋势是稳定的，没有明显的上升或下降趋势。具体来看，产权存证的平均时延从第 1 次测试的 31.592 秒，逐渐增加到了第 25 次测试的 32.455 秒，然后有所下降，最终在第 50 次测试时降至 30.646 秒。而维权申诉的平均时延则呈现出相对平稳的状态，从第一次测试的 33.387 秒，一路波动到第 50 次测试的 33.493 秒。

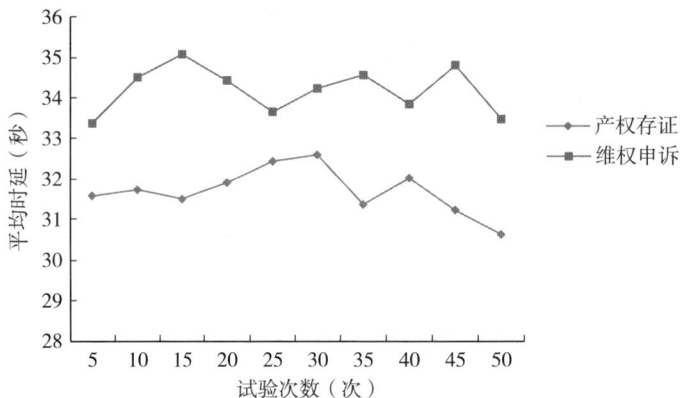

图 5-23　产权存证和维权申诉平均时延

总体来说，两者的平均时延都比较稳定，平均时延分别为 31.714 4 秒和 34.208 秒。根据测试数据分析，知识产权确权系统的产权存证时间和维权申诉时间表现出相对稳定的状态，并且平均时延都在可接受范围内。产权存证平均时延为 31.714 4 秒，维权申诉平均时延为 34.208 秒，两者在 50 次试验中都没有出现明显的上升或下降趋势。虽然随着交易次数的增加，产权存证和维权申诉时间都出现了一定程度的波动，但整体趋势是稳定的。因此，该系统能够满足用户对产权存证和维权申诉的时间要求。

5.5　本章小结

　　本章介绍了基于区块链的农业知识产权确权模型设计，解决了农业知识产权保护和交易中存在的问题。该模型设计了相应的确权智能合约，具备数据确权存证、知识产权交易和版权方维权等功能。此外，还介绍了一种改进后的水印确权机制以及基于 IPFS 的分布式存储方案，通过嵌入水印信息和链下存储的设计，实现了文件的确权存证和版权保护。介绍了基于区块链的农业知识产权确权系统的设计与实现，主要包括系统需求分析、系统架构设计、智能合约设计以及系统实现。具体介绍了不同参与节点的不同需求和权限，包括存储层、网络层、合约层、业务层在内的基于 Fabric 的知识保护系统的整体架构和针对农业知识产权确权需求设计的联盟链智能合约接口以及系统实现部分。介绍了确权系统平台的部署情况，并进行了系统服务性能试验。首先，详细介绍了系统试验平台的环境配置和 Fabric 网络中节点的搭建情况，包括联盟链中参与节点的角色部署情况。然后，进行了系统服务性能实验，包括 IPFS 上传耗时以及交易响应时间测试。结果表明系统能够满足知识产权确权需求，同时具备可靠的服务性能。

6 基于区块链的跨链通信与访问控制机制研究 ///////////////////////////////

6.1 基于中继节点的安全跨链交互通信

6.1.1 模型设计

为了实现跨区域、跨机构的多种区块链间的数据可信互联共享，针对复杂场景对交易高吞吐量和低延迟的需求，本节提出了一个基于中继节点的跨链交互模型，以满足不同场景中对于跨链互操作的需求。

本节提出的跨链交互模型采用多中继节点的跨链架构模式，中继节点与区块链采用一对一模式，即每条区块链都有对应的中继节点，每个中继节点只连接一条链。中继节点利用 IBE 机制通过认证后加入中继节点链，并与其他节点进行安全通信。中继节点间通过 libP2P 进行节点间的互联通信，节点间可以相互连接，相互转发请求。通信过程中的跨链交易按照设定的 RNCCP 跨链数据传输协议进行定义，通过中继节点间的交互达到数据在各区块链间的流转以及合约的安全调用。

应用链通过其对应的中继节点接入跨链网络中，各个应用链执行不同的功能职责。在非跨链交互情况下，应用链上的用户在其所在的区块链内进行业务逻辑处理。若需要执行跨链操作，则通过中继节点进行跨链交易的请求转发，并与其他应用链协同处理该操作。图 6-1 详细描绘了基于中继节点的跨链模型的架构，该模型由中继节点、中继节点链、跨域机构对应的应用链和智能合约组成。

中继节点链是由中继节点相互连接形成的区块链跨链网络，在身份认证通过后，网络中的各节点可以利用 libP2P 直接交互通信。中继节点链定义了三种类型的中继节点：主节点、跨链节点与轻节点。在该模型中，主节点在跨链网络中只有一个，由网络中的管理部门链对应的中继节点担任，该节点拥有跨链网络中所有的跨链交易数据和数据对应的证明信息，并且对数据进行监管以

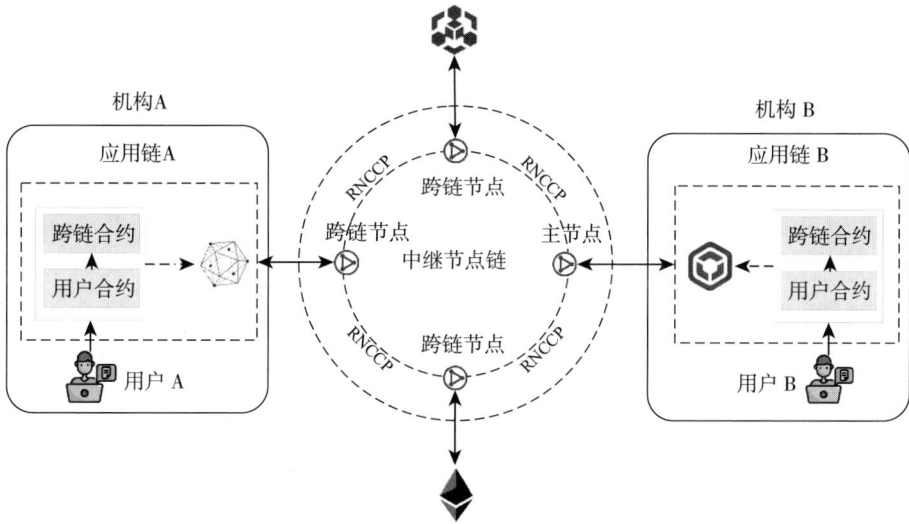

图 6-1 基于中继节点的跨链模型架构

及对加入跨链网络的其他中继节点进行身份认证。跨链网络中除了主节点之外的节点，都可以是跨链节点与轻节点。区别在于：参与跨链交互的节点双方在此次跨链过程中担任跨链节点，存储双方的跨链交易数据。而不参与跨链的其他节点在此次交易过程中担任轻节点，即跨链节点与轻节点都是只存储与本跨链节点相关的交易数据。

针对网络中数据跨链通信需求，各应用链需要部署对应的跨链合约，应用链通过中继节点加入跨链网络，利用跨链合约与用户合约进行数据传递，接收用户的跨链请求，从而实现链间数据交互通信。例如，图 6-1 中，以机构 A 和机构 B 为例，它们分别部署应用链 A 和应用链 B，并在区块链上部署相应的跨链合约与用户合约，通过中继节点链将链 A 和链 B 连接起来，从而实现机构 A 的用户 A 与机构 B 的用户 B 之间的数据交互通信。

为了提高跨链事务验证效率和跨链存储空间利用率，本模型针对不同类型的中继节点设计了不同的存储方案：

①对于在中继节点链上发生的所有跨链交易信息，由跨链网络中的主节点进行存储，而跨链节点与轻节点只需要存储与自身相关的交易数据，并保存区块头部信息以便后续进行验证。

②而只在单个区块链上发生的非跨链交易，不需要经过中继节点处理，仅由本区块链的业务节点进行处理、验证与存储。这样既提高了跨链事务处理效

率，又减少了不必要的存储开销。

6.1.2 基于身份加密的中继节点安全接入与通信

网络中的应用链在进行跨链操作时，其对应的中继节点需要进行身份认证，通过认证之后才能进行跨链操作。基于 IBE 的中继节点身份认证过程中，使用中继节点唯一的 ID 作为公钥，进而代替第三方颁发的数字证书，简化了认证过程。

该方案首先需要进行初始化，由网络中的管理部门的 PKG 运行 Setup 算法，生成跨链网络系统参数 PK $\{e, P, P_{pub}, H_1, H_2\}$ 和主密钥 MSK。其中 $e: G_1 \rightarrow G_2$ 被称为双线性映射，G_1、G_2 是两个 q 阶循环群，G_1 是加法群，G_2 是乘法群，且满足 $\forall P, Q \in G_1$、$\forall a, b \in Z_q$，都有 $e(aP, bQ) = e(P, Q)^{ab}$。随后，选择哈希函数，用于生成密钥并进行身份认证：

$$H_1: \{0,1\}^* \rightarrow G_1 \qquad (6-1)$$
$$H_2: G_2 \rightarrow \{0,1\}^n \qquad (6-2)$$

当中继节点初次加入跨链网络时，需要由跨链网络中的管理部门进行身份认证，并向网络中的 PKG 请求私钥，用来进行跨链过程中的身份验证和数据安全传输。运行 Extract 算法，PKG 用函数将中继节点身份标识 $ID \in \{0,1\}^*$ 映射成为椭圆曲线上阶为 q 的点 Q_{ID}，即公钥 $Q_{ID} = H(ID)$，随后生成该节点的私钥 $SK_{ID} = MSK \cdot Q_{ID}$，并将 SK_{ID} 以安全的方式发送给中继节点。

中继节点加入跨链网络后，其对应的应用链可以直接利用中继节点的身份 ID 进行身份验证，并与其他机构链进行跨链数据通信。为了保证中继节点间跨链交易的安全性，需要对跨链交易进行加密。

基于 IBE 的加密通信流程如下，首先应用链 A 的中继节点 A 向应用链 B 的中继节点 B 发送通信消息 M 时，利用中继节点 B 的身份 ID，计算 $Q_{ID} = H_1(ID)$。然后随机选择 $r \in Z_q^*$，运行 Extract 算法，根据系统参数 PK 与 Q_{ID} 生成 M 对应的密文 $C = [U, V]$，其中 $U = rP$，$V = M \oplus H_2(g_{ID}^r)$，$g_{ID} = e(PK_{ID}, P_{pub})$。中继节点 B 在收到密文 C 后，运行 Decrypt 算法，利用其私钥 SK_{ID} 与 PK 对密文 C 进行解密，解密后的明文 $M = V \oplus H_2(e(SK_{ID}U))$。具体的通信流程如图 6-2 所示。

6.1.3 跨链通信协议

作为跨链设计的重要组成部分，跨链通信协议允许异构的区块链在不改变

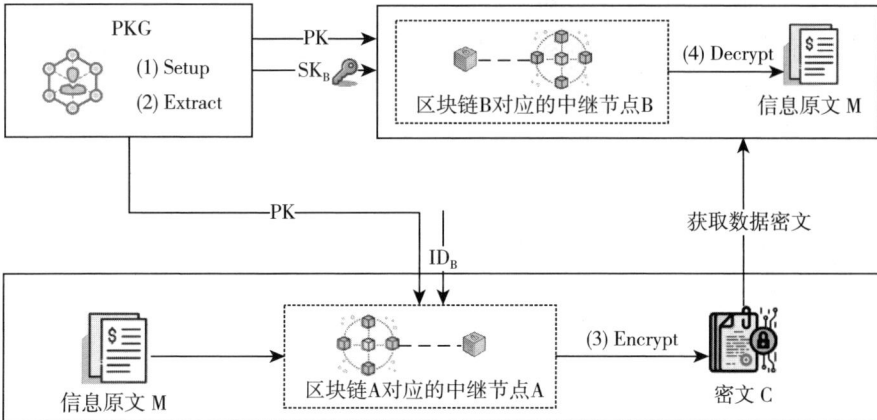

图 6-2 基于 IBE 的中继节点加密通信流程

底层结构的前提下加入跨链平台，进行统一的跨链操作。本文提出了一种通用的链间消息传输协议：基于中继节点的跨链通信协议（Relay node cross - chain protocal，以下简称为 RNCCP 协议），能够实现可信跨链合约互操作和数据传递。该协议规定了跨链交易的数据结构和操作对象的一致性，定义了不同异构区块链之间的跨链交易的生命周期，并向上层的跨链平台提供一致的调用接口。该通信协议主要包括 RNCCP 数据结构与跨链交易生命周期两个部分。

（1）RNCCP 数据结构。RNCCP 协议应用于中继节点，主要围绕 RNCCP 数据结构展开，该数据结构对中继节点构造的跨链交易对象的必要字段进行统一定义，具体如图 6-3 所示。关键字段定义如下：

CrossTxNo：是跨链交易对应的唯一编号，由源链编号、目的链编号、该源链与目的链对应的自增编号拼接而成，跨链交易编号由中继节点生成，因此所有参与跨链的区块链都需要在所在链对应的中继节点中保存一份含有所有区块链编号的账本。

SrcContractInfo 与 DestContractInfo：包含了对应跨链合约的合约名与合约版本信息。

CrossChainData：是字节数据，根据不同的交易类型，解析成不同交易类型对应的 JSON 跨链交易数据。

Proof：跨链交易合法性验证信息，需要由多个中继节点协作构建，包含了跨链交易的 Hash、本交易所在的区块号、默克尔根哈希值与跨链节点对该交易的签名。通过 Proof 字段对交易原子性、签名、区块头等进行验证。

中继节点对源链发起的跨链消息进行解析，验证交易并对其签名，之后将该跨链消息构造为符合 RNCCP 数据结构的跨链交易对象，并发送给目的链的中继节点进行处理。

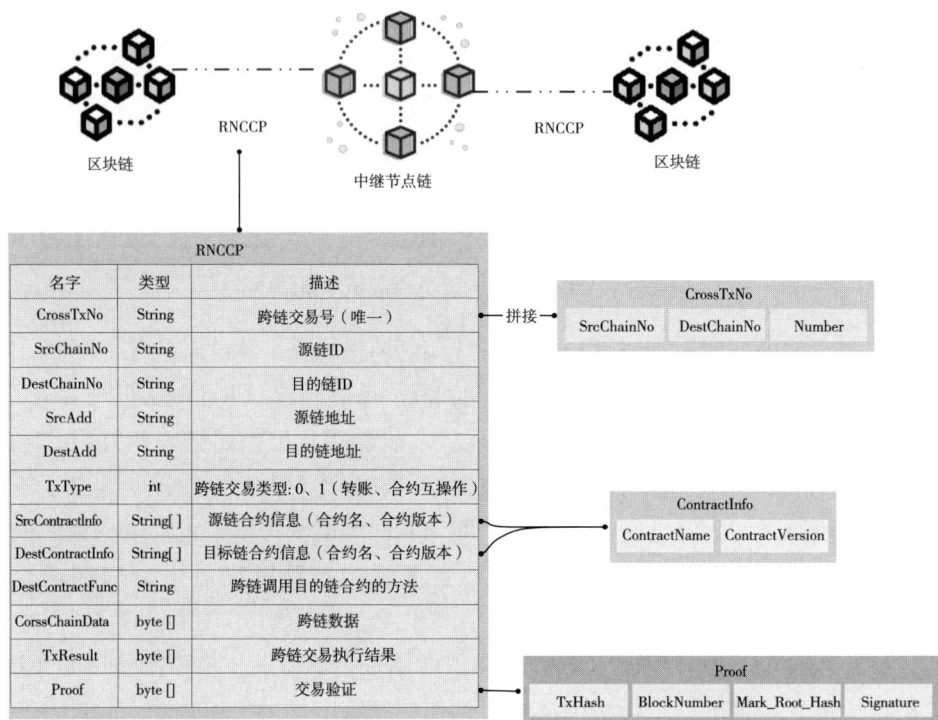

RNCCP		
名字	类型	描述
CrossTxNo	String	跨链交易号（唯一）
SrcChainNo	String	源链ID
DestChainNo	String	目的链ID
SrcAdd	String	源链地址
DestAdd	String	目的链地址
TxType	int	跨链交易类型：0、1（转账、合约互操作）
SrcContractInfo	String[ ]	源链合约信息（合约名、合约版本）
DestContractInfo	String[ ]	目标链合约信息（合约名、合约版本）
DestContractFunc	String	跨链调用目的链合约的方法
CorssChainData	byte []	跨链数据
TxResult	byte []	跨链交易执行结果
Proof	byte []	交易验证

CrossTxNo		
SrcChainNo	DestChainNo	Number

ContractInfo	
ContractName	ContractVersion

Proof			
TxHash	BlockNumber	Mark_Root_Hash	Signature

图 6-3　RNCCP 数据结构

（2）跨链交易生命周期。RNCCP 协议定义了跨链交易的生命周期，不同阶段的跨链交易对应不同的交易状态，图 6-4 用交易状态转换图表示跨链交易的生命周期，"StartCrossTx"状态表示跨链交易的开始，"Exeuted"状态表示跨链交易已执行，"Completed"状态表明跨链交易已完成。

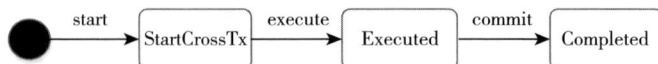

图 6-4　跨链交易状态转换图

跨链交易的状态根据不同的跨链步骤产生和过渡，在跨链过程中，跨链智能合约控制着跨链交易生命周期的转换，并实现了不同状态之间转换的逻辑。发起跨链交易时，在交易对象的数据结构中设定了"current state"字段，以表明跨链交易的状态，该状态可以是"StartCrossTx""Exeuted"或"Completed"。每个独立的跨链交易都起始于空状态 NULL，来表示交易不存在，通过 A 链跨链合约创建交易，该交易在创建最初被赋予"StartCrossTx"状态；随后，在 B 链上的跨链合约中执行跨链交易，被赋予"Exeuted"状态；最后，再传递到 A 链的跨链合约完成整个跨链交易，被赋予"Completed"状态。

6.1.4 跨链交互流程

本节提出的跨链模型主要依靠跨链双方的跨链合约和中继节点进行跨链交互。在应用链上需要部署一个或多个该应用链对应的跨链合约，应用链通过中继节点接入跨链网络，通过跨链合约与用户合约进行数据传递，接收用户的跨链请求。

跨链交互过程中的请求类型主要分为三类：合约调用、事件监听与中继节点交互。合约调用主要针对用户、用户合约和跨链合约，给用户提供跨链交互的接口；事件监听针对跨链合约与中继节点，跨链节点监听合约的跨链事件，从而进行相应的处理；中继节点交互针对参与跨链的区块链之间的节点调用。以应用链 A 的用户 A 向应用链 B 的用户 B 进行单向跨链数据交互为例，具体的跨链流程如图 6-5 所示。

步骤 1：A 链用户部署用户合约，并调用用户合约发送跨链请求数据。

步骤 2：用户合约接收到用户的跨链请求及请求数据之后，调用 A 链的跨链合约，发送跨链交易请求（CCTXrequest），并设置跨链交易的状态 $Current\_State = NULL$。

步骤 3：A 链的跨链合约在接收到 CCTXrequest 之后，根据源链编号、目的链编号以及自增码拼接创建唯一的跨链交易编号 $CrossTxNo = [SrcChainNo : DestChainNo : Number]$，并生成跨链交易对象，随后设置跨链交易状态 $Current\_State = StartCrossTx$。最后，发送附带有跨链交易对象的"startCrossTxEvent"事件，表明开始跨链交易。

步骤 4：A 链对应的中继节点异步监听区块链上的事件。

步骤 5：在监听到"startCrossTxEvent"事件及跨链交易后，A 链的中继节点按照定义的 RNCCP 跨链协议对跨链交易进行封装，并利用 libP2P 把封装后的跨链交易数据传输给 B 链的中继节点。

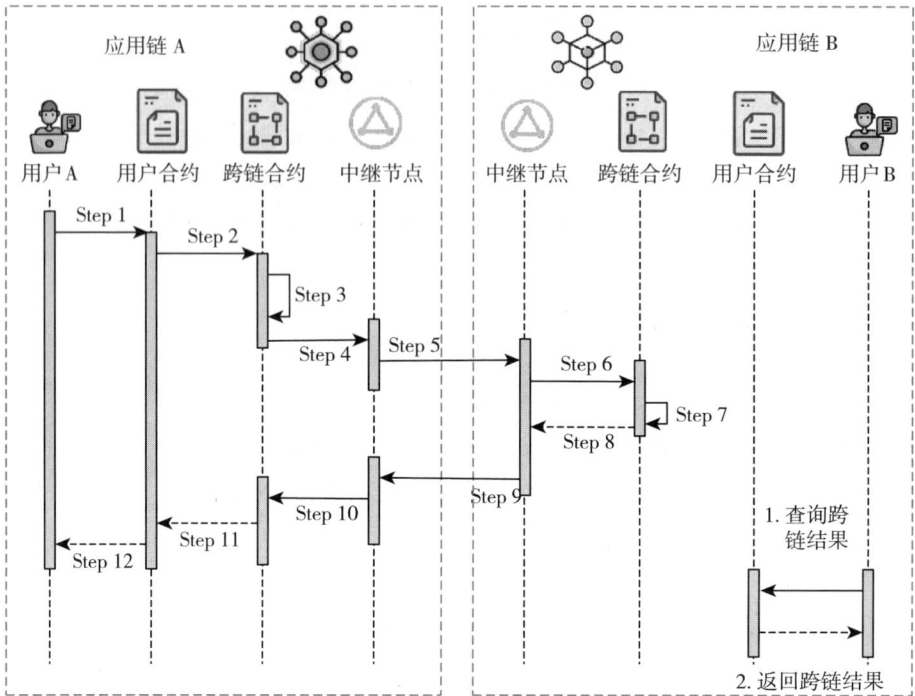

图 6-5 跨链交互流程

步骤 6：B 链的中继节点接收到 A 链的节点发送的跨链消息后，对跨链交易的 Proof 字段进行验证。验证通过后，根据 RNCCP 协议将跨链交易转化成 B 区块链可接受的交易对象。然后，调用跨链合约，将跨链交易对象进行解析；根据解析的跨链对象，调用跨链合约执行相应的跨链操作。

步骤 7：B 链跨链合约执行跨链操作并上链，执行完后发送 "ExecutedE-vent" 事件并设置 $Current\_State = Executed$，表明已经执行完跨链操作。

步骤 8：B 链的中继节点异步监听跨链合约发送的 "ExecutedEvent" 事件。

步骤 9：B 链的中继节点把监听到的事件以及跨链交易的结果封装处理后发送跨链交易响应 CCTXresponse 给 A 链跨链节点。

步骤 10：A 链的中继节点接收到 B 链的中继节点发送的 CCTXresponse 后，根据 RNCCP 协议对交易进行解析、验证，并调用跨链合约，发送跨链交易结果。

步骤 11：A 链跨链合约收到跨链交易后，将跨链交易结果上链，并调用用户合约发送结果。

步骤 12：A 链用户合约收到结果后，将跨链结果返回给用户 A。

至此，跨链交易流程全部执行完毕。

6.1.5　安全跨链交互算法设计与实现

（1）跨链交互智能合约设计。智能合约作为区块链中可以按照事件触发自动执行的代码，其执行逻辑是非常重要的。本节中设计的跨链交互智能合约作为连通用户、区块链与中继节点链的桥梁，其主要实现了链间的跨链互操作逻辑处理。跨链合约继承 Sto 合约，包含了两个合约引用对象（Add、StrOpe）以及跨链交互的算法。其中父类合约定义了相关的跨链合约事件、合约对象以及跨链过程中的必要参数，其中跨链合约事件与参数的名称与对应描述如表 6-1 所示，合约对象的数据结构已在图 6-3 中展示。

表 6-1　跨链交易字段

名称	描述
setSrcChainNoEvent	构建源链编号时提交该事件
setDestChainNoEvent	构建目的链编号时提交该事件
createCrossChainTxEvent	创建跨链交易时提交该事件
startCrossChainTxEvent	源链发送跨链交易时提交该事件
executedEvent	目的链合约执行跨链交易时提交该事件
completedEvent	源链收到并确认跨链交易结果时发出的事件
sendAckedEvent	网关节点提交跨链交易确认时发出的事件
owner	部署合约的节点地址
relayNodeList	中继节点列表
version	跨链合约版本信息
CrossChainTxObjMap	跨链交易对象映射列表
number	用于计算跨链交易数

Add 与 StrOpe 是合约的引用对象，通过 Add 合约设置中继节点集合与区块链编号等相关信息；StrOpe 合约包含了对 string 类型数据进行处理的算法，用于跨链合约数据处理。按照执行顺序，将跨链交互过程中涉及的关键算法详细描述如下。

①用户发起跨链交易请求算法。如下述算法所示，该算法被区块链上的用户合约调用，首先根据 txType 判断交易类型，随后创建跨链交易对象，用于发起跨链交易，最后在链上提交"startCrossChainTxEvent"事件，提供给中继节点进行监听。该算法的输入为跨链交易对象的相关信息。该算法对应跨链交易生命周期的"StartCrossTx"状态，另外两个状态"Exeuted"或"Completed"对应的执行与完成算法与本算法相似，只是在跨链交易执行算法中需要进行与账本相关的操作。

算法 1 用户发起跨链交易

Input：$srcAdd$，$destAdd$，$srcChainNo$，$destChainNo$，$destContarctFunc$，$crossChainData$，$contractVersion$，$txType$

    if version. equals($contractVersion$) **then**

      if $txType \neq 0$ and $txType \neq 1$ **then**

        return "错误的交易类型"

    else

      if $txType = 0$ **then**

        跨链交易类型为：transfer

      else if $txType = 1$ **then**

        用户发起跨链合约互操作

        创建跨链交易对象

        $crossChainTxObj \leftarrow$ createCrossChainTx($srcChainNO$，$destChainNO$，$srcAdd$，$destAdd$，

          destAdd，destContractfunc，crossChaindata)

        $destContract func$，$crossChaindata$)

        将跨链交易对象添加到跨链列表中

        $CrossChainTxObjMap[crossChainTxObj. crossTxNo] \leftarrow crossChainTxObj$

        emit startCrossChainTxEvent("startCrossChainTxEvent"，$crossChainTxObj. crossTxNo$)

      end if

    end if

  end if

---

②中继节点提交跨链确认算法。如下述算法所示，该算法被中继跨链节点调用，由中继节点提交跨链确认交易并解析 proof 信息。首先，该算法判断调用者是不是中继节点，之后判断合约版本是否符合。随后，根据不同的交易状

态，解析数据并构造符合 RNCCP 结构的跨链交易对象。最终，该算法会在区块链上发送"sendAckedEvent"事件。

算法 2 中继节点提交跨链确认算法

Input：$crossTxNo, txResult, contractVersion, proof$

    验证该算法是否被中继节点调用

if   checkRelayNode()＝false   **then**

    返回错误，并提示该功能仅限于中继节点

else

    if   version. equals($contractVersion$)**then**

        从"CrossChainTxObjMap"列表中获取跨链对象：

        $crossTxObj \leftarrow CrossChainTxObjMap[crossTxNo]$

        if $crossTxObj. TxResult$ equals to"INIT"**then**

            if   该中继节点属于源链   **then**

                if $crossTxObj. TxType$ equals to transfer   **then**

                    根据传输类型解析跨链对象和 payload

                else if $crossTxObj. TxType$ equals to contract interoperability   **then**

                    根据合约互操作类型解析跨链对象和 payload

                end if

                $crossTxObj. TxResult \leftarrow txResult$

                从 proof 中解析交易哈希和交易所在的区块号

                $crossTxObj. proof \leftarrow proof$

                $CrossChainTxObjMap[crossTxNo] \leftarrow crossTxObj$

                emit sendAckedEvent(" sendAckedEvent ",$crossTxObj. CrossTxNo$, $crossTxObj. TxType$)

            end if

        end if

    end if

end

（2）中继节点安全通信算法设计。作为连接不同区块链的重要桥梁，中继节点组成的跨链网络必须具备以下功能：节点间数据安全传输；可信节点身份认证。为了实现跨链网络中节点间的安全交互通信，本研究采用 libP2P 构建节点间的点对点通信网络。

中继节点模块包括了节点与节点间的通信以及节点与区块链的通信，节点与节点间的通信采用 libP2P 框架，节点与区块链间的通信利用事件监听机制与区块链 SDK 来实现。下面给出了节点间通信以及节点与区块链通信的主要算法。

①节点间安全通信算法。如下述算法所示，该算法为两个中继节点 A、B 创建 p2p 节点，假设节点 A 为服务端，负责监听，节点 B 为客户端，负责连接服务端，并与服务端建立通信通道。在节点 A 端开启监听端口，并在节点 B 端通过节点 A 的"multiaddress"编码地址进行连接，之后两个节点就可以在加密通道进行多个并发流通信。该算法的输入为 A 节点的监听端口与 A 节点的地址，以及 p2p 网络中的 host 对象。在算法中，根据节点地址是否为空，判断是服务端还是客户端。若为空，则为服务端，然后在服务端开启端口监听，当有客户端的节点连接时，根据 pid 指定的协议启动读写流；若节点地址不为空，则该节点是客户端，在对节点地址进行解析，读取服务端的地址后，将该节点的地址加入列表，之后两个节点间开启通信流，并创建非阻塞读写字节流，同时读写进程开始通信。

算法 3 节点间通信

Input：监听端口（*sourcePort*）、服务端节点地址（*dest*）、p2p 网络中的对象 *host*

if 服务端地址为空　　**then**

当客户端节点连接到服务器时，使用 pid 指定的协议启动读/写流，streamHandler 是创建的非阻塞读/写缓冲流。

host. SetStreamHandler（*pid*, *streamHandler*）

for 　each *la* in range *h*. Network（）. ListenAddresses（）　　**do**

　　p ← *la*. valueForProtocol（*multiaddr. P _ TCP*）

　　port ← *p*

end for

else

　　　madder ← *multiaddr*. NewMultiaddr（*dest*）

　　　从 *multiaddr* 中提取 peer 节点的 ID

　　　info ← *peer*. AddrInfoFromP2PAddr（*multiaddr*）

　　　将服务器节点的地址添加到 *peerstore* 中

　　　host. PeerStore（）. AddAddrs（*info. ID*, *info. Addrs*, *peerstore. PermanentAddrTTL*）

（续）

算法 3 节点间通信

与服务端节点建立流

$s \leftarrow h. \text{NewStream}$（context. Background（），$info. ID. pid$）

创建非阻塞读/写缓冲流。

$rw \leftarrow bufio. \text{NewReaderWriter}$（$bufio. \text{NewReader}$（$s$），$bufio. \text{NewWriter}$（$s$））

创建数据写入进程并执行

创建数据读取进程并执行

end

②中继节点监听跨链合约事件算法。如下述算法所示，作为中继节点与区块链交互的桥梁，该算法采用事件监听机制，通过函数监听合约中发生的事件，将链上发生的与跨链相关的事件回调至客户端，并根据不同的跨链事件进行相应的处理，例如，若监听到"startCrossChainTxEvent"事件，则由源链中继节点将跨链交易信息转发给目的链的中继节点。若监听到"executedEvent"事件，则表示目的链合约已执行完跨链操作，由目的链的中继节点转发相关信息给源链的中继节点。

算法 4 合约事件监听

Input：起始区块号（$startBlock$）、终止区块号（$endBlock$）

设置相关参数，包括起始块、结束块、合约地址、合约事件等

构造回调函数获取监听的跨链事件：$logs$

if　$logs$ 不为空　**then**

　for　$log \in logs$　**do**

　　　$list \leftarrow$ 解码事件日志 log 内容

　　　$crossTxNo \leftarrow \text{list}[1]$

　　　$crossTxType \leftarrow \text{list}[2]$

　　　$blockNumber \leftarrow log. \text{getBlockNumber}()$

　　　$txHash \leftarrow log. \text{getTransactionHash}()$

　　　$eventName \leftarrow \text{list}[0]$

　　　根据 $eventName$ 执行不同的功能

　　　if　$eventName. \text{equals}(\text{"startCrossChainTxEvent"})$　**then**

（续）

算法 4 合约事件监听
运行开始跨链交易算法
else if *eventName*. equals("executedEvent") **then**
运行跨链交易执行算法
else if *eventName*. equals("sendAckedEvent") **then**
运行跨链交易确认算法
end if
end for
end if

③基于 IBE 的中继节点身份认证算法。中继节点在申请加入网络时，都需要先与主节点进行通信，经过主节点的认证之后，才能加入跨链网络。主节点认证通过之后，会把该中继节点的编码地址加入存储列表，随后向网络中的其他节点广播该节点的地址，跨链网络中的节点都保存有一份含有所有节点编码地址的账本，以方便后续通信调用。

基于 IBE 的节点身份认证的算法细节如下所示，该算法用于中继节点加入网络时的身份认证。该算法基于 IBE 机制，在节点启动时就生成其公私密钥对，用于对节点的身份进行加解密；经由主节点进行身份认证，若身份匹配，则认证通过，可进行后续的跨链数据交互。

算法 5 基于 IBE 的节点身份认证
Input：中继节点身份标识（*id*）、系统主密钥（*master＿key*）、系统参数（*parameters*）
Output：中继节点是否通过身份认证（*authenticated*）、用于后续通信的会话密钥（*session＿key*）
生成一个随机数作为中继节点的私钥
private＿key ← generate＿private＿key（）
生成中继节点的公钥
public＿key ← derive＿public＿key（*private＿key*）
使用 IBE 对中继节点的身份进行加密
encrypted＿id ← ibe＿encrypt（*id*，*public＿key*，*parameters*）
中继节点将加密后的身份和自己的公钥发送给跨链网络的主节点
message ← ｛*encrypted＿id*，*public＿key*｝

（续）

算法 5 基于 IBE 的节点身份认证

主节点使用 IBE 对加密后的身份进行解密

$decrypted\_id \leftarrow$ ibe $\_$ decrypt $(encrypted\_id，private\_key，parameters)$

如果解密后的身份与中继节点发送的公钥匹配，认证成功

if $decrypted\_id = public\_key$ **then**

    $authenticated \leftarrow$ true

    生成会话密钥用于后续通信

    $session\_key \leftarrow$ generate $\_$ session $\_$ key（）

else

    $authenticated \leftarrow$ false

end

6.1.6 实验与性能分析

（1）实验设置。为了测试本节提出的基于中继节点的跨链机制的可行性和性能，使用 Hyperledger Fabric 与 FISCO BCOS 来构建基于中继节点的跨链交互架构的网络环境。实验环境如下：CPU，Intel Xeon E5；内存，64 GB；L3 缓存，35 MB；操作系统，Ubuntu 18.04。

本实验编写并部署了用于跨链通信的智能合约，并利用 Java 与 Go 语言分别为两条机构链编写对应的中继节点的执行算法。之后，采用 NGSIM 数据集，模拟了跨链网络中两个异构应用链进行跨链交互的场景，并利用 Hyperledger Caliper 与 Jmeter 工具，编写脚本对跨链合约以及整体跨链流程进行性能评估测试。

（2）性能评估。本实验使用跨链研究领域公认的指标，即时间延迟和 gas 消费，来评估本节所提出的跨链方案的性能。本节的实验分为三组。第一组测试提出跨链方案的整体性能，本组实验忽视交易启动时间的影响。第二组实验测试跨链合约算法的性能，评估智能合约算法在不同并发数量的服务下的性能表现。第三组实验测试执行跨链操作所需的 gas 消耗情况，用于评估跨链交易所需消耗的计算资源和存储资源，该实验在以太坊平台上运行。为了使实验表述更加清晰，在表 6-2 中给出了相关实验参数的具体描述。

表 6-2　实验参数定义

名称	描述
跨链交通服务	一个服务代表一个跨链请求。其中，该跨链请求的数据字段为 NGSIM 数据集中的一个数据对象
并列服务数	在网络环境中并列执行的跨链交易的数量
交易轮次	由于跨链服务数量众多以及单个跨链交易的不稳定性，我们将交易进行分组。每组包含连续的 100 笔跨链交易请求，并计算其平均执行时间以作为该组的执行时间
Send Rate	跨链请求的发送速率，代表跨链交易并发情况和负载

实验一：利用 Jmeter 对本文提出的跨链机制的完整跨链流程（从用户发起请求到收到跨链数据）进行了性能测试。为了评估该跨链方案的性能，将其完整跨链流程的时间与 Lu 等人、Xiong 等人所提出的方案进行比较。此外，为了更好地评估该方案是否适应多交易高并发的跨链网络，该实验利用 NGSIM 数据集设置了 10 000 个跨链交通服务，并列服务数分别设为 50 个、100 个和 200 个，并对完整跨链流程的时间进行测试统计。为了使数据更为准确，本实验对 10 000 个交易进行了划分，每 100 个交易划为一个交易轮次，并计算其均值，实验结果如图 6-6 所示。

图 6-6 的结果显示，在 50 个、100 个和 200 个并发交易数下，本文提出的方案整体跨链时间均值都低于 2 500 毫秒，保持在 1 868～2 409 毫秒。

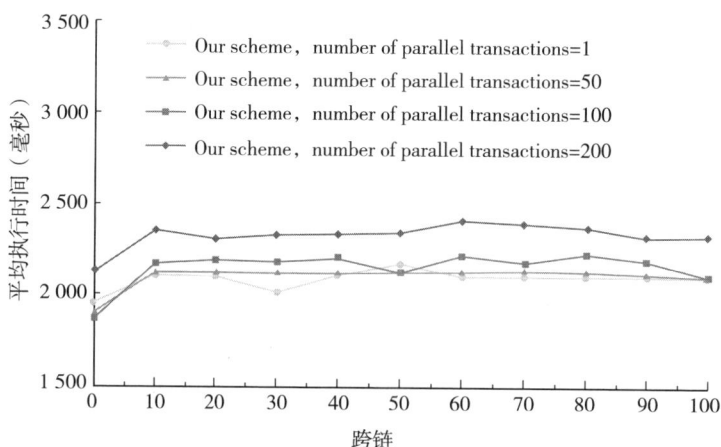

（a）跨链执行时间

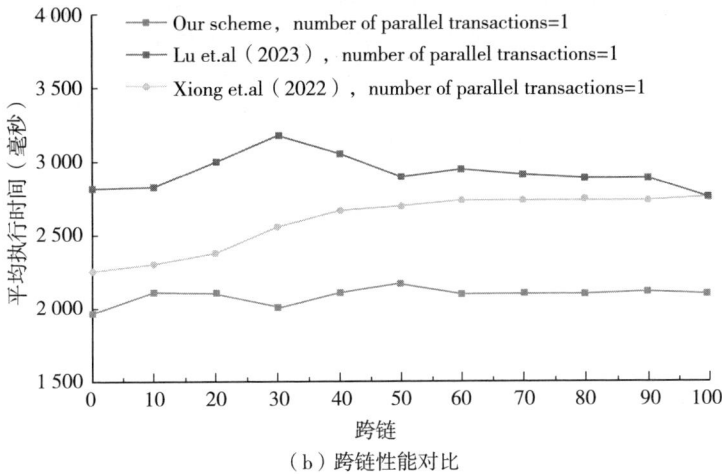

（b）跨链性能对比

图 6-6　跨链性能对比

而 Lu 等人的方案在联盟链间的跨链通信时延稳定在 3 000 毫秒左右。Xiong 等人提出的方案则稳定在 2 500 毫秒左右。此外，与 Wu 提出的方案进行比较，由于中继链的参与，增加了链间交互的负担，本研究的平均跨链时间开销约为 10.47 秒。综上所述，本研究的方案在跨链性能上比 Lu 等人和 Xiong 等人所提出的更有效。并且，本研究的方案在 10～90 交易轮次之间波动不大，具有良好的稳定性，适用于复杂的跨链网络环境。

实验二：为了研究跨链合约中各个算法在不同并发数量服务下的效率，本实验通过控制 Send Rate 来模拟不同的交易并发情况和负载。分别控制每秒发送的交易数在区间［100，600］和［1 600，2 100］内，并以每秒 50 个交易的增长速率为间隔构造测试，测试不同并发的交易请求对跨链合约性能的影响，得到了不同跨链函数的性能，包括：吞吐量和平均交易执行时间，如图6-7所示。测试发现，随着跨链交易并发的增长，能够显著提高跨链算法的吞吐量。并且，跨链读取算法的吞吐量能够达到 2 100 TPS，执行时间稳定在 10 毫秒以下。

实验三：该实验在以太坊网络上部署了跨链合约，用来测试和评估跨链交易的成本，如表6-3所示。该实验用 gas 消耗来度量交易成本，gas 的计算取决于智能合约的复杂性、执行操作所需的计算资源消耗以及网络的传输成本等因素。

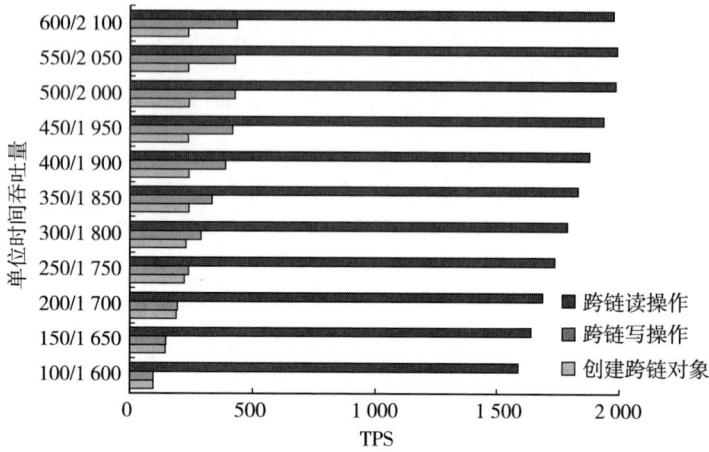

（a）跨链合约吞吐量

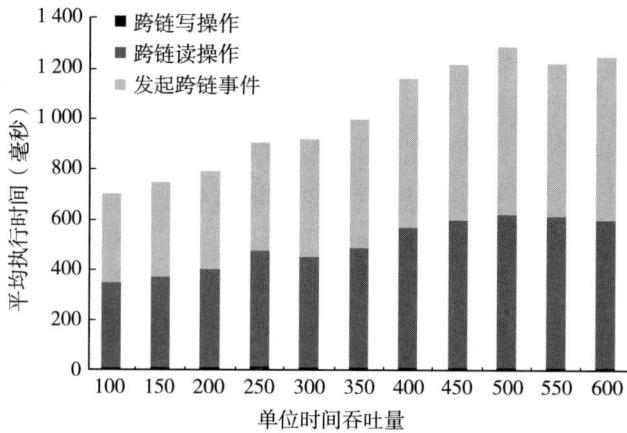

（b）合约平均交易执行时间

图 6-7　跨链合约性能测试

表 6-3　跨链合约算法成本

方法名	交易花费［Gas］	ETH	花费［USD］
CrossChainContract	7 877 145	0. 157 542 9	291. 429 158 136
initialize	113 276	0. 002 265 52	4. 190 849 516 8
startCrossChainTx	550 212	0. 011 004 24	20. 356 083 321 6
getCrossChainTx	65 985	0. 001 319 7	2. 441 233 848

（续）

方法名	交易花费［Gas］	ETH	花费［USD］
createCrossChainTxNo	87 937	0.001 758 74	3.253 387 601 6
createCrossChainTx	38 746	0.000 774 92	1.433 478 012 8
executeCrossChainTx	48 965	0.000 979 3	1.811 548 312
sendAckedTx	687 719	0.013 754 38	25.443 402 299 2
setRelayNode	47 360	0.000 947 2	1.752 168 448

表 6-3 中列出了跨链合约的主要功能函数的成本，包括 gas 消耗、对应的 ETH 和美元价格。该表基于 2023 年 7 月 24 日的 gas 价格（20 Gwei）和 1ETH 价格（＄1 849.84）进行计算。从表中可以看出，部署跨链合约花费的 gas 最多，达到了 7 877 145gas，但这种情况只发生一次。除此之外，发起跨链交易与提交确认交易功能的 gas 成本也较高，因为这两个功能涉及跨链数据的解析、交易创建、数据验证以及与账本相关的复杂操作等。对于发送以及创建事务，所花费的 gas 与事务中包含的数据大小成正相关。而对于初始化、设置中继节点地址以及获取跨链交易对象等事务，所花费的 gas 是固定的，因为这些算法只需要设置地址或跨链交易编号作为参数。

6.2　基于门限 Paillier 密码体制的跨链访问控制机制

6.2.1　模型设计

（1）具有策略和属性隐藏的多方跨链访问控制方案。本节基于 ABAC 与门限 Paillier 密码体制，提出了一种针对跨链网络中数据安全共享的和属性隐藏的访问控制方案，图 6-8 描绘了所提出方案的系统模型。

本节提出的模型涉及六个实体，包括数据拥有者（Data Owner，DO）、数据使用者（Data User，DU）、中继节点跨链协议（RNCCP）、中继节点（Realy Node，RN）、可信机构（Trusted Institution，TA）以及门限密钥生成中心（Threshold Key Generation Center，TKGC），定义如下：

①DO：DO 是拥有数据并想要进行跨链共享的实体。DO 在上传数据时指定其基于属性的访问控制策略 $PR=(S_{PR}, O_{PR}, Condition, P_{PR})$，并由 TA 利用其公钥 PK 对策略进行加密。随后，DO 将生成的策略密文通过访问控制合约（Access Control Contract，ACC）上传到区块链。

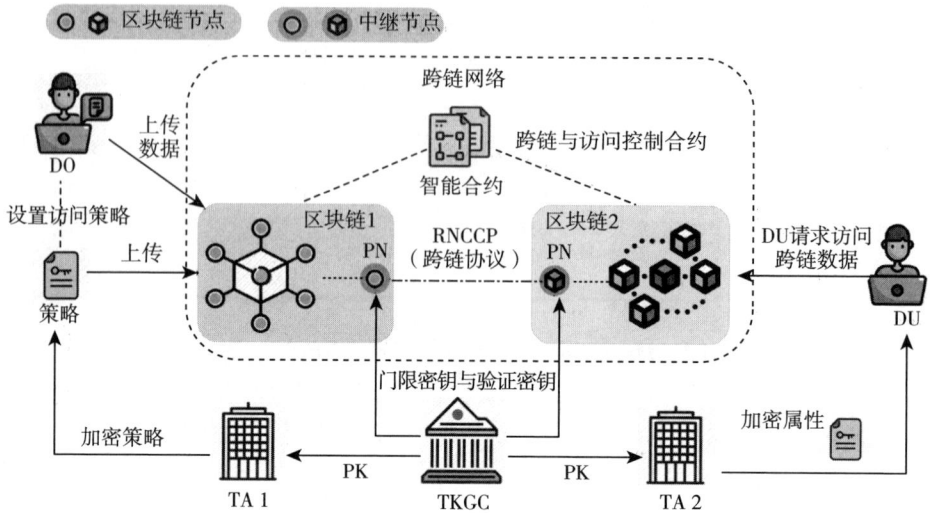

图 6-8 跨链访问控制模型

②DU：DU 是网络中想要通过跨链互操作以获取网络中数据的实体。DU 拥有被 TA 利用 PK 加密过的属性集合 E_{PK}（SA）＝{E_{PK}（SA_1），E_{PK}（SA_2），…，E_{PK}（SA_m）}。网络中参与跨链双方的 RN 对策略与属性的密文差值进行联合计算，如果差值为 0，则证明 DO 的属性满足 DU 设定的策略，DU 被允许通过跨链操作获得 DO 的数据。

③RNCCP：RNCCP 是针对中继节点的跨链数据传输协议，允许异构的区块链在不改变底层结构的前提下接入跨链平台，进行统一的跨链操作，实现可信跨链合约互操作和数据传递。该协议规定了跨链交易的数据结构和操作对象的一致性，定义了区块链之间的跨链交易的生命周期，并向上层的跨链平台提供一致的调用接口。在第三部分的跨链机制研究中对其实现原理有具体的定义。

④RN：RN 是跨链网络中对跨链交易进行请求转发与验证的节点。作为访问控制过程中对 DO 的策略与 DU 的属性进行同态门限联合计算的实体，RN 通过调用 ACC 的联合匹配算法，计算出密文的差距，并利用自己的秘密份额即私钥对其进行解密，得到解密份额。最后，通过合并算法将双方的解密份额合并，得到差距原文，实现数据的细粒度访问控制。

⑤TA：TA 是区块链上的可信权威机构，每个区块链都有对应的 TA。由 TA 利用公钥加密策略及属性，加密后策略密文存入 ACC，属性分发给 DU。

⑥TKGC：TKGC 是跨链网络的中继节点链上的可信门限密钥生成中心。负责根据密钥生成协议为参与跨链网络的区块链中继节点生成门限密钥和认证密钥，并将公钥 PK 以安全方式传递给网络中每个区块链的 TA。

（2）安全需求和设计目标。在本节提出的方案中，假定 TKGC 与区块链推举出的 RN 是可信的。DU 被认为是不诚实的，他们在期望得到 DO 数据的同时，试图串通起来尽可能多地获取 DO 的隐私数据。此外，DU 可能试图在跨链交互中扮演恶意角色，在未经授权访问的情况下获取数据。

在本章节中，假设攻击者无法破坏网络中的大部分节点，他们无法篡改区块链账本上的明文数据或密文信息。但是攻击者能够访问账本中存储的公开信息，并且可根据该数据推断计算出发布者的相关信息。因此，在跨链网络环境中，如果 DU 直接在区块链上公开存储其对应的属性，那么攻击者可能从已获得授权访问的 DU 中学习到满足访问策略的属性集合，从而推测出 DO 的访问控制策略。攻击者根据推测出的策略对自己的属性进行模拟伪造，进而恶意地获得了 DO 数据的跨链访问权限。同样的，如果 DO 的访问策略可以直接从区块链中获得，攻击者也可能通过策略获得关于 DO、DU 数据的一些隐私敏感信息。

根据上述分析，本节提出的模型需要具备的安全要求如下：①支持细粒度的访问控制，允许定义灵活的多级访问控制策略，同时支持访问策略的动态更新，以适应不同的跨链交互需求和情景，并支持访问记录的可追溯审计；②此外，通过对访问策略与属性进行加密隐藏，在保护区块链中用户敏感隐私信息的同时，抵抗上述攻击的恶意破坏；③最重要的是，本节提出的模型还应在跨链网络中具备多方安全联合计算的能力。假定攻击者无法联合规定范围内的 RN 对访问控制结果进行解密伪造，文中所用的加密原语都是安全的，在利用门限 Paillier 密码体制抵抗攻击者合谋攻击的同时，通过网络中多个 RN 进行联合安全计算，利用其同态性巧妙地计算出策略与属性的差值。

6.2.2 多方联合访问控制方案设计

（1）方案概述。本节提出的跨链访问控制方案基于先前的研究构建了跨链网络与对应的 RN，解决了区块链间的数据安全传输与跨链互操作。在此基础上，本文提出的方案在跨链网络中实现了可动态更新策略的基于 ABAC 的访问控制模型，解决了链间数据的可控权限访问控制。此外，为了保证访问过程中的数据安全与隐私，在由 RN 组成的中继链中构建了门限 Paillier 密码体制，由跨链双方对应的 RN 对访问策略与属性密文进行联合安全计算，实现了可靠计算和可追溯的访问控制。

对于跨链网络中每一个区块链推举出来的 RN 节点，由 TKGC 生成其对应的同态门限密码体制的密钥份额，并与公钥一起以安全的方式发送给每个 RN。此外，RN 还具有中继节点链的 CA 颁布的证书，用于签署跨链交易，对跨链交易进行有效性验证。对于参与联合解密的每个 RN 解密后得到的部分解密结果，最终由中继节点链的主节点将所有解密结果结合起来计算最终的联合解密结果。其中，主节点是先前研究中的中继节点链的主节点，中继节点链定义了三种类型的中继节点：主节点、跨链节点与轻节点。主节点在跨链网络中只有一个，由网络中政府部门所在的组织链推举的 RN 担任。此外，主节点还需对加入跨链网络的其他中继节点进行身份安全认证与监管。

DU 与 DO 希望在网络中进行跨链数据共享等操作，首先需要从其区块链的 TA 中获得身份证书以及相应的已加密的属性或策略。随后，DO 将经过加密的访问策略及其数据的摘要信息上传至区块链，提供给链内链外的节点申请访问。当 DU 想要申请访问某条链上 DO 的数据时，必须向其所在的区块链对应的 RN 提交跨链访问请求。RN 将请求传递至 DO 所在链的 RN，后者调用 ACC 执行策略和属性的差异计算，并将差异密文交由门限范围内的所有 RN 进行部分解密计算。最后，主节点收集并合并所有的解密结果，得到最终的联合解密结果，并将其发送给 DO 所在链的 RN。由 RN 调用 ACC 判断是否可以授权跨链操作访问。

在跨链数据全生命周期的访问控制与共享的完整流程中，智能合约在该机制的执行逻辑中扮演了重要的角色。我们的机制涉及三种合约：用户合约、跨链合约以及访问控制合约。用户合约提供 DU 和 DO 进行数据共享、加密上传等操作的接口。跨链合约作为连接用户、区块链和中继节点链的桥梁，主要实现了链间的跨链互操作逻辑。跨链合约与用户合约之间进行数据传递，接收用户的跨链请求，从而实现链间数据的交互通信。用户合约与跨链合约的主要逻辑与功能我们在先前的研究中已经详细介绍，本章节将主要专注于访问控制合约相关的逻辑与功能。图 6-9 展示了跨链数据的访问控制与共享流程，接下来将依据图 6-9 详细介绍跨链访问控制的具体流程。

（2）模型初始化。最初，根据之前研究的基于中继节点的跨链交互机制，我们建立了一个跨链网络架构，由多组织链和中继节点链组成。假设网络中的区块链数量为 M，则网络中有 M 个 RN 节点。中继节点链的主节点选择门限

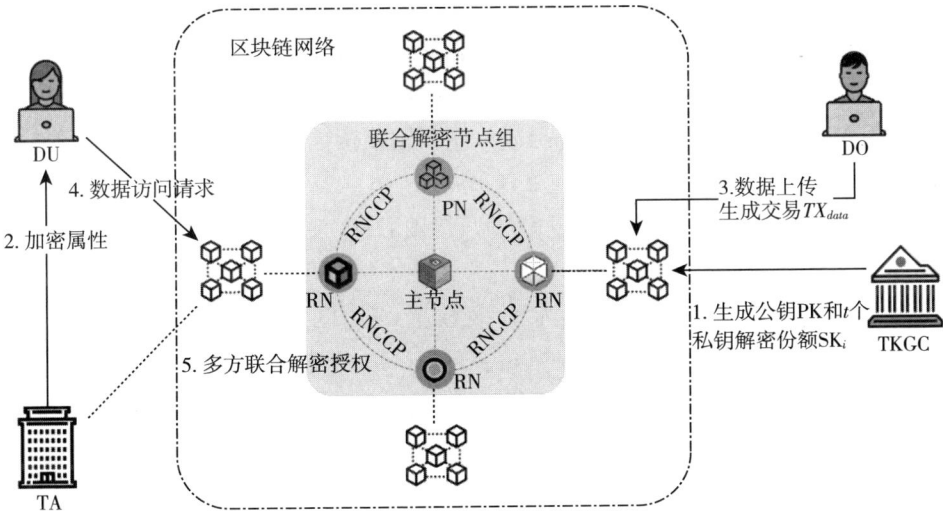

图 6-9　跨链数据访问控制与共享流程

值范围内 t 个 RN（其中 $t \geq 2$）作为联合解密的节点组，这个节点组必须包含参与此轮跨链交互的源链与目的链所对应的 RN。参与联合解密的 RN 由 TKGC 生成其对应的解密密钥份额。具体的流程如下：首先，跨链网络中的 TA 联合指定门限 Paillier 密码体制的密钥生成协议。TKGC 设置两个强素数 p、q，然后随机选取 $(a, b) \in Z_n^* \times Z_n^*$，设 $g = (1+n)^a \times b^n \bmod n^2$。并计算 $n = pq$。利用上文描述的门限 Paillier 密码体制方案生成公钥 $PK = (n, g, \theta)$，以及私钥解密份额 $SK_i = f(i) \bmod nm$，其中 SK_i 是第 i 个 RN_i 的私钥解密份额，并计算 $f(x) = \sum_{i=0}^{t} a_i \times X^i$。公钥 PK 与私钥解密份额 SK_i 由 TKGC 分别以安全的信道传送给 TA 与各个 RN。

当 DU 加入区块链网络时，首先由其所属的区块链的 TA 为其分配证书与属性。DU 的属性由 TA 根据它所属的区块链、组织、安全级别、用户类型等多方面进行设置，并为其分配允许的跨链操作属性。在网络中，TKGC 统一定义每个 TA 分配给 DU 的属性名称与数量。也就是说，每条链的用户属性集合 $SA = \{SA_1, SA_2, \cdots, SA_m\}$ 中包含的属性个数 m 是相同的。每个属性 SA_i 对应的名称由 TKGC 统一定义，并且在整个网络中公开。SA_i 的值由 TA 利用 PK 进行加密，具体来说，设 DU 所具有的属性集合 S 中的属性为 $E_{PK}(SA_i) = [AttName_{Si} : EPK(AttValue_{Si})]$，其中 $E_{PK}(AttValue_{Si})$ 是 TA 对属性值利用公钥 PK 加密后的结果。即 DU 在区块链上对应的属性集合为：

$$E_{PK}(SA) = \{[AttName_{S1} : E_{PK}(AttValue_{S1})],$$
$$[AttName_{S2} : E_{PK}(AttValue_{S2})], \cdots, [AttName_{Sn} : E_{PK}(AttValue_{Sn})]\}$$

（3）数据上传。任何区块链上已注册的用户想要上传共享数据时，都可以调用用户合约中定义的数据上传函数。在调用该函数之前，用户可以选择将数据加密存储到分布式文件系统，如 IPFS、IPNS、Arweave 等，获得索引地址 HashAdd 并为数据设立唯一标识 DID，使用 DID 来唯一标识该数据，并通过 HashAdd 引用数据的链下地址。

在数据上传前，需要由 TA 对该数据的访问控制策略进行加密，即 $E_{PK}(PR) = \{E_{PK}(S_{PR}), E_{PK}(O_{PR}), E_{PK}(Condition), E_{PK}(P_{PR})\}$。其中，$S_{PR}$ 是 DU 允许申请访问数据时需要满足的策略规则，O_{PR} 是与 DO 属性相关的策略规则，P_{PR} 是策略规则 PR 对应的访问操作权限。由 $E_{PK}(PR)$ 代替策略原始数据存储到区块链的 ACC 合约上。用户执行合约中的数据上传函数后，该函数生成数据存储交易 TX_{data}，将数据以及访问策略的密文存到区块链账本上。同时，将数据摘要 $data_{info}$ 公开提供给对数据感兴趣的 DU 进行数据请求。值得注意的是，$data_{info}$ 不包含与用户隐私敏感信息相关的内容。数据上传交易可以表示为 $TX_{data} = \{DID, data_{info}, hashAdd, E_{PK}(PR)\}$。

（4）数据跨链访问请求。当 DU 想要申请访问 DO 的数据时，首先调用用户合约，申请访问数据，并提供已加密的属性。由用户合约通过 DU 提供的数据判断该请求是否需要进行跨链操作。如果需要跨链操作，则由用户合约调用跨链合约，并由跨链合约构造，同时发送跨链交易请求 $CCTX_{request}$。由 RN 对该跨链交易请求进行签名，并按照定义的 RNCCP 跨链协议对跨链交易进行封装。利用 libP2P 把封装后的跨链交易数据传输给对应链的 RN 进行跨链操作处理。RN 封装后的跨链请求可表示为

$$CCTX_{request} = \{CrossTxNo, SrcChainCode, DestChainCode,$$
$$Proof, CrossChainData, TxResult\}$$

其中，$CrossTxNo = [SrcChainNo : DestChainNo : Number]$ 是根据源链编号、目的链编号以及自增码拼接创建的唯一跨链交易编号。SrcAddress 与 DestAddress 分别是跨链双方的编号地址，$Proof$ 包含了跨链交易的验证信息，其中包括跨链交易的哈希、本交易所在的区块号、默克尔根哈希值以及跨链节点对该交易的签名。RN 通过 $Proof$ 字段可以进行交易原子性验证，签名验证，区块头验证等。$CrossChainData$ 封装了 DU 申请访问数据的 DID 以及 DU 加密后的属性信息 $E_{PK}(SA)$。

访问请求函数的细节在下述算法中描述。原链 RN 对该交易进行签名确认后，根据目的链编号在中继节点链的区块链数据库中找到该链对应的 RN 节点的地址（dest），并利用节点间的通信算法进行跨链访问请求的安全通信。

算法 6 跨链访问请求算法

Input: $CrossTxNo, SrcChainCode, DestChainCode, CrossChainData, TxResult, TxType$

  if $checkRelayNode() = false$ **then**

      返回错误，并提示该方法仅限于中继节点调用

  $else$

      $crossChainTxObj \leftarrow createCrossChainTx(CrossTxNo, SrcChainCode, DestChainCode,$
      $CrossChainData, TxResult, TxType)$

      $CrossChainTxObjMap[crossChainTxObj. CrossTxNo)] \leftarrow crossChainTxObj$

      if 中继节点属于源链 **then**

        if $crossChainTxObj. TxType\ equals\ to\ transfer$ **then**

          根据传输类型解析跨链对象和 payload

        else if $crossChainTxObj. TxType\ equals\ to\ contract\ interoperability$

          根据合约互操作类型解析跨链对象和 $payload$

        end if

        $Proof \leftarrow generateProof(block\ number, hash\ of\ transaction, verify\ and\ sign\ the\ transaction)$

        $CCTXrequest \leftarrow \{CrossTxNo, SrcChainCode, DestChainCode, Proof, CrossChainData,$
        $TxResult\}$

        $dest \leftarrow ChainAddressMap[DestChainCode]. address$

        通过 RN 通信算法向目标区块链的 RN 发送请求

        $sendRequests(dest, CCTXrequest)$

      end if

  end if

（5）多方中继节点联合解密授权。基于 $CCTXrequest$，DO 所在链的 RN 在接收到跨链请求之后，对该请求进行解析，提取 DU 的加密属性 $E_{PK}(SA)$。随后，RN 调用 ACC 合约，检索 DID 对应数据的加密访问策略 $E_{PK}(PR) = \{E_{PK}(S_{PR}), E_{PK}(O_{PR}), E_{PK}(Condition), E_{PK}(P_{PR})\}$，并利用 ACC 计算 $E_{PK}(SA)$ 与 $E_{PK}(SPR)$ 密文之间的差值 $Result$。具体而言，利用 Paillier 密码系统的同态性，原数据的差即为密文数据相除，原数据相加即为密文数据相乘。由主节点设定一个"加法因子"MX，并利用 PK 计算其密文 $E_{PK}(MX)$。MX 对外保密，$E_{PK}(MX)$ 发送给网络中的 RN，供 RN 利用其计算 $E_{PK}(SA)$ 与 $E_{PK}(S_{PR})$ 之间的差值。

具体而言，例如，设策略 PR 中允许的主体的数据安全等级 $E_{PK}(S_{PR1}) = [DataLevel: E_{PK}(a)]$，申请访问的 DU 的安全等级的属性为 $E_{PK}(SA_1) =$

$[DataLevel : E_{PK}(b)]$。为防止攻击者获得访问策略与用户属性，我们在网络中传输比较的是其对应的密文，即密文 $EPK(a)$ 与 $EPK(b)$。根据 Paillier 密码算法的同态性，由主节点设定 $M_X \gg DataLevel$ 的最大值。由 ACC 利用门限 Paillier 密码体制计算 $E_{PK}(Result) = E_{PK}(a) * E_{PK}(M_X)/E_{PK}(b)$，并将 $E_{PK}(Result)$ 交由门限范围内的 RN 进行联合解密。最后由主节点将联合解密结果汇合起来得到结果具体明文值 $Result$，根据同态性得知 $Result = a + M_X - b$。若 $Result > M_X$，则表明 $a > b$，即规则设定的数据安全等级更高，而 DU 所具有的安全等级不符，因此，该访问请求无效；反之，则允许访问。

　　ACC 基于门限 Paillier 密码体制进行多方联合解密计算的细节如下述算法所示。算法的输入为主体属性密文 $E_{PK}(AttValueSi)$、策略规则密文 $E_{PK}(AttValueSPRi)$、加法因子密文 $E_{PK}(MX)$ 与公钥 PK。其中，$EPK(AttValueSi)$ 是主体属性集合 SA 中某个具体属性 $E_{PK}(SA_i) = [AttName_{Si} : E_{PK}(AttValue_{Si})]$ 的密文值，$E_{PK}(AttValueS_{PRi})$ 是策略规则密文 $E_{PK}(PR) = \{E_{PK}(S_{PR}), E_{PK}(O_{PR}), E_{PK}(Condition), E_{PK}(P_{PR})\}$ 中 DU 允许申请访问数据时需要满足的策略规则 S_{PR} 中相同 $AttName$ 对应的密文值，$E_{PK}(MX)$ 是由主节点设定的加法因子的密文，公钥 PK 在各 RN 间是公开的。该算法的输出为生成的密文差值 $E_{PK}(Result)$。随后，主节点将 $E_{PK}(Result)$ 分享给门限范围内的 RN 进行解密，并将 RN 节点部分解密计算的结果结合起来，得到最终的差值结果。最后，调用 ACC 判断访问控制权限。至此，完整的访问控制流程结束。

算法 7 基于门限 Paillier 密码体制的密文差值计算

Input：$E_{PK}(AttValue_{Si}), E_{PK}(AttValue_{SPRi}), E_{PK}(M_X), PK$
Output：$E_{PK}(Result)$
　　// 计算 $ciphertext = E_{PK}(AttValue_{Si}) * E_{PK}(M_X)/E_{PK}(AttValue_{SPRi})$ 即 $plaintext = AttValue_{Si} + M_X - AttValue_{SPRi}$
　　$N^2 \leftarrow PK.getN() * PK.getN()$
　　$ciphertext1 \leftarrow E_{PK}(AttValue_{Si}) * E_{PK}(M_X) \bmod(N^2)$
　　$ciphertextInverse \leftarrow E_{PK}(AttValue_{SPRi}).modInverse(N^2)$
　　$ciphertext \leftarrow ciphertext1 * ciphertextInverse.mod(N^2)$
　　$E_{PK}(Result) \leftarrow ciphertext$
　　return $E_{PK}(Result)$

　　为避免在短时间内因多次重复计算密文并进行判断而消耗计算资源，

ACC 在判定 DU 的访问权限之后，RN 动态地生成访问控制权限列表，并设置访问控制允许的时间间隔。在规定时间内，DU 可直接通过访问列表中的权限记录对 DO 进行访问控制。超过规定时间后，由 ACC 更新访问控制权限列表。

主节点汇总 RN 的部分解密结果进行联合计算的细节如下述所示。算法输入为门限 t 个 RN 部分解密 $E_{PK}(Result)$ 的结果列表 $partialDecryptionList$、公钥 PK、M_X 以及门限 t，通过计算输出为解密后的值与加法因子的比较结果 $compareResult$。

算法 8 主节点合并解密结果

Input：$partialDecryptionList, PK, M_X, t$
Output：$compareResult$
 if $partialDecryptionList.\text{length}{<}t$ **then**
  必须至少使用 t 个解密结果来调用此方法
 else
  $n{\leftarrow}PK.\text{getN}()$
  $nSquare{\leftarrow}n*n$
  $delta{\leftarrow}\text{factorial}(1)$
  $cprime{\leftarrow}\text{BigInteger. ONE}$
  $L, res{\leftarrow}\text{null}$
  for each $partialDecryptionList[i]$ in $partialDecryptionList$ **do**
   $lambda{\leftarrow}delta$
   for each $partialDecryptionList[iprime]$ in $partialDecryptionList$ **do**
    if$(iprime{\neq}i)$**then**
     $Lambda{\leftarrow}lambda*(-partialDecryptionList[iprime].\text{getID}())/$
     $(partialDecryptionList[i].\text{getID}()-partialDecryptionList[iprime].\text{getID}())$
    end if
   end for
   $cprime{\leftarrow}cprime*(partialDecryptionList[i]modPow(2L*lambda, nSquare))$
   $mod\ nSquare$
  end for
  $L{\leftarrow}(cprime-1)/n$
  //res 是将所有 RN 的部分解密结合到一起的值
  $res{\leftarrow}L*(combineSharesConstant)mod\ n$
  将 res 与加法因子 M_X 比较
  $compareResult{\leftarrow}res.\text{compareTo}(M_X)$
 return $compareResult$

6.2.3 安全性分析

在本节提出的解决方案中，用户的属性或策略中的敏感数据，无论是存储在链上、跨链交互的访问请求中，抑或是在智能合约进行计算的过程中，所有用户、RN、区块链节点操作的数据全部是由门限 Paillier 密码体制加密之后的密文数据。这意味着除用户本人之外，其他任何节点都无法接触到敏感数据的原始信息，有效地保护了属性和策略中数据的隐私。

对于试图通过攻击区块链节点获取数据的攻击者，本节提出的方案采用了基于门限 Paillier 密码体制，该体制通过将私钥分片分发给不同区块链的可信 RN，使攻击者难以破解不同区块链组织上的具有高计算和高安全性能的 RN 节点，难以同时获取 t 个同态解密的私钥，从而解密数据。此外，攻击者也难以危及分发密钥的 TKGC。这种方式确保数据对未经授权的用户保持机密，从而维护了具有访问控制权限的数据隐私和安全性。

若攻击者试图破坏 DU 以获取对 DO 数据的无限期访问控制权限，本方案可以动态生成访问控制权限列表，并设置访问控制允许的时间间隔。一旦判断到该 DU 被挟持，则可通过修改访问权限列表来终止用户对数据的访问。与此同时，DO 动态地变更数据的加密密钥，由于 DU 只是获取了数据的存储地址，因此，即使在被挟持之后，也无法解密出实际的数据原文。

此外，用户的跨链请求与授权结果都由 ACC 记录在中继链的分布式账本上。由于攻击者难以控制全网 50％ 以上的节点算力来篡改交易账本，因此中继链上的跨链请求授权记录可以为后续的审计与访问记录追踪提供有效的证据。

6.2.4　实验与结果分析

为了测试评估本节提出的基于 ABAC 与同态门限密码体制的具有策略和属性隐藏的跨链访问控制方案的可行性和性能，本节进行了一些实验模拟。与现有的明文存储策略及属性或者由单一中心节点加解密数据的区块链访问控制方案相比，由于本方案应用在跨链场景中，并利用多中继节点进行联合解密，所提出的方案不可避免会产生一些额外的计算开销。

该模型的实验环境配置为 Intel Xeon E5 CPU，64 GB 内存，Ubuntu 18.04 操作系统，使用 Hyperledger Fabric 与 FISCO BCOS 平台来构建上节提出的跨链交互网络。该实验使用 Go 语言与 Solidity 语言分别开发了用于 Hyperledger Fabric 与 FISCO BCOS 平台的跨链合约与访问控制合约，使用户与区块链交互并通过访问控制进行跨链操作。由于用户的属性与策略需要加密，RN 节点端需要联合解密，因此还开发了 JAVA 程序来实现门限 Paillier 密码体制。我们将密钥大小设置为 128 位，同时也是 p、q 的位数 k，使得安全性为 $2k$。并通过参数来控制联合 RN 节点的个数。

在功能方面，将本节所提出的方案与现有的细粒度访问控制方案进行了比较，如表 6-4 所示，在五个方面进行了比较：加密方法、是否支持策略隐藏、是否支持访问权限动态更新、是否具有可追踪性，以及效率。通过对比发现，Yan 等人采用了 ABE 的加密方案，选择在代理服务器上进行代理加解密，虽然提高了加解密速度，但是把加解密交给统一的服务器处理存在隐私明文泄露的风险。Han 等人采用区块链和内积加密的方式，实现访问控制与策略的隐藏，但是该方案的解密与加密时间消耗较大，方案的效率较低。Liang 等人采用 CP-ABE 的方式对属性进行加密，并改进了 Paillier 同态加密机制加密原始数据，虽然减少了加解密的时间消耗，但不支持策略隐藏，这可能会导致策略中的用户隐私泄露。Wu 等人利用加性同态密码系统对属性和策略进行加密，并利用多个区块链节点对数据进行集体解密，但该方案不支持访问权限的动态变化，缺乏对访问历史的追踪记录，也无法在多链协作的环境中进行访问控制。与上述方案相比，本文提出的方案访问控制功能更加全面，通过门限 Paillier 密码体制与多方联合密文计算也使得解决方案具有更高的安全性。

表 6-4　跨链机制对比

方案	加密方法	是否支持策略隐藏	是否支持访问权限动态更新	是否具有可追踪性	效率
Yan 等人	ABE	是	是	否	较高
Han 等人	内积加密	是	否	是	中
Liang 等人	CP-ABE	否	否	是	较低
Wu 等人	加性同态密码系统	是	否	否	较高
本文方案	门限 Paillier 密码体制	是	是	是	较高

在性能方面，本节提出的方案效率主要受门限 Paillier 密码体制的相关算法、密文差异计算和跨区块链操作性能的影响。跨链操作的相关性能我们已在先前的研究中给出。因此，本文在智能合约安装部署实例化后，使用区块链平台提供的 SDK 编写客户端的跨链访问控制请求代码并调用智能合约，分别对

上述另外两个关键步骤进行性能评估。实验重复 100 次，以平均值作为评价标准。

①门限 Paillier 密码体制加解密耗时。门限 Paillier 密码体制密钥生成与加解密的时间都与跨链网络中参与联合解密的 RN 节点的数量 t 以及策略中属性的个数 n 有关。为了观察这些因素如何影响门限 Paillier 密码体制的性能，本节分别测试分析 RN 节点的数量 t 与密钥生成时间以及加解密时间的关系以及属性个数 n 与加密时间的关系（图 6-10）。从图 6-10（a）可以看出，每个方案的加密时间都随着属性数量的增加而增长。此外，我们的方案所消耗的时间小于 Yan 等人与 Huang 等人的方案。图 6-10（c）与（d）分别比较了 RN 节点数量与密钥生成时间以及解密时间的关系，从图中可以看出，本节提出的方案的时间消耗随着 RN 节点的增加而增加，且当 RN 节点增加到一定量时，密钥的生成时间呈指数增长。由于每个 RN 节点的私钥份额都是在系统初始化阶段生成的，所以密钥生成时间并不影响系统访问控制的吞吐量。此外，我们方案的联合解密时间与 RN 数量呈线性增长关系，且平均时间约为 13.75 毫秒，可以满足系统需求。图 6-10（b）对比了我们方案在联合解密节点数固定时的解密时间与其他单节点解密方案的时间消耗与属性个数的关系，由于我们的方案对密文进行差值计算，只解密最后的结果，所以我们方案的解密时间消耗与属性无关，稳定在 5 毫秒左右。Yan 等人的方案支持代理解密，用户解密时间稳定在 1.5 毫秒左右。Xu 等人的方案解密时间稳定在 20 毫秒，始终是常数。而 Huang 等人的方案解密时间与属性呈正相关，且时间成本高于本文的方案。这证明了本文提出的方案在数据加解密、密文差值联合计算等不同阶段都具有优势，在解密阶段也满足跨链访问控制所需。

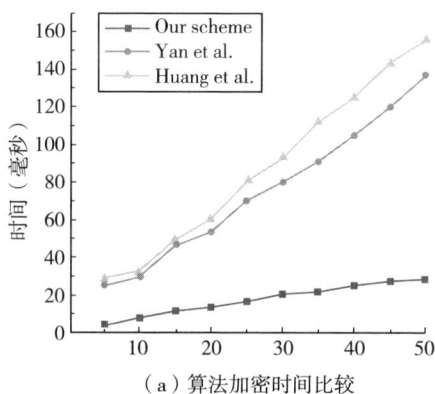

（a）算法加密时间比较　（b）算法解密时间比较

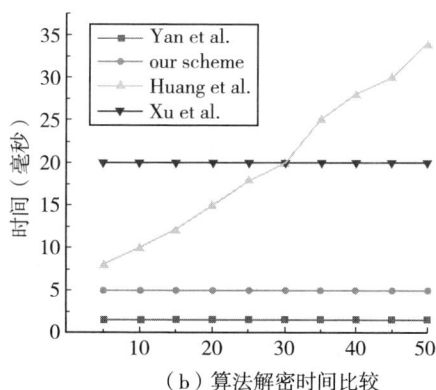

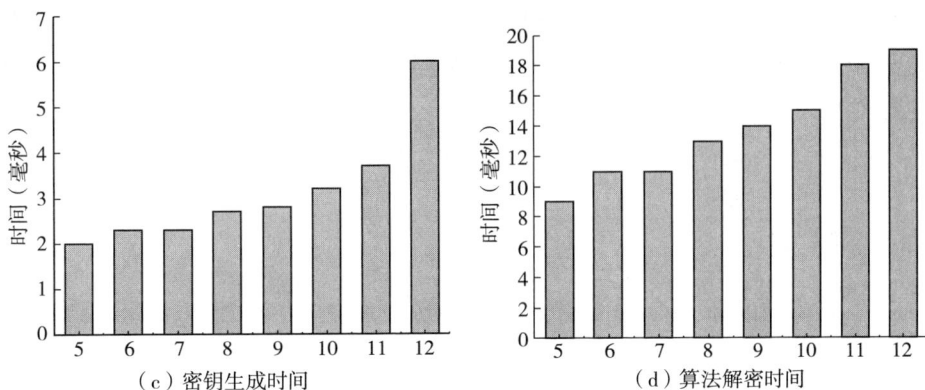

（c）密钥生成时间   （d）算法解密时间

图 6-10　算法加解密性能测试

②密文差异计算与判断。由于本节提出的方案存在多个跨链参与方，为了系统的安全，利用同态密码系统的同态性，通过对密文的差异计算与联合解密判断，能有效地避免访问策略中明文泄露的风险。从图 6-11 中可以看出，密文差异计算时间与属性个数呈正相关，随着属性个数的增加，密文的计算时间也在增加。实验测得链下密文差异计算的平均时间为 7 毫秒。由于密文差异计算需要通过 ACC 合约进行调用，并在计算后进行判断，所以其计算与判断的时间消耗均值约为 2.3 秒，总体时间符合后续跨链系统的需要。

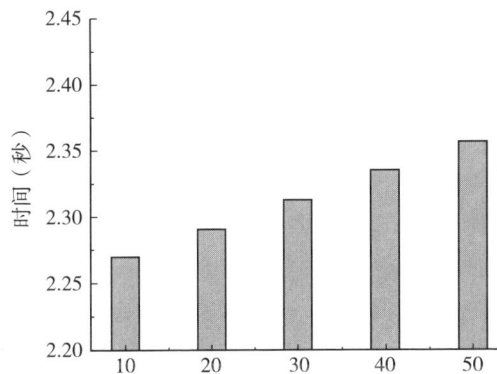

图 6-11　密文差异计算时间消耗

6.3　面向智能交通的多方数据安全跨链共享与协同方案实现

本节提出一个面向智能交通的多方数据安全跨链共享与协同方案，研究基于中继节点的跨链交互平台，实现车辆、路测设备、计算节点和交通机构间的安全高效数据交互通信；研究基于属性和同态门限密码体制的安全多方跨链数据访问控制方案，通过对属性与策略的完全隐藏与多方安全计算，在保证细粒度访问控制的同时，对企业间的跨链数据及其隐私信息进行了保护。与现有的智能交通数据共享方案相比，本方案为企业间信息共享提供了安全保障，并增加了协同效率。

6.3.1 面向智能交通的多链数据协同架构

在基于区块链的 ITS 中，不同交通机构、基础设施、路测单元由于自身功能需求，底层采用不同类型的区块链，各个机构链在智能交通场景中执行不同的功能职责，如：交通运输部门与交通企业需要对数据进行监管、认证，其底层采用联盟链网络。而车端、路端、云端等交通基础设施相互间需要进行大量动态的数据共享，该部分底层采用链上链下协同存储的模式。另外，用户或其他小型的数据源底层可采用私有链网络。然而，由于不同区块链的独立性，阻碍了交通机构间的数据通信和交互。

针对上述情况，本节面向智能交通，构建了一个由机构链、设施链与中继节点链组成的多链数据协同跨链通信网络架构，如图 6-12 所示。其中各个机构链采用基于中继节点的跨链交互机制进行数据共享交互。中继节点利用 IBE 机制安全接入中继节点链，并与其他节点进行安全通信。机构链通过其对应的中继节点加入跨链网络中，各个机构链在智能交通场景中执行不同的功能职责。数据跨链协同交互的过程中，通过基于属性的访问控制与门限 Paillier 密码体制保证细粒度的访问控制，并保护企业间的跨链数据及其隐私信息的安全。

6.3.2 平台搭建

（1）跨链网络搭建。本节在第三和第四部分模型设计的基础上，使用 Hyperledger Fabric v2.3.0 与 FISCO BCOS v2.8.0 来实现 ITS 中多方数据安全跨链共享与协同方案，并对该方案的相关功能进行测试。本节的实验环境与 6.1.6 节的相同，具体的环境配置及版本如表 6-5 所示。本平台分别采用 GO 语言与 Solidity 语言开发设计跨链交互智能合约与跨区块链访问控制合约，并利用 Fabric 与 FISCO 提供的 SDK 与底层区块链交互，以实现平台的相关功能。

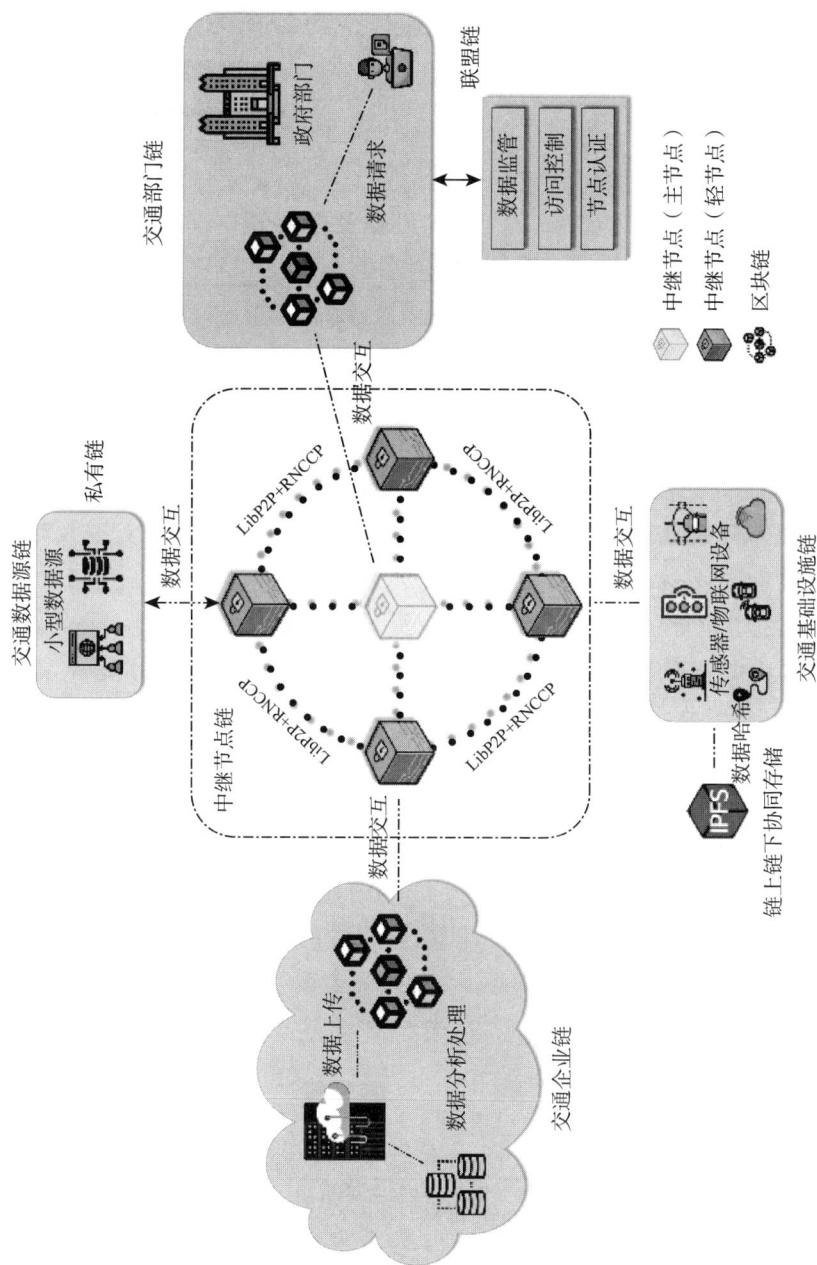

图 6-12 面向智能交通的多链数据协同网络架构

表 6-5 开发环境配置

硬件配置	软件配置
CPU：Intel Xeon E5-2680 v4 @2.40GHz； 内存 64GB； L3 缓存 35MB	操作系统：Ubuntu 18.04 Hyperledger Fabric：v2.3.0 FISCO BCOS：v2.8.0 性能测试 1：Hyperledger Caliper v0.5.0 性能测试 2：Jmeter v1.4.0 Docker：20.10.14 Docker compose：1.28.4 Golang 版本：1.16.13 Solidity 版本：0.8.0

本平台构建的跨链网络中包含 3 条区块链，共设立 22 个节点。其中，使用 Hyperledger Fabric 区块链平台搭建了 2 条链。设立 government-chain 作为交通管理部门链，对跨链网络中的数据进行监管、访问控制决策以及对新加入的节点进行认证。government-chain 中设立了 5 个节点，包括 1 个 order 节点，2 个组织，每个组织 2 个 peer 节点，采用 solo 共识算法。设立 enterprise-chain1 作为其中一个交通企业链，执行其企业对应的功能职责，该链共包括 3 个 orderer 节点和 4 个组织，每个组织各 2 个 peer 节点，运行 raft 共识算法。FISCO BCOS 网络中搭建了一条 enterprise-chain2 作为另一个交通企业数据链，该链部署了三个群组共 8 个节点，选用 raft 作为该区块链的共识算法。

（2）Hyperledger Fabric 网络构建。对于 Hyperledger Fabric 创建的 government-chain 与 enterprise-chain1 区块链，通过以下步骤配置上述网络。首先，通过修改 crypto-config.yaml 文件生成组织。使用 cryptogen 工具为每个节点生成证书，启动 CA server，生成 MSP 配置、颁发 TLS 证书文件；然后，创建网络配置文件 configtx.yaml，生成通道文件、创世区块文件以及每个组织的锚节点文件等，如图 6-13、图 6-14、图 6-15 所示。

```
Creating ca-enterprise1-org0 ... done
Creating ca-enterprise1-org2 ... done
Creating ca-tls             ... done
Creating ca-enterprise1-org3 ... done
Creating ca-enterprise1-org1 ... done
```

图 6-13 创建 CA 节点并启动

```
lwx@ubuntu:~/go/src/github.com/hyperledger/fabric/scripts/fabric-samples/test-network1$ configtxgen -p
rofile SampleMultiNodeEtcdRaft -channelID systemchannel -outputBlock ./channel-artifacts/genesis.block
2024-01-13 01:03:09.148 PST [common.tools.configtxgen] main -> INFO 001 Loading configuration
2024-01-13 01:03:09.212 PST [common.tools.configtxgen.localconfig] completeInitialization -> INFO 002
orderer type: etcdraft
2024-01-13 01:03:09.212 PST [common.tools.configtxgen.localconfig] completeInitialization -> INFO 003
Orderer.EtcdRaft.Options unset, setting to tick_interval:"500ms" election_tick:10 heartbeat_tick:1 max
_inflight_blocks:5 snapshot_interval_size:16777216
2024-01-13 01:03:09.212 PST [common.tools.configtxgen.localconfig] Load -> INFO 004 Loaded configurati
on: /home/lwx/go/src/github.com/hyperledger/fabric/scripts/fabric-samples/test-network1/configtx.yaml
2024-01-13 01:03:09.215 PST [common.tools.configtxgen] doOutputBlock -> INFO 005 Generating genesis bl
ock
2024-01-13 01:03:09.215 PST [common.tools.configtxgen] doOutputBlock -> INFO 006 Writing genesis block
```

图 6-14 生成创世区块

```
lwx@ubuntu:~/go/src/github.com/hyperledger/fabric/scripts/fabric-samples/test-network1$ configtxgen -p
rofile ThreeOrgsChannel -outputAnchorPeersUpdate ./channel-artifacts/Org4MSPanchors.tx -channelID appc
hannel -asOrg Org4MSP
2024-01-13 01:14:48.948 PST [common.tools.configtxgen] main -> INFO 001 Loading configuration
2024-01-13 01:14:48.979 PST [common.tools.configtxgen.localconfig] Load -> INFO 002 Loaded configurati
on: /home/lwx/go/src/github.com/hyperledger/fabric/scripts/fabric-samples/test-network1/configtx.yaml
2024-01-13 01:14:48.979 PST [common.tools.configtxgen] doOutputAnchorPeersUpdate -> INFO 003 Generatin
g anchor peer update
2024-01-13 01:14:48.981 PST [common.tools.configtxgen] doOutputAnchorPeersUpdate -> INFO 004 Writing a
nchor peer update
```

图 6-15 创建锚节点文件

接下来为各个节点（orderer、peer、couchdb）配置 docker 配置文件，包括公共基础的配置与非公共基础配置，并配置用于访问 fabric 网络的客户端容器 cli；随后，创建启动网络与关闭网络的脚本文件，并为容器添加 dns 映射；然后，即可执行启动脚本来启动 fabric 网络，并与之交互。网络节点启动成功如图 6-16 所示。紧接着根据通道配置文件，生成通道配置交易，并将组织对应的节点加入通道中。

```
Creating orderer3             ... done
Creating peer0-enterprise1-org2 ... done
Creating peer1-enterprise1-org2 ... done
Creating peer1-enterprise1-org0 ... done
Creating orderer1             ... done
Creating cli                  ... done
Creating peer0-enterprise1-org1 ... done
Creating peer1-enterprise1-org1 ... done
Creating peer0-enterprise1-org0 ... done
Creating peer1-enterprise1-org3 ... done
Creating orderer2             ... dns
Creating couchdb1             ... done
Creating couchdb2             ... done
Creating couchdb0             ... done
Creating peer0-enterprise1-org3 ... done
```

图 6-16 配置各节点 docker 并启动

（3）FISCO BCOS 网络构建。FISCO BCOS 网络构建的 enterprise-chain2，采用八节点星形拓扑结构，为了便于部署，在单机上部署了包含四个机构、三个群组的区块链组网，其节点配置与所属机构如图 6-17 所示。

```
lwx@ubuntu:~/fisco$ cat ipconf
127.0.0.1:2 agencyA 1,2,3
127.0.0.1:2 agencyB 1
127.0.0.1:2 agencyC 2
127.0.0.1:2 agencyD 3
```

图 6-17 enterprise-chain2 链组网系统配置文件

首先使用 build_chain 脚本构建区块链节点配置文件，生成相应的证书文件及节点所需的配置文件，如图 6 - 18 所示。随后，利用脚本启动节点并查看节点的共识过程，如图 6 - 19 所示。最后，配置控制台并通过 SDK 连接区块链节点。在区块链后续的拓展过程中，可以指定节点加入指定群组，并执行该群组对应的功能，如图 6 - 20 所示。该链节点配置成功后，即可通过控制台查询区块链状态、部署跨链合约与访问控制合约。

```
================================================
Generating configuration files ...
Processing IP=127.0.0.1 Total=2 Agency=agencyA Groups=1,2,3
Processing IP=127.0.0.1 Total=2 Agency=agencyB Groups=1
Processing IP=127.0.0.1 Total=2 Agency=agencyC Groups=2
Processing IP=127.0.0.1 Total=2 Agency=agencyD Groups=3
================================================
Group:1 has 4 nodes
Group:2 has 4 nodes
Group:3 has 4 nodes
================================================
[INFO] IP List File   : ipconf
[INFO] Start Port     : 30300 20200 8545
[INFO] Server IP      : 127.0.0.1:2 127.0.0.1:2 127.0.0.1:2 127.0.0.1:2
[INFO] Output Dir     : /home/lwx/fiscotest8node/nodes
[INFO] CA Path        : /home/lwx/fiscotest8node/nodes/cert/
[INFO] RSA channel    : true
================================================
[INFO] Execute the download_console.sh script in directory named by IP to get FISCO-BCOS consol
e.
e.g.   bash /home/lwx/fiscotest8node/nodes/127.0.0.1/download_console.sh -f
================================================
[INFO] All completed. Files in /home/lwx/fiscotest8node/nodes
```

图 6 - 18   enterprise - chain2 链组网系统配置文件

```
lwx@ubuntu:~/fisco/nodes/127.0.0.1$ bash start_all.sh
try to start node0
try to start node1
try to start node2
try to start node3
try to start node4
try to start node5
try to start node6
try to start node7
 node4 start successfully
 node7 start successfully
 node6 start successfully
 node3 start successfully
 node5 start successfully
 node0 start successfully
 node1 start successfully
 node2 start successfully
```

图 6 - 19   启动区块链组群的相关节点

```
[group:2]> addSealer 6b6a4c0c08f81c77bcd182499c658c0b7660b7d9d01f612403cfe75b324
35217f97746beefe5f65d0724e481df218d3e1bf4e83a6b0296cee12f607bc2bf934b
{
    "code":1,
    "msg":"Success"
}
```

图 6 - 20   节点加入对应组群

（4）智能合约部署。在面向智能交通的多方数据安全跨链共享与协同方案中，区块链上的数据跨链互操作与访问控制都交由智能合约自动执行。在完成跨区块链网络的部署后，需要在三条区块链上分别部署对应的用户合约、跨链合约、访问控制合约等，以实现该方案的基础功能，并与区块链底层进行交互。

在联盟链 Hyperledger Fabric 2.3 版本中，智能合约（即链码）的部署设定了完整的生命周期，包括链码打包、peer 节点安装链码包、peer 节点审批链码、提交链码、链码初始化以及链码调用这几个关键步骤。链码的部署安装通过 peer 脚本命令执行，具体的脚本命令可参见图 6-21。以跨链合约的部署为例，链码部署完成后，成功调用链码初始化的输出信息如图 6-22 所示。接下来，用户合约、跨链基础合约、跨链互操作合约、访问控制决策合约、属性与策略管理等合约将按照上述步骤分别部署到对应的 government-chain 与 enterprise-chain1 区块链上。

```
链码打包：peer lifecycle chaincode package
安装链码：peer lifecycle chaincode install
审批链码：peer lifecycle chaincode approveformyorg
提交链码：peer lifecycle chaincode commit
链码初始化：peer chaincode invoke
```

图 6-21　链码部署脚本命令行

```
lwx@ubuntu:~/go/src/github.com/hyperledger/fabric/scripts/fabric-samples/test-networ
k$ peer chaincode invoke -o localhost:7050 --ordererTLSHostnameOverride orderer.exam
ple.com --tls true --cafile ${PWD}/organizations/ordererOrganizations/example.com/or
derers/orderer.example.com/msp/tlscacerts/tlsca.example.com-cert.pem -C mychannel -n
 crossChainContract --peerAddresses localhost:7051 --tlsRootCertFiles ${PWD}/organiz
ations/peerOrganizations/org1.example.com/peers/peer0.org1.example.com/tls/ca.crt --
peerAddresses localhost:9051 --tlsRootCertFiles ${PWD}/organizations/peerOrganizatio
ns/org2.example.com/peers/peer0.org2.example.com/tls/ca.crt --isInit -c '{"function"
:"init","Args":[]}'
2024-01-15 04:52:10.738 PST [chaincodeCmd] chaincodeInvokeOrQuery -> INFO 001 Chainc
ode invoke successful. result: status:200
```

图 6-22　链码初始化信息

FISCO BCOS 网络构建的 enterprise-chain2 交通企业数据链对应的合约由 Solidity 语言编写，FISCO 控制台提供的编译工具可以将 Solidity 合约编译成 ABI、BIN 文件以及与智能合约同名的合约 Java 类。通过该合约类，可直接传入参数调用相应的方法，对合约进行部署和调用，并进行后续应用的开发。

6.3.3 系统实现

本节采用 NGSIM 数据集，实现了 government – chain、enterprise – chain1 与 enterprise – chain2 链间数据安全跨链共享与协作，同时实现了区块链间的数据跨链访问控制。NGSIM 数据集包含美国 6 个城市的 4 个不同的场景：US – 101、I – 80、Lankershim 与 Peachtree。US – 101 与 I – 80 记录了车辆在高速公路上的行驶轨迹，Lankershim 与 Peachtree 记录了车辆在城市道路上的行驶轨迹，该数据集中的数据字段解释如表 6 – 6 所示。

表 6 – 6 NGSIM 数据集的数据字段

名称	描述
Vehicle _ ID	车辆识别号
Frame _ ID	该条数据在某一时刻的帧号
Total _ Frames	该车出现在此数据集的总帧数
Global _ Time	时间戳（毫秒）
Local _ X	采集区域坐标系的 X 值，以英尺为单位
Local _ Y	采集区域坐标系的 Y 值，以英尺为单位
Global _ X	标准地理坐标系的 X 值
Global _ Y	标准地理坐标系的 Y 值
v _ length	车辆长度（以英尺为单位）
v _ Width	车辆宽度（以英尺为单位）
v _ Class	车辆类型：1-摩托车，2-汽车，3-卡车
v _ Vel	车辆瞬时速度，以英尺/秒为单位
Lane _ ID	车辆的当前车道位置
Location	街道名称或高速公路名称

在 ITS 中有这样一个场景，government – chain 中的一个交通管理部门的节点想要获取 enterprise – chain1 上存储的标识为 "Vehicle _ ID：515" 与 "Vehicle _ ID：2224" 的交通行驶轨迹数据，enterprise – chain1 的 TA 对该数据设定了相应的访问权限策略。该节点通过用户合约发起跨链请求，当其属性符合访问权限时，在用户节点端控制台发起的跨链操作请求以及数据交互结果如图 6 – 23 所示。为了加快面向智能交通的多方数据安全跨链共享与协同方案应用落地，促进不同链间智能交通信息交互，本节针对此方案开发了方便用户

执行跨链操作与访问权限控制的前端交互页面，通过 Hyperledger Fabric 与 FISCO BCOS 提供的 Java‑SDK 实现了用户前端操作与区块链底层的交互。

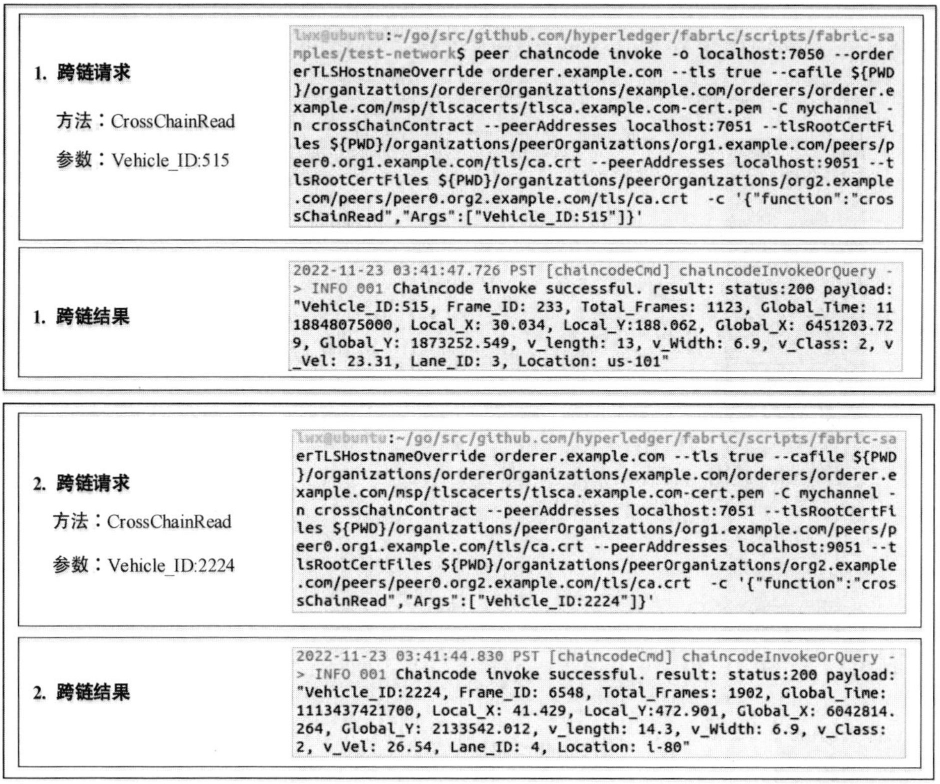

图 6‑23　交通数据的跨链读取结果

　　本节构建的平台在第三、四部分模型构建的基础上实现，主要包括跨链管理模块、访问控制模块、资源管理模块以及数据监管模块。其中，跨链管理模块包括网络中的区块链管理、节点管理功能，由交通管理部门通过该模块对网络中的区块链的加入以及节点的加入、退出进行审核管理。如图 6‑24 所示，交通管理部门的管理员在登录平台后，可以对相应区块链的节点进行停止、移除操作。

　　资源的拥有者可以通过访问控制模块的策略管理，对资源的访问策略进行定义，每个用户对应的属性则由其所在区块链的 TA 统一分配。图 6‑25 展示了资源拥有者上传资源的界面。所有交通数据的上传与共享都需要提供完善的资源信息，包括资源类型、标识、所属区块链及对应的访问策略等信息，并提交资源的具体文件。该界面的提交按钮可直接调用后端将数据加密上传，并通过智能合约将上传后的地址链接存入区块链账本中；当用户申请访问资源时，平台会通过智能合约编译提供的接口调用访问控制合约，对该用户的属性进行联合计算，当用户属性满足访问控制策略时，由访问控制合约调用跨链合约，即可获得该数据资源。

图 6-24　跨链网络节点管理

图 6-25　上传资源界面

用户请求访问资源与获取权限认证的功能界面如图 6-26 与图 6-27 所

示，只有当请求资源的用户的属性与该资源的策略规则匹配时，用户才能获得相应资源的访问权限；数据监管模块功能只有交通管理部门链上的指定用户登录系统才能使用，将该模块提供给政府部门，对各企业链访问其他链上数据的过程进行监管审计。通过监管审计，政府部门能够及时发现并纠正不当行为，确保数据的合规性和系统的稳定性。

图 6-26　请求访问资源

图 6-27　通过权限认证并获取资源

6.4　本章小结

本章节提出了一个安全的跨链交互解决方案，即一种基于中继节点的跨链交互机制。该机制在优化链间的协作互通方面具有重要意义，能够实现安全高效的数据跨链交互通信。通过构建由中继节点、中继节点链和跨域机构组成的跨链模型架构，以及设计基于身份基加密的中继节点安全接入与通信方案，为跨链网络中的数据交互问题提供了可行的解决方案。在 Hyperledger Fabric、FISCO BCOS 以及以太坊平台上进行了实验性能测试，验证了其稳定性和适应性，为实际应用提供了有力的支撑。针对当前跨链互操作过程中的链间数据安全访问控制问题，提出了一个基于区块链和同态门限密码体制的跨链访问控制方案。该方案通过属性与策略的完全隐藏，在保证细粒度访问控制的同时，对跨链数据及其隐私信息进行了保护。通过门限 Paillier 密码体制，在不解密用户属性与访问策略的前提下，对密文进行差异计算，并交由跨链多方对结果进行联合解密，确保了隐私数据的安全，实现了面向智能交通的多方数据安全跨链共享与协同方案，介绍了智能交通的多链数据协同架构及平台构建，介绍了跨链网络搭建和智能合约部署的详细过程。设计实现了平台相关功能，包括跨链管理模块、访问控制模块、资源管理模块以及数据监管模块四个模块，并展示了对应模块功能的具体实现结果。

7 总结与展望 //

7.1 研究总结

本书通过对区块链技术在种质资源数据、农业知识产权、智能交通等3个领域的文献分析，开展了数据安全共享技术研究，对基于区块链的种质资源数据安全共享模型、面向种质资源领域的人脸识别与区块链技术融合的身份认证、基于区块链的农业知识产权确权、基于区块链的跨链通信与访问控制机制等研究热点进行深入研究。针对传统数据共享采用中心化的数据管理，为解决普遍存在的共享效率低、数据易泄露、信息易篡改等诸多问题，提出了采用区块链技术构建种质资源数据安全共享模型、人脸识别与区块链技术融合的身份认证模型、农业知识产权的自动化确权和转让模型、基于中继节点的跨链交互通信机制与基于同态门限密码体制的跨链访问控制机制，重点解决数据安全共享过程中的数据存储问题、安全身份认证问题、安全传输问题和不同区块链网络间安全高效的数据共享与协作问题。主要做了以下工作：

（1）提出了基于区块链的种质资源数据存储模型和安全共享模型，构建了种质数据的上链交互函数和链下存储种质数据的数据结构，设计种质资源共享数据的链上链下协同存储智能合约；设计了基于 RSA 数据的安全加密方案，完成区块链的用户共享合约设计；采用固定区块算力的方案，解决了以太坊 pow 共识机制的应用分叉问题；利用 web3.js 实现对智能合约的交互，基于 Truffle 框架完成基于以太坊的种质资源数据安全共享系统开发，并从外部攻击方面对模型的安全性进行分析，结合区块链优势对系统性能进行分析。

（2）提出了 FaceNet 人脸识别算法与区块链技术融合的身份认证机制，摒弃了传统身份认证中单点认证的方式，采用改进后的动态实用拜占庭容错算法，建立更加高效安全的共识机制，在 P2P 网络中通过链码和共识机制，实现了去中心化的身份认证。通过搭建 Fabric 联盟链网络，通过 fabric‐sdk‐java、node. js、ipfs - api 技术和相关链码实现了用户身份注册、用户身份信息签名、用户身份认证与数据存储等设计，实现了去中心化的人脸识别与区块链技术双因子的身份认证系统。并对系统响应时延和系统吞吐量进行了测试，分析可知，系统在操作中平均时延为 0.58s，系统的 TPS 峰值为 26。结果表明本文设计的人脸识别与区块链技术融合的身份认证模型在保证安全认证的同时，其在认证时延和并发性能上也满足了认证系统的基本开发需求。

（3）提出了一种基于区块链的农业知识产权确权模型，针对农业知识产权所需的确权、交易以及维权功能分别设计了数据确权存证、知识产权交易以及版权方维权三个模块。为了实现农业知识产权的上链存证，提出了一种结合 AES 加密算法的改进型水印确权机制，该机制对行末标识符的文档数字水印算法进行了优化，为确权模型中文件的确权存证和版权保护提供了依据。实现了基于区块链的农业知识产权确权系统，根据不同参与方之间的交互需求以及系统的不同阶段设计了多个智能合约以满足农业知识产权确权需求。在链码端以及服务系统界面两个方面对所实现的基于区块链的农业知识产权服务系统进行了展示，并对确权系统平台进行部署，同时进行了性能测试。通过 IPFS 上传耗时以及交易响应时间测试对系统服务性能进行试验，结果表明，该确权系统能够实现农业知识产权的有效确权。

（4）设计了基于中继节点的安全跨链交互通信机制，由各区块链对应的中继节点利用 libP2P 互连形成中继节点链，通过中继节点执行数据安全共享的消息路由与交易验证。为了保证中继节点的身份安全，提出了基于 IBE 的身份认证算法，其为中继节点的安全接入提供可靠的身份认证。与当前的方案相比，该机制的数据跨链读取吞吐量能达到 2 000 交易每秒，能够满足链间安全、高效的跨链通信交互。提出了基于门限 Paillier 密码体制的跨链访问控制机制，采用 ABAC 模型与门限 Paillier 密码体制，结合多方联合计算思想，为跨链网络中的数据提供安全的访问控制方案。通过同态加密算法对属性与策略进行加密隐藏，在保证细粒度访问控制的同时，对跨链数据及其隐私信息进行了安全的保护。安全性分析和实验性能对比测试表明，该机制在访问控制功能上更加地全面，能够有效满足多链协同场景下的访问控制需求，并为跨链数据共享与协同提供了有效的技术支持。实现了面向智能交通的多方数据安全跨链共享与协同系统，为 ITS 提供跨组织间安全的数据协同交互以及细粒度、动态可更新的访问控制，为建设更智慧、可持续的城市交通系统提供支持。

7.2 研究展望

本书提出的基于区块链的种质资源数据安全共享模型、人脸识别与区块链技术融合的身份认证模型、基于区块链的农业知识产权的自动化确权和转让模型、基于中继节点的跨链交互通信机制与基于同态门限密码体制的跨链访问控制机制，解决了数据安全共享过程中的数据存储问题、安全身份认证问题、安全传输问题和不同区块链网络间安全高效的数据共享与协作问题。但也存在以下不足之处：

（1）基于区块链技术构建的种质资源数据共享系统目前仅满足了部分用户需求，应用场景较为有限。此外，私有链未能完全实现去中心化，在少数情况下仍需仲裁服务器节点进行干预。同时，由于前端技术不足，界面布局尚不完善。并且，由于时间紧迫，系统功能还不够丰富，后续可进一步丰富系统功能，优化用户体验。

（2）基于人脸识别与区块链技术融合的身份认证机制中所采用的动态拜占庭共识机制在保证认证安全性的同时，难免会导致认证效率有一定程度的降低，故此系统在认证效率上具有提升的空间。由于实验设备与环境有限，本文仅在模拟环境下进行了仿真测试，与实际的分布式应用场景仍存在较大差异。可通过云服务器模拟搭建不同地理位置的区块链网络，以此模拟更加真实的应用场景。

（3）本书实现的农业知识产权保护系统独立运行，与其他产权链的底层架构和技术标准不同，知识产权需求方需要横跨多个平台进行匹配，增加了用户操作复杂度。下一步可以考虑与其他产权链的底层架构和技术标准进行对接和融合，以实现不同产权链之间的互通和共享。目前本文所设计的智能合约主要针对农业知识产权确权过程，后续可以针对不同种类知识产权实现智能合约个性化功能，以满足不同人群、不同知识产权对确权、交易和维权申诉的需求。

（4）尽管本书第六部分通过改进基于中继的跨链模式与设计基于 IBE 身份认证算法提高了方案的效率与安全性，但该方案的可扩展性也是一个需要关注的问题，特别是在真实的大规模的 ITS 网络中，可能涉及更复杂的数据交互场景和更多的参与方，如何确保在真实环境中的可靠性和稳定性，以及保持高吞吐量和良好的性能表现仍然需要进一步研究。另外，由于 ITS 跨链网络中的组织彼此间并不完全信任，网络中的数据并非都应公开透明，本研究通过设计基于 ABAC 与门限 Paillier 密码体制的跨链访问控制机制，在 ITS 网络中实现了数据的访问控制来保证数据与用户隐私安全，但由于复杂加密算法的使用，也增加了相应的时间与资源的消耗，在后续的研究中，需要进一步改进加密算法与访问控制模型，并优化快速检索目标策略算法，进而提高整体访问控制的运行效率。

参 考 文 献

曹萌，于洋，梁英，史红周，2021. 基于区块链的大数据交易关键技术与发展趋势 [J].
　　计算机科学，48 (S2)：184 - 190.

曹永生，陈育，孔繁胜，2001. 中国作物种质资源信息共享网络的建立 [J]. 资源科学
　　(1)：46 - 48.

陈爱飞，2022. 电子数据区块链存证的法律规制——基于 66 份判决书的分析 [J]. 苏州大
　　学学报 (哲学社会科学版)，43 (5)：85 - 97.

陈东丰，黄晓鑫，2022. 基于区块链的数据非对称加密与解密机制 [J]. 网络安全技术与
　　应用，No.262 (10)：27 - 28.

陈亚飞，2018. 基于区块链智能合约的仓单交易平台研究与实现 [D]. 郑州：郑州大学 .

陈云刚，2001. 基于 Internet 的农作物种质资源特性数据评价系统开发研究 [D]. 北京：
　　中国农业科学院 .

成丽娟，祁正华，史俊成，2020. 基于区块链的 EHR 数据安全存储共享方案 [J]. 南京邮
　　电大学学报 (自然科学版)，40 (4)：96 - 102.

代乾坤，2023. 基于 SSL 和国密算法的安全传输系统设计 [J]. 计算机应用与软件，40
　　(2)：326 - 330.

杜颖梅，2021. 农业技术知识产权公共服务平台昨日正式开通 [N]. 江苏经济报，03 - 20
　　(A01).

方晓乐，王倩雪，陈鑫祥，吴永静，2016. 一种基于 MapReduce 的电子地图数字水印处理
　　方法 [J]. 计算机应用与软件，33 (10)：211 - 214.

顾志豪，2020. 基于跨链技术的物联网敏感数据保护与交换方法研究 [D]. 郑州：郑州
　　大学.

郭茜蓉，2021. 基于 Ethereum 和 IPFS 加密算法的分布式存储网络安全研究 [D]. 北京：
　　北京邮电大学 .

何蒲，于戈，张岩峰，等，2017. 区块链技术与应用前瞻综述 [J]. 计算机科学，44 (4)：
　　1 - 7，15.

何帅，黄襄念，陈晓亮，2021. 区块链跨链技术发展及应用研究综述 [J]. 西华大学学报
　　(自然科学版)，40 (3)：1 - 14.

胡琦聪，2023. 基于区块链和秘密共享的电力物联网数据可靠存储研究［D］. 南京：南京邮电大学．

华劼，2018. 区块链技术与智能合约在知识产权确权和交易中的运用及其法律规制［J］. 知识产权（2）：13-19.

黄武双，邱思宇，2020. 论区块链技术在知识产权保护中的作用［J］. 南昌大学学报（人文社会科学版），51（2）：67-76.

康博涵，章宁，朱建明，2021. 基于区块链的智能服务交易跨链服务框架与通信机制［J］. 网络与信息安全学报，7（3）：105-114.

黎裕，王天宇，2018. 美国植物种质资源保护与研究利用［J］. 作物杂志（6）：1-9.

李晓天，陈建华，2020. 更安全的匿名三因子多服务器身份认证协议研究［J］. 计算机应用研究，37（9）：2781-2788.

李志华，张见雨，魏忠诚，2022. 基于 MTCNN 和 Facenet 的人脸识别系统设计［J］. 现代电子技术，45（4）：139-143.

梁艳，李亚亭，2021. 基于大数据技术的高校计算机安全问题与建议［J］. 软件，42（3）：152-155.

林剑宏，2019. 基于区块链技术的凤凰单丛茶溯源管理研究［D］. 广州：华南理工大学．

刘峰，张嘉淏，周俊杰，等，2022. 基于改进哈希时间锁的区块链跨链资产交互协议［J］. 计算机科学，49（1）：336-344.

刘海洋，曹永生，方沩，陈彦清，2019. 区块链技术在种业大数据中的应用［J］. 中国种业（5）：22-27.

刘海洋，方沩，陈彦清，曹永生，2019. 区块链在农作物种质资源数据管理中的应用初探［J］. 农业大数据学报，1（2）：105-113.

刘善文，2009. 基于网络的作物种质资源共享管理平台研究［J］. 福建农业学报，24（4）：365-368.

刘双印，雷墨鹥兮，王璐，等，2022. 区块链关键技术及存在问题研究综述［J］. 计算机工程与应用，58（3）：66-82.

刘炜，李阳，田钊，等，2021. IDDS：一种双链结构传染病数据共享区块链模型［J］. 计算机应用研究，38（3）：675-679.

路爱同，赵阔，杨晶莹，等，2019. 区块链跨链技术研究［J］. 信息网络安全（8）：83-90.

马栋捷，2020. 面向区块链服务的跨链通信技术研究与实现［D］. 杭州：浙江工业大学．

孟博，王乙丙，赵璨，等，2022. 区块链跨链协议综述［J］. 计算机科学与探索，16（10）：2177-2192.

倪源，王仁文，高亮，2022. 绿色发展背景下农业知识产权政策过程及导向［J］. 科技管理研究，42（3）：154-159.

宁梦月，2020. 基于区块链技术的数字知识产权保护方案研究［D］. 西安：西安电子科技
　　大学.

钱俊磊，曾凯，刘博，等，2022. 基于椭圆曲线数字签名的工业网络设备认证方法研究
　　［J］. 华北理工大学学报（自然科学版），44（1）：76－81.

乔蕊，刘敖迪，陈迪，等，2022. 复杂物联网联盟链系统通信机制研究［J］. 自动化学报，
　　48（7）：1847－1860.

乔瑜，2020. 基于区块链技术文化创意产业知识产权保护研究［J］. 管理学刊，33（5）：
　　38－48.

沈鑫，裴庆祺，刘雪峰，2016. 区块链技术综述［J］. 网络与信息安全学报，2（11）：
　　11－20.

宋琪杰，陈铁明，陈园，等，2020. 面向物联网区块链的共识机制优化研究［J］. 电信科
　　学，36（2）：1－12.

苏京平，刘学军，马忠友，等，2004. 基于 Web 的北方粳稻种质资源信息系统开发［J］.
　　天津农业科学（2）：51－52.

孙嘉豪，孟翔斯，张浩运，等，2020. 基于改进 PBFT 的区块链知识产权保护模型［J］.
　　计算机工程，46（12）：134－141.

孙洁，2014. 科技"红娘"助力成果转化"最后一公里"［J］. 中国农村科技（12）：20－22.

汪菲，沈苏彬，2020. 一种基于区块链的可信数据共享解决方案［J］. 计算机技术与发展，
　　30（9）：115－121.

汪启元，马飔，郑慕宏，2021. 区块链技术在产品溯源领域的应用［J］. 计算机与网络，
　　47（11）：44－45.

王鹏，魏必，王聪，2020. 区块链技术在政务数据共享中的应用［J］. 大数据，6（4）：
　　105－114.

王述民，李立会，黎裕，等，2011. 中国粮食和农业植物遗传资源状况报告（Ⅱ）［J］. 植
　　物遗传资源学报，12（2）：167－177.

王威，2021. 基于区块链的密钥分发系统的设计与实现［D］. 南京：东南大学.

翁晓泳，2021. 基于区块链的云计算数据共享系统研究［J］. 计算机工程与应用，57（3）：
　　120－124.

肖兴堂，2020. 基于跨链技术的物联网数据共享系统的设计与实现［D］. 北京：北京邮电
　　大学.

谢佳，刘仕钊，王露，高军涛，王保仓，2023. 环签名技术研究进展及展望［J］. 计算机
　　科学与探索，17（5）：985－1001.

辛运帏，廖大春，卢桂章，2002. 单向散列函数的原理、实现和在密码学中的应用［J］.
　　计算机应用研究（2）：25－27.

徐飞，2019. 区块链产业分布进入"3.0 时代"[J]. 中国建设信息化（23）：62 - 65.

严俊霞，2005. 基于 Arc View 的山西省农作物种质资源信息系统的建设 [D]. 太原：山西大学.

阳真，黄松，郑长友，2022. 基于区块链与改进 CP - ABE 的众测知识产权保护技术研究 [J]. 计算机科学，49（5）：325 - 332.

杨浩，周念珠，夏航，2020. 基于区块链技术的气象数据共享方案研究 [J]. 现代农业科技（11）：205 - 207.

杨信廷，王明亭，徐大明，等，2019. 基于区块链的农产品追溯系统信息存储模型与查询方法 [J]. 农业工程学报，35（22）：323 - 330.

叶少杰，汪小益，徐才巢，等，2020. BitXHub：基于侧链中继的异构区块链互操作平台 [J]. 计算机科学，47（6）：294 - 302.

袁昊男，王瑞锦，郑博文，等，2022. 基于 Fabric 的电子病历跨链可信共享系统设计与实现 [J]. 计算机科学，49（S1）：490 - 495，638.

张东，高丙朋，2023. 基于改进 MobileNet 网络的人脸识别方法 [J]. 山西大学学报（自然科学版），46（1）：147 - 153.

张海强，杜荣，艾时钟，等，2022. 考虑确权可信能力的知识产权管理平台确权渠道策略研究 [J/OL]. 中国管理科学，30（11）：333 - 342.

张诗童，秦波，郑海彬，2018. 基于哈希锁定的多方跨链协议研究 [J]. 网络空间安全，9（11）：7.

张贤珍，曹永生，杨克钦，1991. 国家农作物种质资源数据库系统 [J]. 作物品种资源（2）：1 - 2.

张永霞，程广燕，2006. 美国植物种质资源共享管理 [J]. 中国农业资源与区划（4）：59 - 62.

赵赫，李晓风，占礼葵，等，2015. 基于区块链技术的采样机器人数据保护方法 [J]. 华中科技大学学报：自然科学版（S1）：216 - 219.

郑建辉，林飞龙，陈中育，等，2022. 基于联盟自治的区块链跨链机制 [J]. 计算机应用，42（11）：3444 - 3457.

AFTAB M U，OLUWASANMI A，ALHARBI A，et al.，2021. Secure and dynamic access control for the Internet of Things（IoT）based traffic system [J]. *PeerJ Computer Science*，7：e471.

AGRAWAL R C，BEHERA D，SAXENA S，2007. Gene bank information manage - ment system（GBIMS）[J]. *Computers and Electronics in Agriculture*，59（1/2）：90 - 96.

AGREKUM K O B O，XIA Q，LIU Y，et al.，2019. Digital media copyright and content protection using IPFS and blockchain [C] // Image and Graphics：10th International Conference, ICIG 2019, Beijing, China, August 23 - 25, 2019, Proceedings, Part III 10. Springer International Publishing: 266 - 277.

AHMED E, KOSBA, A M, ELAINE S, et al. , 2015. Hawk: The Blockchain Model of Cryptography and Privacy - Preserving Smart Contracts. [J]. *IACR Cryptology ePrint Archive*: 675 - 685.

ALHARBY M, VAN MOORSEL A, 2017. Blockchain - based smart contracts: A systematic mapping study [J]. *arXiv preprint arXiv*: 1710. 06372.

ALI DORRI, SALIL S. KANHERE, RAJA JURDAK, 2017. Towards an Optimized Block-Chain for IoT [C] // 2017 IEEE Second International Conference on Internet - of - Things Design and Implementation, IEEE: 173 - 178.

ALI M, NELSON J C, SHEA R, et al. , 2016. Blockstack: A Global Naming and Storage System Secured by Blockchains [C] // USENIX Annual Technical Conference: 181 - 194.

ALSUMAYT ALBANDARI, 2022. Detect Denial of Service Attack (DoS) in MANETs Partition Scenario Using Puzzle Map Method [C]. *Journal of Physics: Conference Series*: 2224 (1): 012081.

ALVES DAVI, 2021. Proof - of - Concept (POC) of Restaurant's food requests in the Lisk Blockchain/sidechain [J]. *Journal of Physics: Conference Series*, 1828 (1): 012110.

BACK A, CORALLO M, DASHJR L, et al. , 2014. Enabling blockchain innovations with pegged sidechains [J]. 72: 201 - 224.

BALZANO W, LAPEGNA M, STRANIERI S, et al. , 2022. Competitive - blockchain - based parking system with fairness constraints [J]. *Soft Computing*, 26 (9): 4151 - 4162.

BC. RAJNEC FILIP, 2019. The Blockchain technology and its application in the protection of intellectual property [J]. *Business & Information Systems Engineering* (4): 15.

BELCHIOR R, VASCONCELOS A, GUERREIRO S, et al. , 2021. A survey on blockchain interoperability: Past, present, and future trends [J]. *ACM Computing Surveys* (*CSUR*), 54 (8): 1 - 41.

BENET J, 2014. Ipfs - content addressed, versioned, p2p file system [J]. *arXiv preprint* arXiv: 1407. 3561.

BONEH D, FRANKLIN M, 2001. Identity - based encryption from the Weil pairing [C] // Annual international cryptology conference. Berlin, Heidelberg: Springer Berlin Heidelberg: 213 - 229.

BROWN A H D, FRANKEL O H, MARSHALL D R, et al. , 1989. The Use of Plant Genetic Resources [M] // Brown A H D, Frankel O H, Marshall D R, et al. The Use of

Plant Genetic Resources. Cambridge：Cambridge University Press：136 - 156.

BUTERIN V，2014. A next - generation smart contract and decentralized application platform [J]. *White paper*，3 (37)：2 - 21.

BUTERIN V，2016. Chain interoperability [J]. *R3 research paper*，9：1 - 25.

CHAI H Y，LENG S P，ZHANG K，et al. ，2019. Proof - of - reputation based - consortium blockchain for trust resource sharing in internet of vehicles [J]. *IEEE Access*，7：175744 - 175757.

CHANG J，NI J P，XIAO J，et al. ，2022. SynergyChain：Amultichain - based data - sharing framework with hierarchical access control [J]. *Ieee Internet of Things Journal*，9 (16)：14767 - 14778.

CHENG X，CHEN F L，XIE D，et al. ，2020. Design of asecure medical data sharing scheme based on blockchain [J]. *Journal of Medical Systems*，44 (2)：52.

Daniel E，Tschorsch F，2022. Ipfs and friends：A qualitative comparison of next generation peer - to - peer data networks [J]. *IEEE Communications Surveys & Tutorials*，24 (1)：31 - 52.

DESMEDT Y，FRANKEL Y，1992. Threshold cryptosystems [C] // International Workshop on the Theory and Application of Cryptographic Techniques. Berlin，Heidelberg：Springer Berlin Heidelberg：1 - 14.

DENG X Y，GAO T H，2020. Electronic payment schemes based on blockchain in VANETs [J]. *IEEE Access*，8：38296 - 38303.

DI PIERRO M，2017. What is the blockchain? [J]. *Computing in Science & Engineering*，19 (5)：92 - 95.

FANG W，CHEN W，ZHANG W，et al. ，2020. Digital signature scheme for information non - repudiation in blockchain：a state of the art review [J]. *EURASIP Journal on Wireless Communications and Networking* (1)：1 - 15.

FERRAIOLO D F，SANDHU R，GAVRILA S，et al. ，2001. Proposed NIST standard for role - based access control [J]. *ACM Trans Inf Syst Secur*，4 (3)：224 - 274.

FOUQUE P - A，POUPARD G，STERN J，2001. Sharing decryption in the context of voting or lotteries [C] // Financial Cryptography：4th International Conference，FC 2000 Anguilla，British West Indies，February 20 - 4，2000 Proceedings 4. Springer Berlin Heidelberg：90 - 104.

G W，2016. Polkadot：Vision for a heterogeneous multi - chain framework [J]. *White paper*，21 (2327)：4662.

GENE NEYER，2017. The future of blockchain [J]. *Journal of Digital Banking*，2 (1)：

74 – 96.

GUIDI B, MICHIENZI A, RICCI L, 2021. A libp2p implementation of the bitcoin block exchange protocol [C] // Proceedings of the 2nd International Workshop on Distributed Infrastructure for Common Good: 1 – 4.

HAN P C, ZHANG Z Y, JI S, et al., 2023. Access control mechanism for the Internet of Things based on blockchain and inner product encryption [J]. *Journal of Information Security and Applications*, 74: 103446.

HAO X H, REN W, FEI Y Y, et al., 2023. Ablockchain – based cross – domain and autonomous access control scheme for internet of things [J]. *Ieee Transactions on Services Computing*, 16 (2): 773 – 786.

HAZAY C, MIKKELSEN G L, RABIN T, et al., 2019. Efficient RSAkey generation and threshold Paillier in the two – party setting [J]. *Journal of Cryptology*, 32 (2): 265 – 323.

HEI Y M, LI D W, ZHANG C, et al., 2022. Practical AgentChain: A compatible cross – chain exchange system [J]. *Future Generation Computer Systems – the International Journal of Escience*, 130: 207 – 218.

HU V C, FERRAIOLO D, KUHN R, et al., 2014. Guide to attribute based access control (ABAC) definition and considerations [J]. *NIST special publication*, 800 (162): 1 – 54.

HUANG C Y, WEI S J, FU A M, 2019. Anefficient privacy – preserving attribute – based encryption with hidden policy for cloud storage [J]. *Journal of Circuits Systems and Computers*, 28 (11): 18 – 35.

HUANG K, ZHANG X, MU Y, et al., 2021. Scalable and redactable blockchain with update and anonymity [J]. *Information Sciences*, 546: 25 – 41.

HUANG Z, SU X, ZHANG Y, et al., 2017. A decentralized solution for IoT data trusted exchange based – on blockchain [C] // 2017 3rd IEEE International Conference on Computer and Communications (ICCC). IEEE: 1180 – 1184.

IBBA S, PINNA A, SEU M, et al., 2017. CitySense: blockchain – oriented smart cities [C] // Proceedings of the XP2017 Scientific Workshops: 1 – 5.

IQBAL M, MATULEVICIUS R, 2021. Exploring sybil and double – spending risks in blockchain systems [J]. *IEEE Access*, 9: 76153 – 76177.

ITO K, O' DAIR M, 2019. A critical examination of the application of blockchain technology to intellectual property management [J]. *Business Transformation through Blockchain: Volume II*: 317 – 335.

JAKOBSSON M, JUELS A, 1999. Proofs of work and bread pudding protocols [C] // Secure Information Networks: Communications and Multimedia Security IFIP TC6/TC11 Joint Working Conference on Communications and Multimedia Security (CMS' 99) September 20 - 21, 1999, Leuven, Belgium. Boston, MA: Springer US: 258 - 272.

JEMEL M, SERHROUCHNI A, 2017. Decentralized access control mechanism with temporal dimension based on blockchain [C] // 2017 IEEE 14th International Conference on e - business Engineering (ICEBE). IEEE: 177 - 182.

JIEYI LONG, HAIQUAN WANG, 2019. Design of Blockchain System in BDCP Using Hyperledger Fabric [C] //. Proceedings of 2019 the World Symposium on Software Engineering (WSSE 2019): 79 - 83.

JR W S M, SANTOS L S D, Bento L M S, et al., 2022. Using blockchains to protect critical infrastructures: a comparison between ethereum and hyperledger fabric [J]. *International Journal of Security and Networks*, 17 (2): 77 - 91.

JUN LIN, WEN LONG, ANTING ZHANG, YUETING CHAI, 2019. Using Blockchain and IoT Technologies to Enhance Intellectual Property Protection [P]. Crowd Science and Engineering: 44 - 49.

KALEEM M, MAVRIDOU A, LASZKA A, 2020. Vyper: A security comparison with solidity based on common vulnerabilities [C] // 2020 2nd conference on blockchain research & applications for innovative networks and services (BRAINS). IEEE: 107 - 111.

KANNENGIEßER N, PFISTER M, GREULICH M, et al., 2020. Bridges between islands: Cross - chain technology for distributed ledger technology [M].

KAREN A. WILLIAMS, 2005. An overview of the US National Plant Germplasm System's exploration program [J]. *HortScience*, 40 (2): 297 - 301.

KING S, NADAL S, 2012. Ppcoin: Peer - to - peer crypto - currency with proof - of - stake [J]. *self - published paper*, August, 19 (1).

KOENS T, POLL E, 2019. Assessing interoperability solutions for distributed ledgers [J]. *Pervasive and Mobile Computing*, 59: 101079.

KOSBA A, MILLER A, SHI E, et al., 2016. Hawk: The blockchain model of cryptography and privacy - preserving smart contracts [C] // 2016 IEEE symposium on security and privacy (SP). IEEE: 839 - 858.

KRAWIEC R J, HOUSMAN D, WHITE M, et al., 2016. Blockchain: Opportunities for health care [C] // Proc. NIST Workshop Blockchain Healthcare: 1 - 16.

KUDUMAKIS P, WILMERING T, SANDLER M, et al., 2020. The challenge: from MPEG intellectual property rights ontologies to smart contracts and blockchains [standards in a nutshell] [J]. *IEEE Signal Processing Magazine*, 37 (2): 89 – 95.

LAMPORT L, 2019. The part – time parliament [M]. Concurrency: the Works of Leslie Lamport. Association for Computing Machinery: 277 – 317.

LAMPORT L, SHOSTAK R, PEASE M, 2019. The Byzantine generals problem [M]. Concurrency: the Works of Leslie Lamport. Association for Computing Machinery: 203 – 226.

LB K, 2022. Survey on the Applications of Blockchain in Agriculture [J]. *Agriculture*, 12 (9): 1333.

LI H, PEI L S, LIAO D, et al., 2020. FADB: Afine – grained access control scheme for VANET data based on blockchain [J]. *Ieee Access*, 8: 85190 – 85203.

LI Q, XIA B, HUANG H P, et al., 2022. TRAC: Traceable andrevocable access control scheme for mHealth in 5G – enabled IIoT [J]. *Ieee Transactions on Industrial Informatics*, 18 (5): 3437 – 3448.

LI T F, XIONG X R, ZHENG G F, et al., 2023. A Blockchain – Based Shared Bus Service Scheduling and Management System [J]. *Sustainability*, 15 (16): 12516.

LI W X, GUO H, NEJAD M, et al., 2020. Privacy – preserving traffic management: A blockchain and zero – knowledge proof inspired approach [J]. *IEEE access*, 8: 181733 – 181743.

LIANG W, YANG Y, YANG C, et al., 2023. PDPChain: Aconsortium blockchain – based privacy protection scheme for personal data [J]. *Ieee Transactions on Reliability*, 72 (2): 586 – 598.

LIU W, WU H, MENG T, et al., 2021. AucSwap: A Vickrey auction modeled decentralized cross – blockchain asset transfer protocol [J]. *Journal of Systems Architecture*, 117: 102.

Lone A H, Mir R N, 2019. Forensic – chain: Blockchain based digital forensics chain of custody with PoC in Hyperledger Composer [J]. *Digital investigation*, 28: 44 – 55.

LU S F, PEI J R, ZHAO R K, et al., 2023. CCIO: a cross – chain interoperability approach for consortium blockchains based on oracle [J]. *Sensors*, 23 (4): 1864.

MA Z F, WANG L Y, WANG X C, et al., 2020. Blockchain – enabled decentralized trust management and secure usage control of IoT big data [J]. *Ieee Internet of Things Journal*, 7 (5): 4000 – 4015.

MA Z, WANG J, GAI K, et al., 2023. Fully homomorphic encryption – based privacy – preserving scheme for cross edge blockchain network [J]. *Journal of Systems Architecture*, 134: 102782.

MACRINICI D, CARTOFEANU C, GAO S, 2018. Smart contract applications within blockchain technology: A systematic mapping study [J]. *Telematics and Informatics*,

35（8）：2337 - 2354.

MAESA D D F，MORI P，RICCI L，2017. Blockchain based access control ［C］// IFIP International Conference on Distributed Applications and Interoperable Systems. Springer, Cham：206 - 220.

MEHTA R，SHAH R，RAMBHIA V，et al. ，2021. Intellectual Property Rights Management using Blockchain ［C］// Information and Communication Technology for Competitive Strategies（ICTCS 2020）.

MORABITO V，2017. Business innovation through blockchain ［J］. *Cham：Springer International Publishing*.

NAKAMOTO S，2022. Bitcoin：A peer - to - peer electronic cash system ［EB/OL］. Manubot，2019/https：// git. dhimmel. com/bitcoin - whitepaper/.

NAKAMOTO，2018. Bitcoin：A peer - to - peer electronic cash system ［J］. *Decentralized BusinessReview*.

NOFER M，GOMBER P，HINZ O，et al. ，2017. Blockchain ［J］. *Business & Information Systems Engineering*（3）：15 - 17.

ONGARO D，OUSTERHOUT J，2014. In search of an understandable consensus algorithm ［C］// 2014 USENIX annual technical conference（USENIX ATC 14）：305 - 319.

OSBORN S，SANDHU R，MUNAWER Q，2000. Configuring role - based access control to enforce mandatory and discretionary access control policies ［J］. *ACM Trans Inf Syst Secur*，3（2）：85 - 106.

OUADDAH A，ELKALAM A A，OUAHMAN A A，2017. Towards a novel privacy - preserving access control model based on blockchain technology in IoT ［C］// Europe and MENA cooperation advances in information and communication technologies. Springer International Publishing：523 - 533.

PAILLIER P，1999. Public - key cryptosystems based on composite degree residuosity classes ［C］// International conference on the theory and applications of cryptographic techniques. Berlin，Heidelberg：Springer Berlin Heidelberg：223 - 238.

PETER LINDER，2016. DEcryption Contract ENforcement Tool（DECENT）：A Practical Alternative to Government Decryption Backdoors. ［J］. *IACR Cryptology ePrintArchive*：245 - 258.

PHILLIP ROGAWAY ，THOMAS SHRIMPTON，2004. Cryptographic Hash - Function Basics：Definitions，Implications and Separations for Preimage Resistance，Second - Preimage Resistance，and Collision Resistance. ［J］. *IACR Cryptology ePrint Archive*（2004）：351 - 372.

PILLAI B，BISWAS K，HÓU Z，et al. ，2021. Burn - to - Claim：An asset transfer protocol for blockchain interoperability [J]. *Computer Networks*: 200.

PINNO O J A, GREGIO A R A, De Bona L C E, 2017. ControlChain: Blockchain as a Central Enabler for Access Control Authorizations in the IoT [C] // GLOBECOM 2017—2017 IEEE Global Communications Conference. IEEE: 1-6.

POON J, DRYJA T, 2016. The bitcoin lightning network: Scalable off-chain instant payments [R].

PRANTO T H, NOMAN A A, MAHMUD A, et al., 2021. Blockchain and smart contract for IoT enabled smart agriculture [J]. *Peerj Computer Science*, 7: e407.

PRASANNA P A, 2022. Intellectual property rights for inclusive and sustainable agricultural development: issues and challenges in India [J]. *Agricultural Economics Research Review*, 35 (conf): 89-100.

PSARAS Y, DIAS D, 2020. The interplanetary file system and the filecoin network [C] // 202050th Annual IEEE-IFIP International Conference on Dependable Systems and Networks-Supplemental Volume (DSN-S). *IEEE*: 80.

QASSE I A, TALIB M A, NASIR Q, 2019. Inter blockchain communication: A survey [C] // Proceedings of the ArabWIC 6th Annual International Conference Research Track: 1-6.

QIAO R, LUO X Y, ZHU S F, et al., 2020. Dynamicautonomous cross consortium chain mechanism in e-healthcare [J]. *Ieee Journal of Biomedical and Health Informatics*, 24 (8): 2157-2168.

QIN X M, HUANG Y F, YANG Z, et al., 2021. LBAC: A lightweight blockchain-based access control scheme for the internet of things [J]. *Information Sciences*, 554: 222-235.

RATHEE G, SHARMA A, IQBAL R, et al., 2019. Ablockchain framework for securing connected and autonomous vehicles [J]. *Sensors*, 19 (14): 3165.

SANDHU R S, 1998. Role-based access control [M] // Advances in computers. Elsevier, 46: 237-286.

SCHROFF F, KALENICHENKO D, PHILBIN J, 2015. FaceNet: A Unified Embedding for Face Recognition and Clustering [J]. *IEEE*: 815-823.

SCHULTE, S, SIGWART, M, FRAUENTHALER, P, BORKOWSKI, M, 2019. Towards Blockchain Interoperability. In: Di Ciccio, C., et al. Business Process Management: Blockchain and Central and Eastern Europe Forum. BPM 2019. Lecture Notes in Business Information Processing, vol 361. Springer, Cham. https: //doi. org/10. 1007/978-3-030-30429-4_1.

SHAMIR A, 1979. How to share a secret [J]. *Commun ACM*, 22 (11): 612-613.

SHAMIR A, 1985. Identity-based cryptosystems and signature schemes [C] // Advances in

Cryptology: Proceedings of CRYPTO 84 4. Springer Berlin Heidelberg: 47 - 53.

SHAO S S, CHEN F, XIAO X Y, et al., 2021. IBE - BCIOT: an IBE based cross - chain communication mechanism of blockchain in IoT [J]. *World Wide Web - Internet and Web Information Systems*, 24 (5): 1665 - 1690.

SHARMA P K, MOON S Y, PARK J H, 2017. Block - VN: A distributed blockchain based vehicular network architecture in smart city [J]. *Journal of information processing systems*, 13 (1): 184 - 195.

SHARMA S, 2016. Expanded cloud plumes hidingbig data ecosystem [J]. *Future Generation Computer Systems - the International Journal of Escience*, 59: 63 - 92.

SHEN M, TANG X Y, ZHU L H, et al., 2019. Privacy - preserving support vector machine training over blockchain - based encrypted IoT data in smart cities [J]. *IEEE Internet of Things Journal*, 6 (5): 7702 - 7712.

SHOUP V, 2000. Practical threshold signatures [C] // Advances in Cryptology - EURO-CRYPT 2000: International Conference on the Theory and Application of Cryptographic Techniques Bruges, Belgium, May 14 - 18, Proceedings 19. Springer Berlin Heidelberg: 207 - 220.

SI H P, LI W X, WANG Q Y, et al., 2023. A secure cross - domain interaction scheme for blockchain - based intelligent transportation systems [J]. *PeerJ Computer Science*, 9: e1678.

SINGH P, MASUD M, HOSSAIN M S, et al., 2021. Cross - domain secure data sharing using blockchain for industrial IoT [J]. *Journal of Parallel and Distributed Computing*, 156: 176 - 184.

SUN D, CHANG G, SUN L, et al., 2011. Surveying andanalyzing security, privacy and trust issues in cloud computing environments [J]. *Procedia Engineering*, 15: 2852 - 2856.

SUN H, TAN Y - A, ZHU L, et al., 2022. A blockchain - based access control protocol for secure resource sharing with mobile edge - cloud collaboration [J]. *Journal of Ambient Intelligence and Humanized Computing*, 14 (10): 13661 - 13672.

SUN Y C, ZHANG J S, XIONG Y P, et al., 2014. Datasecurity and privacy in cloud computing [J]. *International Journal of Distributed Sensor Networks*, 10 (7): 190903.

SZABO N, 1997. Formalizing and securing relationships on public networks [J]. *First monday*, 2 (9): 1 - 21.

TANG X, KOSTIC N, 2017. The future of audit: Examining theopportunities and challenges stemming from the use of Big Data Analytics and Blockchain technology in audit practice [J]. *Accounting and Finance*: 57 (4): 1035 - 1054.

UDDIN M, 2021. Blockchain Medledger: Hyperledger fabric enabled drug traceability system for counterfeit drugs in pharmaceutical industry [J]. *International Journal of Pharmaceutics*, 597: 120235.

VAN HIJFTE, S, 2020. Ethereum [M] // Blockchain Platforms: A Look at the Underbelly of Distributed Platforms. Cham: Springer International Publishing: 147 – 189.

VARELA – VACA A J, QUINTERO A M R, 2021. Smart contract languages: A multivocal mapping study [J]. *ACM Computing Surveys* (*CSUR*), 54 (1): 1 – 38.

VASHI D, BHADKA B H, PATEL K, et al., 2019. Performance of Symmetric and Asymmetric Encryption Techniques for Attribute Based Encryption [J]. *International Journal of Recent Technology and Engineering* (*IJRTE*), 8 (4): 176 – 182.

VERMA S, ZEADALLY S, KAUR S, et al., 2022. Intelligent andsecure clustering in wireless sensor network (WSN) – based intelligent transportation systems [J]. *Ieee Transactions on Intelligent Transportation Systems*, 23 (8): 13473 – 13481.

WANG G, 2021. Sok: Exploring blockchains interoperability [J]. *Cryptology ePrint Archive*, 537: 1 – 27.

WANG H, CEN Y, LI X, 2017. Blockchain router: A cross – chain communication protocol [C] // Proceedings of the 6th international conference on informatics, environment, energy and applications: 94 – 97.

WANG H, HE D, GAO Y, et al., 2020. Research ondata verification and exchange of heterogeneous blockchains for electricity application [J]. *Journal of Physics: Conference Series*, 1631 (1): 012154.

WANG J, WANG S, GUO J, et al., 2019. A summary of research on blockchain in the field of intellectual property [J]. *Procedia computer science*, 147: 191 – 197.

WANG P, YUE Y, SUN W, et al., 2019. An attribute – based distributed access control for blockchain – enabled IoT [C] // 2019 International Conference on Wireless and Mobile Computing, Networking and Communications (WiMob). IEEE: 1 – 6.

WANG S P, WANG X, ZHANG Y L, 2019. Asecure cloud storage framework with access control based on blockchain [J]. *Ieee Access*, 7: 112713 – 112725.

WANG X, ZHA X, NI W, et al., 2019. Survey on blockchain forinternet of things [J]. *Computer Communications*, 136: 10 – 29.

WOOD G, 2016. Polkadot: Vision for a heterogeneous multi – chain framework [J]. *White paper*, 21 (2327): 4662.

WU N N, XU L, ZHU L H, 2023. A blockchain based access control scheme with hidden policy and attribute [J]. *Future Generation Computer Systems – the International Journal of Escience*，141：186 – 196.

WU X，2021. Cross – chain workflow model based on trusted relay ［C］// Proceedings of the ACM Turing Award Celebration Conference – China：49 – 53.

XIA R L，MUPPALA J K，2010. A Survey ofbitTorrent performance ［J］. *Ieee Communications Surveys and Tutorials*，12（2）：140 – 158.

XIONG A P，LIU G H，ZHU Q Y，et al.，2022. A notary group – based cross – chain mechanism ［J］. *Digital Communications and Networks*，8（6）：1059 – 1067.

XU S J，ZHONG J R，WANG L H，et al.，2023. A privacy – preserving and efficient data sharing scheme with trust authentication based on blockchain for mHealth ［J］. *Connection Science*，35（1）：2186 – 2216.

XU X，PAUTASSO C，ZHU L，et al.，2016. The Blockchain as a Software Connector ［C］// Software Architecture. IEEE：182 – 191.

YAN L，GE L A，WANG Z，et al.，2023. Access control scheme based on blockchain and attribute – based searchable encryption in cloud environment ［J］. *Journal of Cloud Computing – Advances Systems and Applications*，12（1）：61.

YANG Y T，CHOU L D，TSENG C W，et al.，2019. Blockchain – based traffic event validation and trust verification for VANETs ［J］. *IEEE Access*，7：30868 – 30877.

YEH L Y，SHEN N X，HWANG R H，2022. Blockchain – based privacy – preserving and sustainable data query service over 5G – VANETs ［J］. *IEEE Transactions on Intelligent Transportation Systems*，23（9）：15909 – 15921.

YUAN Y，WANG F Y，2016. Towards blockchain – based intelligent transportation systems ［C］// 2016 IEEE 19th international conference on intelligent transportation systems (ITSC). IEEE：2663 – 2668.

ZENG P J，WANG X L，LI H，et al.，2020. A scheme of intelligent traffic light system based on distributed security architecture of blockchain technology ［J］. *Ieee Access*，8：33644 – 33657.

ZHANG X H，CHEN X F，2019. Data security sharing and storage based on a consortium blockchain in a vehicular ad – hoc network ［J］. *Ieee Access*，7：58241 – 58254.

ZHANG Y Y，YUTAKA M，SASABE M，et al.，2021. Attribute – based access control for smart cities：a smart – contract – driven framework ［J］. *Ieee Internet of Things Journal*，8（8）：6372 – 6384.

ZHAO B，FANG L，ZHANG H，et al.，2019. Y – DWMS：A digital watermark management system based on smart contracts ［J］. *Sensors*，19（14）：3091.

ZHAO F，YU J，YAN B，2022. Towards cross – chain access control model for medical data sharing [J]. *Procedia Computer Science*, 202: 330 – 335.

ZHENG B K, ZHU L H, SHEN M, et al., 2018. Scalable andprivacy – preserving data sharing based on blockchain [J]. *Journal of Computer Science and Technology*, 33 (3): 557 – 567.

ZYSKIND G, NATHAN O, 2015. Decentralizing privacy: Using blockchain to protect personal data [C] // Security and Privacy Workshops (SPW), 2015 IEEE. IEEE: 180 – 184.

后　记

历时 3 年多，本书得以出版。本书的顺利完成得益于河南省重大公益项目"区块链在数据安全共享领域的关键技术研发"（No：201300210300）、河南省科技攻关项目"链上链下协同区块的作物种质资源数据安全共享关键技术研究"（232102210122）、河南省高等学校重点科研项目"基于联盟链和人脸识别的身份认证研究"（23A520005）、河南省高等学校重点科研项目"基于区块链的车-路-云协同一体化数据安全共享研究"（25B510014）、河南省科技研发计划联合基金（应用攻关类）项目"基于物联网的烟叶育苗智慧大棚技术研究及应用"（242103810030）、河南省重点研发专项"基于人工智能的新型种质资源创制共性关键技术研究"（231111110100）、河南省杰出外籍科学家工作室"农业大数据处理与管理"（GZS2024006）、河南省中央引导地方科技发展资金项目"粮食作物种质资源信息服务平台研发与应用"（Z20231811005）、河南省重点研发专项"基于大数据与人工智能的安全治理与风险防控关键技术研究及示范应用"（231111211300）的支持。

非常感谢河南农业大学信息与管理科学学院省部级平台——河南省农业大数据与人工智能国际联合实验室、河南省数字乡村创新中心、河南省粮食作物生产大数据发展创新实验室、国家科技资源共享服务平台提供的支持与帮助。另外，感谢为本书撰写提供支持的马於帅硕士、李雨杰硕士、宋佳珍硕士、李伟霞硕士，感谢为本书出版提供指导意见的乔红波教授、Fernando bacao 教授、Yingjie Yang 教授、司海平教授、刘盼副教授。

本书难免有错漏之处，恳请各位读者批评指正。

图书在版编目（CIP）数据

基于区块链的数据安全共享关键技术研究与应用 /
孙昌霞著. -- 北京：中国农业出版社，2024. 12.
ISBN 978-7-109-32860-0

Ⅰ. TP311. 135. 9

中国国家版本馆 CIP 数据核字第 2024FG3139 号

中国农业出版社出版

地址：北京市朝阳区麦子店街 18 号楼
邮编：100125
责任编辑：张楚翘
版式设计：小荷博睿　　责任校对：吴丽婷
印刷：北京中兴印刷有限公司
版次：2024 年 12 月第 1 版
印次：2024 年 12 月北京第 1 次印刷
发行：新华书店北京发行所
开本：700mm×1000mm　1/16
印张：12.75
字数：225 千字
定价：88.00 元
